# 사회복지조사론

이용재 김경미 공저

신정

# 머리말

사회복지는 개인과 우리 사회가 처한 문제들을 해결함으로써 사람들이 질 높은 삶을 영위할 수 있도록 돕는 일이다. 이러한 사회복지 실천에 있어서 과학적 관점과 방법으로 해결해야 할 사회문제들을 객관적으로 분석하는 것이 필요하다. 사회문제에 대한 과학적 분석이 선행되어야만 효과적인 사회복지 개입이 가능해지기 때문이다.

사회문제 해결을 위해서 다양한 사회복지정책과 프로그램들이 활용될 수 있다. 이러한 다양한 개입방법들 중에서 어떠한 방법이 가장 효과적이고, 효율적인 바람직한 방법인지도 과학적 방법을 통해 확인해야 한다. 이처럼 사회복지 실천에 있어서 우리 사회가 가지고 있는 사회문제와 욕구를 파악하고, 가장 효과적이고 바람직한 실천방안을 계획하며, 활용할 수 있도록 돕는 것이 바로 사회복지조사이다.

사회복지조사와 관련하여 다양하고 좋은 교재들이 여럿 출판되어 있다. 각 교재들은 저자의 연구 철학과 학문적 관점에 따라 다양하게 접근하고 있으며, 사회복지조사 분야의 이론적, 실천적 기술을 제공하는 데 도움을 주고 있다. 이러한 훌륭한 기존 교재들과 차별화하여 본 교재는 다음과 같은 관점으로 집필되었다.

우선, 사회복지를 처음 공부하는 학생들이 이해하기 쉽도록 작성하였다. 이를 위해서 가능한 용어를 쉽게 풀어쓰고 사례들을 다양하게 제시하여 사회복지를 처음 공부하거나 실천 현장에서 사회복지조사업무를 수행하면서 사례를 고민하는 사회복지사들에게 도움이 되고자 하였다.

다음으로 현장 사회복지조사 업무에 쉽게 활용할 수 있도록 하였다. 사회복지실천현장에서 지역사회욕구조사를 수행하는 사회복지사들은 어렵고 두꺼운 사회복지조사 관련 교재를 보면서 보다 과학적 조사방법을 추구하기 보다는 기존 관행대로 조사하는 방식을 따르는 경우가 많았다. 이렇게 조사된 결과는 활용성이 매우 낮을 수밖에 없었다. 본 교재는 실천현장에 있는 사회복지사들이 현장에서 쉽게 참고할 수 있도록 작성하였다.

끝으로 사회복지조사에 대한 이론과 방법을 쉽게 이해할 수 있도록 다양한 예시를 제시하고, 사회복지사 1급 기출문제를 단원별로 실어, 사회복지사 1급 자격증을 준비하는 분들에게 실질적이고 유용한 정보를 제공하고자 하였다.

책을 집필하는 과정에서 기존의 여러 훌륭한 선행연구와 서적을 참고하였으며, 최선을 다해 출처를 명확히 밝히고자 했으나, 의도치 않게 저자를 명시하지 못한 부분이 있을 수 있다는 점을 미리 밝히며, 이 점에 대해 너른 양해를 부탁드린다. 끝으로 독자 여러분께서 이 책을 통해 사회복지조사의 중요성과 가치를 더욱 깊이 이해하고, 이를 바탕으로 보다 과학적 방법으로 사회복지를 실천하는데 도움이 될 수 있기를 진심으로 소망한다.

# 차례

CHAPTER 01

# 사회복지와 과학적 연구방법

1. 사회복지조사의 필요성과 역할
2. 과학적 지식과 방법
3. 과학적 방법
4. 사회과학
5. 사회복지조사의 윤리성과 한계

Chapter

# 01 사회복지와 과학적 연구방법

학습목표

- 사회복지에서 과학적 연구방법을 이해한다.
- 사회과학의 연구방법을 이해한다.
- 사회과학에서의 윤리를 이해한다.
- 사회복지조사의 유용성을 이해한다.

## 1. 사회복지조사의 필요성과 역할

### 1) 사회복지조사의 의의

사회복지조사란 조사이론과 기술을 사회복지 분야에 응용한 과학적 방법으로 사회복지조사는 개인 욕구를 충족시키고 행복을 증진시키며, 사회문제를 해결하기 위한 방안을 강구함에 있어서 사회문제에 대한 해답을 구하는 데 도움을 주는 지식탐구를 위한 과정이다.

### 2) 사회복지조사의 필요성

사회복지조사의 필요성은 첫째, 사회현상과 문제에 대한 기술이다. 사회현상과 문제를 그대로 기술하는 것으로 사회복지 문제의 실태분석, 수준, 원인 등을 분석하는 것이다. 예컨대, 노인자살의 실태분석, 사회복지사의 이직수준과 같이 실태와 수준을 기술하는 것이다.

둘째, 사회현상과 문제의 원인에 대한 과학적 설명이다. 사회현상과 문제가 발생하게 된 이유 또는 원인을 밝히는 것으로 자살하는 노인의 특성과 사회적 지지수준과 같이 노인자살의 원인이 무엇인지를 과학적으로 밝혀 설명한다.

셋째, 미래의 예측이다. 과학적 방법을 통해서 얻은 지식을 통해 미래를 예측하는 것으로 '무엇이 어떻게 될 것이다'를 예측하는 것이다. 예를 들어서 부모의 양육태도가 좋지 않는 가정에서 양육된 아동의 학교적응의 경우 부모의 양육태도로 인한 학교적응을 예측하는 것이다.

넷째, 사회문제와 현상의 통제이다. 사회문제와 현상을 결정하는 요인이나 사건을 조작하는 것으로 어떤 현상의 원인이나 조건을 인위적으로 조작함으로써 현상을 바람직한 방향으로 통제할 수 있다. 예컨대, 노인우울감 개선을 위한 행동프로그램 개발의 경우 인지행동 프로그램을 통해서 노인우울감을 통제하여 개선한다.

### 3) 사회복지조사의 역할

사회복지조사는 첫째, 사회복지 분야의 학문적 기초와 응용적 역할을 한다. 적절한 사회복지 분야 지식과 이론, 효과적인 실천방법을 모색하기 위해서는 사회복지조사를 통한 사회복지의 과학화를 추구해야 한다.

둘째, 욕구조사와 사회개량의 역할을 한다. 욕구조사의 측면에서 보면 사회복지조사는 필요한 프로그램이나 정책개발과 실시, 효과성과 효율성 평가자료로 활용된다. 사회개량 측면에서는 사회문제를 해결하는 대책과 노력을 이끌어내는 사회개량적 역할을 한다. 예컨대, 빈곤실태조사를 실시한다면 이는 빈곤문제를 해결하기 위한 사회개량활동을 만들어 낼 수 있다.

셋째, 개입방법과 효과측정이 이루어진다. 사회복지조사를 통하여 효과적인 개입방법을 탐색하고, 개입의 효과성을 측정한다. 이러한 개입의 효과성 측정은 사회복지의 책임성을 높일 수 있으며, 궁극적으로 효과성이 높은 실천을 통하여 사회복지의 과학적 실천을 도모할 수 있다.

넷째, 사회복지 분야 지식탐구의 과학화이다. 사회복지조사를 통하여 사회복지의 전문성과 과학성을 입증할 수 있다.

사회복지에 있어서 증거기반실천은 사회복지현장 실천가가 구할 수 있는 최선의 조사연구 증거를 고려하여 실천의 의사결정을 하는 과정이다. 즉, 사회복지조사를 통한 다양한 실천과 개입효과의 증거에 기반하여 클라이언트에게 최선의 사회복지실천이 가능해진다.

증거기반의 과정은 1단계에서는 질문 만들기를 통해 클라이언트의 문제해결을 위한 적절한 실천질문을 제기한다. 2단계에서는 답이 되는 증거찾기를 통해서 질문에 대한 과학적 증거인 답을 최대한 효율적으로 찾는다. 승거를 찾기 위하여 인터넷, 전자 DB 등 다양한 방법을 활용한다. 3단계에서는 증거를 평가한다. 즉, 수집된 증거에 대해 타당성, 효과성 크기, 적용가능성 등의 타당성과 유용성을 엄격히 평가한다.

이러한 사회복지조사연구를 통해 문제해결에 대하여 과학적 지식과 실천기술을 산출하면 효율적인 실천의 방법을 개발할 수 있다.

# 2. 과학적 지식과 방법

## 1) 지식과 지식습득방법

지식이란 무엇에 대하여 아는 상태 또는 어떤 현상이나 그 현상에 대한 설명을 사실이라고 믿는 것이다. 지식은 크게 합의적 지식과 경험적 지식이 있는데, 많은 사람들이 사실이라고 믿는 것이 합의적 지식이고, 자신의 직접적 경험을 통해 아는 것이 경험적 지식이다.

지식습득의 방법은 크게는 과학적 방법과 비과학적 방법으로 구분될 수 있다. 과학적 방법은 현상에서 제시된 문제를 논리적으로 해결해가는 것을 말한다. 비과학적 방법은 관습이나 전통, 권위, 직관 등으로 지식을 탐구하는 것이다. 구체적으로 관습은 선례나 관습 등을 비판 없이 그대로 수용하여 지식을 형성하는 것이고, 권위는 전문기술이나 사회적 지위가 높은 사람의 의견을 그대로 받아들이는 것이다. 직관은 통찰에 의해 명박한 사실 또는 자명한 진리에 비추어 지식을 얻는 것이다.

## 2) 비과학적 지식형성의 오류

비과학적 지식형성을 위한 활동은 다음과 같은 오류로 구분된다.

첫째, 부정확한 관찰이다. 인간의 일상적인 경험과 관찰은 의식적으로 이루어지지 않기 때문에 부정확한 관찰이 다수 발생할 수밖에 없다. 충실한 지식탐구를 위한 사전에 의도하지 않은 관찰은 대부분 부정확한 지식을 얻게 된다. 과학적인 관찰은 의식적인 관찰행위를 하는 것으로 관찰을 의식적으로 신중하게 하는 것이 오류를 최소화할 수 있는 방법이 된다. 예컨대, 지난 주 만난 친구가 무슨 옷을 입고 있었는지를 기억하지 못하는 것은 미리 의도하지 않았기 때문이다.

둘째, 과도한 일반화이다. 소수의 표본에서 얻은 결과를 전체에 확대 적용하는 것이다. 과도한 일반화는 충분한 표본을 확보하거나 동일한 연구를 반복하여서 같은 결과가 나타나는지를 확인함으로써 방지할 수 있다. 예컨대, 민간의료보험을 활용해 불필요한 의료이용을 많이 하는 몇 명을 만나고 모두 도덕적 해이가 있다고 단정 짓는 경우이다.

셋째, 선별적 관찰이다. 과도한 일반화는 선별적 관찰로 이어질 우려가 있다. 선별적 관찰은 일정한 결과를 단정해 버리면 그러한 결과와 일치되는 것만 주의를 기울이는 것이다. 즉, 선별적 관찰은 자신의 일반화에 맞는 관찰만을 사실로 받아들이고 그 외 관찰된 내용은 버리는 것을 말한다. 예컨대, 충청도 사람들은 모두 느리다고 단정하면, 그렇지 않은 충청도 사람을 만나면 무시하거나 의미를 부여하지 않는다. 또한, 연구자가 경험한 몇 명의 부자에 대한 정보로 부자는 베푸는 데 인색하다고 일반화한 경우 인색해 보이는 부자만을 선별적으로 관찰하는 잘못을 범하게 된다.

넷째, 꾸며낸 지식(정보)이다. 자신의 일반화를 유지하기 위해 스스로 새로운 정보를 꾸며내는 것이다. 꾸며낸 지식은 자신의 선입견이나 과도한 일반화에 들어맞지 않는 현상을 접하게 될 때 억지로 그 원인을 끼워 맞추는 것을 말한다. 과학적 지식습득을 위해서는 객관적인 태도와 비판적인 태도를 유지하며, 새로운 증거가 나타나면 지식은 언제든지 수정될 수 있는 가능성을 열어둠으로써 이를 방지할 수 있다. 예컨대, 모든 일에 빠른 충청도 사람을 만나면 태어난 지역만 충청도일 것이라고 꾸며낸다.

다섯째, 사후 가설 설정(사후 소급 가설)이다. 사건을 종결할 당시의 관찰을 결론으로 받아들이고 끝나는 것으로 생각 없이 관찰하고 그 후 설명을 붙이는 경우이다. 어떤 경험이나 관찰을 하고 난 후에 그에 대해서 설정하는 가설을 말한다. 과학적 방법에서는 대체로 논리적 추론을 통해서 사전에 가설을 설정하고 그 후에 그 가설의 진위여부를 경험적으로 검증하는 절차를 취한다. 예컨대, 잠을 많이 자는 것이 성적에 미치는 영향을 살펴본다면, 잠을 많이 자고 난 후에 나쁜 성적을 받아야 한다. 그러나 낮은 성적을 받고 난 후에 그 이유를 생각하니 잠을 많이 잔 것 때문이라고 결론짓는다.

여섯째, 비논리적 추론이다. 이는 논리적 근거 없이 명확하지 않은 추론을 하는 것이다. 즉, 비논리적인 추론이나 서로 관계가 없는 독립적인 사건들을 서로 연관시켜 추론하는 오류이다. 예컨대, 주식투자에 계속 실패한 투자자가 지금까지는 모두 실패했기 때문에 이제는 성공할 것이라고 추론하는 것이다.

일곱째, 현상 이해에 대한 자아 개입이다. 문제의 원인에 자아가 개입되어 객관성 유지에 실패하는 것이다. 이는 지식탐구과정에 연구자 자신의 자아가 개입되어 객관적으로 관찰하기 어려운 경우이다. 예컨대, 클라이언트가 자신의 행동이 문제를 발생시킨 것에 대해 직면하지 않고, 다른 사람이나 외부 환경을 탓하는 것을 말한다.

여덟째, 탐구의 조기 종결이다. 사실이 완벽하게 이해되기 전 종결하는 것이다. 이는 정확하게 이해한 것이 아님에도 불구하고 더 이상 탐구할 필요가 없다고 섣불리 조사를 종결하는 것이다. 예컨대, 사회복지사가 스스로 개발한 프로그램에 대한 효과를 너무 믿은 나머지 효과를 충분히 확인하지 않고 단정 짓는 것이다.

아홉째, 신비화이다. 이해하기 어려운 것을 초현실적인 것으로 귀결 짓는 것을 말한다. 예언가, 종교 경전 등의 견해나 주장을 사실로 받아들이는 것으로 초자연적이거나 신비한 원인에 의존한다. 예컨대, 우주의 탄생을 모두 신의 뜻으로 이해하거나, 최근 사업번창이 조상님께서 돌봐주신 덕분으로 이해하는 것이다.

# 3. 과학적 방법

## 1) 과학과 과학의 목적

과학이란 현상에 내재하는 진리를 객관적인 방법으로 규명하는 과정이다. 과학의 기본 목적은 현상을 설명할 수 있는 이론을 제시하는 데 있다. 이론이란 현상을 논리적으로 설명하는 것이다. 과학은 이론을 제시함으로써 첫째, 자연현상이나 사회현상에 존재하는 논리적이고 지속적인 패턴인 규칙을 일반화할 수 있고, 둘째, 변수들 사이의 관계를 설명할 수 있게 된다. 셋째, 이론을 바탕으로 미래 현상을 예측할 수 있다.

과학적 연구방법은 현상을 연구하고 새로운 지식을 구축하거나 이전의 지식들을 모아 통합할 때 사용되는 기법으로, 경험가 측정에 근거한 증거를 사용하여 현상의 원리를 밝히는 과정이다. 이러한 과학적 연구방법은 하나로 정형화되지 않기 때문에 이러한 과학 분야에서 다양한 과정이 사용된다.

## 2) 과학적 연구의 특징

과학적 방법은 조사대상인 사회현상에 대하여 체계적인 논리와 경험적 관찰을 통하여 객관적인 지식을 획득하는 것이다. 어떤 현상에 대해 논리적으로 유추된 지식이 경험적으로 관찰된 사실과 일치할 때 과학적 지식이 된다.

첫째, 객관성을 갖는다. 연구자 개인의 스키마(Schema: 사고체계, 신념, 가치관, 가정)가 연구 과정과 결과에 영향을 미치지 않아야 하며, 다른 스키마를 가진 연구자라 하더라도 동일한 실험을 했다면 연구 결과가 동일해야 한다. 즉, 개인의 편견, 가치관, 주관적 판단이 개입되지 않아야 한다. 이는 간주관성 혹은 상호주관성이라고 한다.

둘째, 결정론성이 있다. 모든 현상은 반드시 어떤 원인에 의해서 발생하며, 논리적으로 원인과 결과 관계를 이해할 수 있어야 함을 가정한다. 즉, 원인이 논리적으로 확인되어야 한다.

셋째, 일반성이 있다. 유사한 사건이나 현상에 포괄적으로 적용하여 설명할 수 있어야 하며, 보편적인 원리를 추구한다.

넷째, 간결성이 있다. 최소한의 설명변수만으로 최대의 설명력을 얻어야 하며, 도움이 되지 않는 요소를 찾아내고 배제한다.

다섯째, 구체성을 갖는다. 추상적이거나 모호한 개념을 사용해서는 안 되고 정확한 정의가 필요하다. 이 과정을 개념의 조작화라고 한다.

여섯째, 검증가능성을 갖는다. 반드시 현실 세계에서 검증될 수 있어야 한다.

일곱째, 수정가능성이 있다. 기존의 신념이나 연구결과는 언제든지 비판되고 수정될 수 있어야 한다.

여덟째, 재생가능성을 갖는다. 같은 방법을 사용했을 때 누구나 같은 결과를 얻을 수 있어야 한다. 과학은 재생가능성을 전제로 한다. 즉, 모든 이론은 여러 차례 반복적으로 검증되고 관찰한 뒤에 정립되어야 신뢰성이 확보된다.

과학적 연구방법은 비과학적 방법과 다음과 같은 차이가 있다.

**〈표 1-1〉 과학적 방법과 비과학적 방법의 차이**

| 차원 | 비과학적 방법 | 과학적 방법 |
|---|---|---|
| 접근 | 직관적, 전체적 | 경험적, 분석적 |
| 관찰 | 우연적, 비통계적 | 체계적, 통계적 |
| 보고 | 편파적, 주관적 | 비편파적, 객관적 |
| 개념들 | 애매하고 여타의 의미 있음 | 명확한 정의와 조작적 특수성 가짐 |
| 도구들 | 부정확하고 정밀하지 못함 | 정확하고 정밀함 |
| 측정 | 타당성과 신뢰성 없음 | 타당성과 신뢰성 있음 |
| 가설들 | 검증 불가능 | 검증 가능 |
| 태도 | 무비판적, 수용적 | 비판적, 회의적 |

### 3) 과학적 연구의 논리

첫째, 연역법은 일반적인 사실이나 법칙으로부터 특수한 사실이나 법칙을 추론한다. 실증주의적 입장에서 이론을 만들 때 사용하는 방법으로 보편적 원리로부터 부분에 대한 지식을 도출한다. 예를 들어서 '모든 사람은 죽는다'라는 일반적 원리에서 '이순신 장군은 죽는다'라는 특수한 원리를 추론해 내고 있다.

(1) 가설설정: 모든 사람은 죽는다 → (2) 조작화: 이순신 장군은 사람이다. → (3) 관찰 및 경험: 그러므로 이순신 장군은 죽는다 → (4) 검증: 모든 사람은 죽는다는 논리를 검증

연역법은 가설을 세워서 실증적으로 증명할 수 있다는 가정에서 출발한다. 따라서 기존의 이론이나 명제를 토대로 변수 간 관계를 논리적으로 추론하여 가설을 설정하고, 이 가설이 현실에서도 검증될 수 있는지를 관찰하여 확인한다.

연역적 절차는 이론 → 가설 → 조작화 → 관찰(혹은 측정) → 가설 검증(혹은 실증적 일반화)이며, 양적조사는 대체로 연역법에 따라서 수행되는 경우가 많다.

둘째, 귀납법은 개별적 사실로부터 일반적인 원리나 이론을 전개한다. 이는 개별의 구체적 사실이나 현상에 대한 관찰에서 부터 전체에 대한 인식을 이끌어 가는 논리체계를 가진다. 예를 들어서 '이순신 장군의 죽음'을 관찰하는 것에서 출발해서 '모든 사람은 죽는다'라는 이론을 추론해 낸다.

(1) 주제선정: 인간의 죽음 → (2) 관찰: 이순신 장군의 죽음 관찰 → (3) 유형발견: 다른 많은 사람들의 죽음을 관찰 → (4) 임시결론(이론): 그러므로 모든 사람은 죽는다.

귀납법의 절차는 관찰 → 유형의 발견 → 실증적 일반화 → 이론(잠정적 결론)의 절차를 따르며 질적조사는 대체로 귀납법에 의해서 수행된다.

연역법과 귀납법은 다음과 같은 차이를 갖는다. 특히, 연역법은 전제가 중요하기 때문에 전제의 타당성이 중요하며, 귀납법은 관찰에서 출발하기 때문에 객관적, 중립적 관찰이 중요하다.

〈표 1-2〉 **연역법과 귀납법의 비교**

| 구분 | 연역법 | 귀납법 |
|---|---|---|
| 정의 | 일반적인 원리에서 출발해 개별적인 결론을 도출 | 개별적인 관찰에서 출발해 일반화된 결론을 도출 |
| 전제 | • 연역적 가정에서 출발<br>• 일반적 사실로부터 구체적인 사실을 이끌어 내는 것 | • 객관적, 중립적 관찰에서 출발<br>• 구체적 사실로부터 일반적 사실을 이끌어 내는 것 |
| 행위의 규칙성 | • 기존 이론이나 가정이 처음부터 설정된 것으로 가정 | • 행위가 대립되는 이해관계자들 간의 상호작용에서 추론 |
| 강조점 | • 획일적인 연역적 전제 | • 연구의 복잡성, 불확실성, 목적 및 수단의 모호한 관계 강조 |
| 결론의 타당성 | • 전체의 타당성에 따름(전제가 참이면 결론도 참) | • 일정한 정도의 확률값만 가짐 |

연역법과 귀납법은 이상과 같이 구별할 수는 있지만 실제 연구과정에서는 어느 한 가지 방법에만 의존하기보다는 두 방법을 연속적으로 반복하는 순환과정을 거친다. 관찰에서 시작하여 이론이 만들어지는 귀납적 과정과 그 이론을 검증하기 위해 관찰을 시도하는 연역적 과정이 되풀이되면서 사회과학의 이론들이 더욱 개선되어 정교화된다. 즉, 연역법과 귀납법은 상호보완적이며 순환적이다.

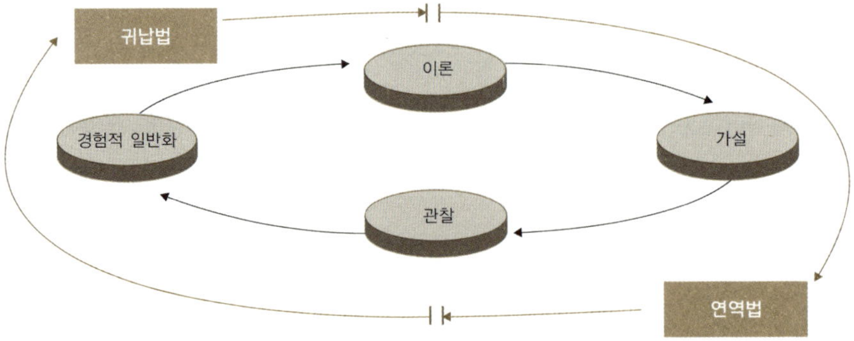


[그림 1-1] 과학이론의 순환과정

### 4) 과학철학

과학철학은 사회과학에 대한 지식의 검증과 논리적인 토대를 제공한다. 경험에 의한 지식의 객관성을 추구하는 논리실증주의와 반증주의와 같은 절대론적 입장과 과학혁명론과 같은 주관적 개입을 인정하는 상대론적 입장으로 구분된다.

#### (1) 논리실증주의

논리실증주의자들은 경험적으로 검증할 수 있는 것만이 과학적으로 의미가 있고, 통일성이 있어야 하며 모든 과학적 방법을 적용할 수 있고, 그래야 한다고 본다. 고전적인 경험주의와 실증주의, 논리학 등의 영향이 결합되어 발전한 과학철학으로 슐리크 등의 빈파가 해당된다. 형이상학적 접근을 부정하고 경험적으로 검증이 가능한 사실만 인정한다. 논리실증주의자들은 '논리적으로 자명하거나 경험적으로 검증할 수 있는 명제만이 의미있다', '과학적 이론으로 증명할 수 있어야 한다'고 본다. 논리실증주의는 경험을 강조하며 과학적 방법에 의한 방법론적 통일을 주장한다.

### (2) 반증주의

어떠한 이론의 진위를 직접 검증하는 것은 어렵지만 증거에 기초해 이론을 반증할 수 있다는 점에 착안하여 포퍼는 이론의 반증 가능성을 주장한다. 기존 이론과 상충되는 현상을 찾아내어서 이를 토대로 기존 이론을 계속 반증하는 과정을 거쳐 과학이 발전한다고 보았다.

과학적 지식의 발전은 기존의 이론과 상충되거나 모순되는 현상을 토대로 기존 이론을 계속 반증하는 과정을 거쳐 이루어진다고 본다. 과학적 이론은 그것의 진위가 검증되었기 때문이 아니라 숱한 반등을 견뎌냈기 때문에 채택된다.

대표적인 학자인 포퍼는 과학과 비과학의 판단기준은 반증가능성에 있다고 한다. 논리실증주의는 과학철학이 하나의 이론을 대상으로 삼아서 그 타당성을 질문하는 데 그친 반면 포퍼에 이르러서는 과학철학을 더욱 넓은 안목으로 바라본다.

### (3) 과학적 혁명론

과학의 발전은 점진적인 지식의 축적에 의해서가 아니라 변칙적이거나 무작위적인 발견 등에 의해 혁명과 같은 급격한 변화를 통해서 이루어진다고 보며, 패러다임론이라고도 한다. 기존의 패러다임에 치명적 오류가 발견되어 위기에 봉착하면 새로운 패러다임으로 이동하게 된다. 대표적인 학자인 쿤은 과학의 변화와 발전은 지식이 축적되는 누적적인 과정이 아니라 혁명적인 과정을 통해서 성취된다고 본다. 쿤은 '과학 발달의 역사는 패러다임이 전환되는 혁명의 역사다'라고 본다. 쿤의 과학관은 과학발달에서의 혁명적 성격에 초점을 둔다. 쿤은 과학의 역사는 현상을 보는 틀에서의 관점, 즉 패러다임이 새로운 패러다임으로 대체되는 혁명적 전환을 통한 역사라고 보았다. 쿤은 과학의 진보가 '전과학 → 정상과학 → 위기/혁명 → 새로운 정상과학 → 새로운 위기'의 패턴과 구조에 따라서 진행된다고 보았다.

## 4. 사회과학

### 1) 개념과 특성

사회과학은 사회현상이나 인간의 사회적 행위를 분석하고 종합하여 미지의 사실이나 일반적 법칙을 찾아내려는 인간의 지성적 활동에 의한 지식체계이다. 즉, 사회과학은 경험과학이고, 역사과학이며, 실천과학이고, 사회현실에 대한 전체적 인식과학이다. 자연과학이 자연의 모든 현상을 분석하고 연구하는 반면에 사회과학은 인간의 모든 행위를 연구한다. 사회과학과 자연과학의 차이는 다음과 같다.

〈표 1-3〉 **사회과학과 자연과학의 비교**

| 구분 | 사회과학 | 자연과학 |
|---|---|---|
| 사고의 가능성 범위와 공식화 | • 제한<br>• 공식화 타당성에 의문제기 | • 무한<br>• 공식화 강조 |
| 분석기법 | • 중요하지 않음 | • 매우 중요함 |
| 연구 누적성 | • 독창적 | • 누적적 |
| 사회문화적 요인 | • 영향 받음 | • 영향받지 않음 |
| 연구자 개인영향 | • 영향 받음 | • 영향받지 않음 |
| 결론 | • 명확하지 않음 | • 명확함 |
| 새로운 이론과 기존 이론의 연결 | • 기존 이론과 연결됨 | • 새로운 이론이 빈번히 대두됨 |

출처: 강종수(2021) 재인용.

사회복지는 분석적 사회과학의 한 분야로 사회현상에 내재하는 여러 문제를 해결하기 위해 노력하는 학문이며, 이를 위해 실천적이고, 현상중심적인 성격을 가진다. 이러한 실전적 노력을 통해 다양한 대안을 제시하고, 나아가 문제 해결을 도모하는 것이 사회복지의 주요 내용이다. 특히, 사회복지는 인간의 다양한 생활 전반에 대한 풍부한 자료를 갖고 있기 때문에 사회과학의 근간이 되며, 이렇듯 사회과학의 사회복지는 상호 간의 밀접한 연관성을 가지고 있다.

## 2) 사회과학의 패러다임

사회과학의 실증주의, 해석주의, 비판주의 패러다임이 있으며 주요 내용은 다음과 같다.

### (1) 실증주의

실증주의는 사회를 자연과 동일시하고 자연과학과 같은 방법으로 사회현상을 연구할 수 있다고 본다. 또한, 실증주의자들은 양적연구를 선호하며, 가치중립성을 중요시한다. 보편적으로 적용가능한 분석도구를 강조하고 경험적 관찰을 통해 이론을 재검증한다.

실증주의는 경험주의라고도 부르며 경험적인 관찰을 통해 이론을 검증하고자 하고, 구조화된 양적 방법을 고수하여 '이론 → 가설 → 관찰 → 일반화(연역적 방법)'와 같은 정해진 연구절차를 철저히 따른다.

### (2) 해석주의

해석주의는 외형적인 행동을 관찰하는 것이 아니라 행동 속에 자리 잡고 있는 행위자 입장에서의 의미를 찾기 위해 노력한다. 인간의 주관적 의식을 중요시하고 주고 질적연구방법을 활용한다. 해석주의는 사람들이 어떻게 사회세계를 창조하고 유지하는가를 이해하고 해석하기 위해 자연스러운 상황 속에 있는 사람들을 직접 상세하게 관찰하고 사회적으로 의미 있는 행동을 체계적으로 분석한다. 이를 위해서 참여관찰과 같은 질적 방법을 주로 사용한다.

해석주의는 실증주의와는 달리 비조작적, 불개입적, 질적인 방법을 선호하며, 인간행동에 대한 특수한 이유를 설명하여 감정이입적 이해를 추구한다. 해석주의는 상호주관적으로 인식된 사회적 실재의 특성을 서술하여 실증주의 객관적 경험론을 극복하고자 한다.

### (3) 비판주의

비판주의(비판적 사회과학)는 사회과학은 사회변화의 본질적이고 구조적인 측면을 파악하는 것이 중요하다고 보고, 억압에 초점을 맞추어 억압받는 집단의 임파워먼트를 위해 연구절차를 활용한다. 비판적 사회과학에서는 사회라는 실제를 역사적 구조 속에서 총체적으로 파악해야 한다고 보고, 사람들이 스스로 현재의 조건을 변화시키고 개선된 사회를 구성해 나가도록 도와주기 위해 표면적 환상을 넘어 물질세계 속의 실제적 구조를 발견하는 데 초점을 둔다.

사회과학의 주요 패러다임의 주요내용은 다음과 같다.

〈표 1-4〉 **사회과학의 3대 패러다임**

| 실증주의 | 해석주의 | 비판주의 |
|---|---|---|
| • 과학적방법론의 적용<br>• 객관성 강조<br>• 법칙적 지식의 추구<br>• 경험적 사실의 중요성<br>• 가치중립성<br>• 사회현상 예측과 통제<br>• 구조주의(사회구조와 기관이 개인행동과 선택에 영향) | • 주관성 인정<br>• 사회적 맥락의 중요성<br>• 질적연구방법의 활용<br>• 과정중심적 접근<br>• 사회현상 이해와 해석<br>• 연구자 연구과정 적극 참여<br>• 가치중립성 부정 | • 사회변화와 개선 추구<br>• 사회현상과 구조에 대한 비판적 사고<br>• 사회불평등과 억압 탐구<br>• 이론과 실천의 연계<br>• 주관성과 가치인식<br>• 질적 및 혼합연구방법 활용<br>• 다양한 이론적 전통통합 |

# 5. 사회복지조사의 윤리성과 한계

사회복지조사에서 과학적 방법으로 조사를 수행할 때는 주제를 선정하는 단계에서부터 결과를 보고하는 단계에 이르기까지 전반적으로 윤리적 이슈를 고려해야 한다. 사회복지사는 조사윤리를 이해함으로써 욕구나 평가조사, 자료수집이나 결과보고 과정에서 범할 수 있는 비윤리적 행위들을 사전에 차단하기 위해서 노력해야 한다.

## 1) 사회복지조사와 윤리

사회과학은 인간을 대상으로 연구하는 경우가 많아서 윤리적인 문제가 발생할 가능성이 높다. 이런 이유로 윤리적인 측면을 고려한 조사가 필요하다. 한국조사연구학회가 천명한 윤리강령은 다음과 같다.

① 조사자는 조사대상자에게 응답을 강요하지 않고, 그들을 기만하는 행위를 하지 않으며, 그들을 모욕하여 수치심을 유발하는 수단과 방법을 사용하지 않는다.

② 조사자는 조사대상자의 사생활을 존중하고 익명성을 보장해 주어야 한다. 단 조사대상자가 허용하는 경우 대상자의 이름을 사용하거나 밝힐 수 있다.

③ 조사자는 조사대상자가 자유의사로 조사를 거절하거나 도중에 중단할 수 있는 권리를 존중한다.

④ 조사자는 연구를 가장해서 판매나 정치적 선거운동과 같은 다른 행위를 하거나 자신들의 연구를 거짓으로 기술해서는 안 된다.

⑤ 조사자는 적법한 절차에 의한 조사 결과를 사용할 때도 조사대상자의 비밀을 보호하는 윤리적 의무를 준수해야 한다.

사회복지조사에서 주의하여 할 윤리적 측면은 다음과 같다.

첫째, 연구주제의 선정시 사회적 윤리를 고려하여 주제와 내용을 결정해야 한다.

둘째, 연구대상의 선택에 있어서 특정한 사람들만을 표본에 포함시키는 것은 연구결과 일반화를 어렵게 하고 윤리적인 문제가 될 수 있기 때문에 주의해야 한다.

셋째, 연구과정에서 연구대상의 신체적, 정신적 불편함과 위험 등 연구대상자에게 미치는 피해가 없도록 해야 한다.

넷째, 자발적인 참여와 고지된 동의가 필요하다. 우선 조사대상자에게 의사결정에 영향을 미칠 수 있는 연구목적과 내용, 소요시간, 혜택 및 연구 참여에 따른 피해 등을 알려준 후 동의를 받아야 한다. 또한, 자발적 참여는 고지된 동의에 기초하여 이루어져야 한다.

다섯째, 익명성 및 비밀이 보장되어야 한다. 익명성은 조사대상자들이 자신의 신원을 밝히지 않고 응답할 수 있노록 하는 것이며, 비밀보장이란 연구자가 응답자에 대한 정보를 공개하지 않는 것이다.

여섯째, 연구대상자를 속이는 것에 대하여서는 도덕적으로 바람직하지 않지만, 연구목적상 연구의 자세한 내용을 모두 밝히지 않고 숨길 필요가 있을 수 있다. 예컨대, 관찰의 경우 누군가가 자신을 관찰하고 있다는 사실을 알게 되면 평소와 다른 행동을 보일 가능성이 있다.

일곱째, 통제집단 연구대상자에게 필요한 서비스를 제공하지 않는 것은 클라이언트의 권익을 침해하는 일이 될 수 있다. 불가피한 경우라면 통제집단에 속한 사람들의 피해를 최소화하려는 노력이 필요하다.

여덟째, 연구결과의 분석과 보고에 있어서 객관적인 해석이 필요하다.

사회복지조사의 윤리성에 있어서 문제가 있을 우려가 있는 경우 연구자의 자체 판단과 전문가 조언, 기관윤리위원회 의견요청, 기존 윤리기준을 참고하여 결정하려는 노력이 필요하다.

### 2) 사회복지조사의 한계

사회복지조사는 다음과 같은 한계를 분명히 가지고 있다. 우선, 인간을 조사대상으로 하기 때문에 발생하는 조사대상에 의한 제한이다. 둘째, 경험적으로 인식할 수 없는 대상이나 범위에 대해서는 조사가 불가능하다는 경험적 인식의 제한이다. 셋째는 시간적, 지리적, 비용적 제한이다. 넷째, 사회복지학의 특성상 가치 개입적인 접근 때문에 개인의 가치와 선호에 따른 차이가 발생한다. 끝으로 연구 결과가 정치적, 사회적으로 거부되는 사회적 요인에 따른 제한도 있다.

## 요점정리

- 사회복지조사는 학문적 기초와 응용적 역할, 욕구조사와 사회개량의 역할, 개입방법과 효과측정, 탐구의 과학화의 유용성이 있다.
- 비과학적 지식형성의 오류로는 부정확한 관찰, 과도한 일반화, 선별적 관찰, 꾸며낸 지식, 사후 가설 설정, 비논리적 추론, 현상 이해에 대한 자아 개입, 탐구의 조기 종결, 신비화가 있다.
- 과학적 방법으로 연역법은 일반적인 사실이나 법칙으로부터 특수한 사실이나 법칙을 추론하는 것이고, 귀납법은 개별적 사실로부터 일반적인 원리나 이론을 전개하는 것이다.
- 과학철학은 논리실증주의, 반증주의, 과학적 혁명론이 있다.
- 사회과학은 실증주의, 해석주의, 비판주의 패러다임이 있다.
- 사회복지조사에 있어서는 윤리적 측면에서 자발적 참여와 고지된 동의, 참여자에게 피해 주지 않기, 익명성과 비밀보장, 연구 대상자를 속이는 것 등에 대한 고려가 필요하다.

## 사회복지사 1급 기출문제

1. 과학적 탐구에서 제기되는 윤리적 문제에 관한 설명으로 옳지 않은 것은?

① 어떤 경우라도 연구참여자 속이기는 허용되지 않는다.

② 고지된 동의는 조사대상자의 판단능력을 고려하여야 한다.

③ 연구자는 기대했던 연구결과와 다르더라도 그 결과를 사실대로 보고해야 한다.

④ 사회복지조사에서는 비밀유지가 엄격히 지켜질 수 없는 상황이 발생할 수 있다.

⑤ 연구자는 개인정보 유출 등으로 인해 연구참여자에게 피해를 주지 않도록 신중을 기해야 한다.

**정답 ①** | 연구대상자 속이기는 윤리적인 문제가 발생할 수 있으며, 연구대상에게 조금의 피해가 있다면 허용되지 않는다. 불가피하게 연구대상자를 속여야 한다면 연구가 끝난 후에라도 그 이유를 충분히 설명한다.

2. 과학적 지식의 특성에 관한 설명으로 옳은 것을 모두 고른 것은?

| ㄱ. 경험적으로 검증가능하여야 한다.<br>ㄴ. 연구결과는 잠정적이며 수정될 수 있다.<br>ㄷ. 연구자의 주관적 가치 판단이 연구과정이나 결론에 작용하지 않도록 객관성을 추구한다.<br>ㄹ. 같은 절차를 다른 대상에 반복적으로 적용하여 같은 결과가 나오는지 검토할 수 있다. |
|---|

① ㄱ, ㄷ ② ㄴ, ㄹ ③ ㄱ, ㄴ, ㄹ ④ ㄴ, ㄷ, ㄹ ⑤ ㄱ, ㄴ, ㄷ, ㄹ

**정답 ⑤** | 모든 내용이 과학적 지식탐구에 해당되는 내용이다.

3. 사회과학의 패러다임에 관한 설명으로 옳지 않은 것은?

① 실증주의는 연구결과를 해석할 때 정치적 가치나 이데올로기의 영향을 적극적으로 고려한다.

② 해석주의는 삶에 관한 심층적이고 주관적인 이해를 얻고자 한다.

③ 비판주의는 사회변화를 목적으로 사회의 본질적이고 구조적 측면의 파악에 주목한다.

④ 후기실증주의는 객관적인 지식에 대한 직접적 확증은 불가능하다고 본다.

⑤ 포스트모더니즘은 객관적 실재와 진리의 보편적 기준을 거부한다.

**정답 ①** | 실증주의는 경험적 사실을 관찰하고, 이를 분석하여 인과적 관계나 패턴을 찾아내는 접근법이다. 이러한 실증적인 방법을 통해 수집된 자료는 통계학적인 분석을 거쳐 이론적인 결론을 도출할 수 있다

4. 실증주의의 특징과 가장 거리가 먼 것은?

① 이론의 재검증
② 객관적 조사
③ 사회현상의 주관적 의미에 대한 해석
④ 보편적이고 적용가능한 통계적 분석도구
⑤ 연구결과의 일반화

**정답 ③** | 실증주의는 통계적인 분석을 통하여 객관성을 확보하는 것을 요구한다.

5. 사회과학의 특성에 관한 설명으로 옳지 않은 것은?

① 자연과학에 비해 인과관계에 대한 명확한 결론을 내리기 어렵다.
② 끊임없이 변화하는 사회현상을 규명한다.
③ 관찰대상물과 관찰자가 분명히 구분된다.
④ 인간의 행위를 연구대상으로 한다.
⑤ 사회문화적 특성의 영향을 받는다.

**정답 ③** | 사회과학은 인간의 행동과 문제에 대하여 연구하는 학문으로 관찰대상과 연구자의 구분이 모호할 수 있는 상황이 다수 발생한다.

6. 사회과학과 사회복지학에 관한 설명으로 옳은 것을 모두 고른 것은?

ㄱ. 사회복지학은 사회문제에 대처하기 위한 학문이다.
ㄴ. 사회과학은 사회복지의 실천적 지식의 제공 및 이론적 발전에 기여할 수 있다.
ㄷ. 사회복지학은 응용과학이 아닌 순수과학에 속한다.
ㄹ. 사회복지학은 사회과학에 의해 발전된 개념들을 활용할 수 있다.

① ㄴ, ㄷ ② ㄷ, ㄹ ③ ㄱ, ㄴ, ㄷ ④ ㄱ, ㄴ, ㄹ ⑤ ㄱ, ㄷ, ㄹ

**정답 ④** | 사회복지학은 응용과학에 속한다.

CHAPTER 02

# 사회복지조사의 유형과 과정

1. 사회복지조사의 유형
2. 사회복지조사의 과정
3. 분석단위

Chapter

# 02 사회복지조사의 유형과 과정

학습목표

- 조사목적에 따른 사회복지조사의 종류를 이해한다.
- 조사시점에 따른 사회복지조사의 종류를 이해한다.
- 사회복지조사의 과정을 이해한다.

## 1. 사회복지조사의 유형

사회복지조사의 종류는 다음 표와 같이 조사목적, 조사시점, 자료형태, 통제정도, 통계조사 여부, 응용에 따라서 다양하게 분류된다. 예컨대, 조사 목적에 따라서는 탐색적 조사, 기술적 조사, 설명적 조사로 구분되고 시간적 차원에 따라서는 횡단조사와 종단조사로 구분된다. 그 외에 다양한 분류기준에 따른 조사유형의 구체적 내용을 살펴보면 다음과 같다.

〈표 2-1〉 다양한 기준에 따른 조사유형 구분

| 분류기준 | 조사유형 |
|---|---|
| 조사목적 | 탐색적 조사와 기술적 조사, 설명적 조사 |
| 조사시점 | 횡단적 조사와 종단적 조사 |
| 자료형태 | 양적연구와 질적연구 |
| 통제 정도 | 실험적 연구와 현장 연구 |
| 조사 대상 범위 | 전수조사와 표본조사 |
| 응용 정도 | 순수조사와 응용조사 |

## 1) 조사목적에 따른 분류

### (1) 탐색적 조사

탐색적 조사는 연구문제의 발견이나 변수의 규명, 가설의 도출을 위해서 실시하는 조사로 본 조사를 위한 예비적 조사로서 실시된다. 탐색적 조사는 특정 주제나 문제에 대해 사전 지식이 부족하거나 선행연구에 대한 이해가 부족할 때 조사 문제를 명확히 하고 초기 가설을 설정하는 목적을 갖는다.

탐색적 조사는 조사자가 관심을 가진 주제에 대해서 알고 있는 정보가 부족하기 때문에 정확한 조사문제나 조사내용, 조사계획과 절차가 없으며, 이론이나 가설도 거의 없다.

탐색적 조사는 조사연구의 문제와 개념을 분명히 하고 연구의 우선순위 파악이 가능하고 상황에 따른 변수들 사이의 관계에 대한 통찰력을 제고할 수 있도록 한다. 또한, 조사를 시행하기 위한 절차와 행위를 구체화할 할 수 있도록 하고, 최종적인 조사를 수행하는 데 필요한 관련된 정보를 입수하는 데 기여한다.

탐색적 조사의 방법은 다음과 같다. 첫째, 문헌조사로 기존에 발간된 문헌을 이용하는 방법이다. 이는 경제적이고 신속한 방법이며 조사대상이나 분야에 대한 지식이 부족한 경우에 행하는 최초의 조사이다.

둘째, 전문가 의견조사로 경험조사 또는 파일럿 조사라고도 한다. 이는 선문적인 지식과 경험을 가진 전문가들로부터 정보들 얻어내는 방법이다. 문헌조사의 보완적인 방법으로 연구초보자에게 도움이 된다.

셋째, 사례조사(특례분석)이다. 주어진 문제와 유사한 사례를 찾아내어 분석하는 방법으로 시사적, 임시적 결론에 불과하여 추가적인 조사를 통해 가설을 재검증해야 한다.

넷째, 초점집단면접(FGI)으로 조사주제에 대하여 경험이나 식견을 가진 소수의 응답자들을 대상으로 자유로운 토론을 벌여 필요한 정보를 획득하는 방법이다.

### (2) 기술적 조사

기술적 조사는 조사대상의 현황을 전체적으로 나타내고, 영향요인 간에 어떠한 관계에 있을지를 파악하기 위해 실시하는 조사이다. 기술적 조사는 연구대상의 특성을 체계적으로 기술하고 현황을 파악하는 데 목적이 있다. 즉, 기술적 조사는 관심의 대상이 되는 사회현상의 상황, 현황 및 특징을 사실적으로 묘사하기 위한 목적을 갖는다. 주로 현상이나 모집단의 특성에 대한 분포, 발생빈도, 크기나 비율 등의 특성파악을 위한 조사이다. 기술적 조사의 조사결과는 단순히 무엇이 어떠한가에 대한 대답에 해당된다.

기술적 조사는 사회문제의 실태를 파악하거나 특정 집단의 사회적 욕구를 확인하는 데 활용한다. 예컨대, 노인학대를 파악하기 위해서 학대현황을 파악하고 학대수준 등을 기술한다. 기술적 조사를 위한 방법으로는 설문조사, 관찰연구, 인구사회학적 통계자료에 대한 분석, 2차 자료 분석 등이 있다.

### (3) 설명적 조사

설명적 조사는 어떠한 현상이 왜 발생했는가에 대한 답을 얻기 위해서 수행되는 조사이다. 설명조사는 어떠한 사실 간의 인과관계를 파악하거나 규명결과를 토대로 미래를 예측하는 조사이다. 설명적 조사는 사회현상에 대한 인과관계를 밝히는 데 목적이 있다. 즉, 단순히 사회현상에 대한 기술을 넘어 어떤 요인에 의해서 사회현상이 발생했는지를 밝힌다. 이를 위해서는 공변성, 시간적 선후관계, 외부설명의 배제(통제성)가 필요하다. 예를 들어서 가구의 경제적 수준이 노인학대에 미치는 영향을 분석한다.

이러한 인과관계를 규명하는 데 대표적인 조사방법은 실험이다. 즉, 실험은 설명적 조사의 가장 대표적인 예이다.

이상의 조사목적에 따른 사회복지조사 유형의 주요내용은 다음과 같다.

〈표 2-2〉 조사목적에 따른 사회복지조사의 유형

| 분류기준 | 탐색적 조사 | 기술적 조사 | 설명적 조사 |
|---|---|---|---|
| 조사목적 | 연구문제에 대한 통찰과 이해 | 연구문제의 특성 파악 | 인과관계 파악 |
| 특성 | 예비적 성격의 조사로 유연하고 융통적으로 운영, 표본이 작음 | 정량적 자료분석으로 공식적이고 구조화된 조사, 표본이 큼 | 두 개 이상의 변수의 인과관계를 확인하고 표본이 큼 |
| 결과 | 탐색적(시험적) | 기술적 | 시험적 |

## 2) 조사시점에 따른 분류

### (1) 횡단적 조사

횡단조사는 일정 시점을 기준으로 모든 관련 변수에 대한 자료를 수집하는 연구방법으로 현황조사와 상관적 연구설계가 있다. 횡단조사는 조사자가 조사대상에 대하여 관찰이나 자료수집을 일정기간 단 한번만 수행한다.

우선, 현황조사는 어떤 사건과 관련된 상태나 상황을 정확하게 파악하여 기술하는 것을 주목적으로 한다. 상관적 연구설계는 어떤 변수와 다른 변수와의 관련성을 파악하기 위한 연구로서 통계적으로는 상관계수의 계산을 통해서 확인된다.

### (2) 종단적 조사

종단적 조사는 연구대상을 일정기간 동안 관찰하여 대상의 변화를 파악하는 조사이다.

첫째, 추세 연구 또는 경향조사는 시간의 흐름에 따라 대상집단의 변화를 관찰하는 방법이다. 어떤 광범위한 연구대상의 특정 속성을 여러 시기를 두고 관찰하고 비교하여 시간의 흐름에 따라 어떻게 변화하는지를 식별하는 데 조사의 목적이 있다. 매번 측정하고, 매번 동일 모집단에서 새로운 표본을 독립적으로 추출한다. 예컨대 노인의 생활만족도 변화를 측정하기 위하여 시기별로 노인을 대상으로 생활만족도를 조사하는 것이다. 그 외에 추세연구로는 인구센서스, 물가경향조사, 실업률 경향조사, 사회복지사 1급 합격률 추이 등이 해당된다.

둘째, 코호트연구 또는 동시(동년배)집단연구는 일정기간 동안 어떤 한정된 부분 모집단의 변화를 연구하거나 특정 경험을 같이하는 사람들이 갖는 특성에 대하여 두 번 이상의 다른 시기에 걸쳐서 비교, 연구한다. 예를 들어서 대학생 때 IMF를 경험한 세대의 경제적 태도를 연구하기 위해 매 5년마다 그들을 대상으로 조사하는 연구, 노인 여가프로그램 참가자들을 대상으로 매년(혹은 매달) 변화 정도를 측정하는 연구 등이 해당된다.

셋째, 패널 연구는 동일집단 반복 연구로 특정 응답자 집단을 정해 놓고, 상당히 긴 시간 동안 지속적으로 정보를 획득한다. 장점은 조사대상자로부터 추가적인 자료획득이 쉽고, 사건에 대한 변화분석이 가능하며, 초기 비용은 많이 들지만 장기적으로 보면 독립적인 수차례의 조사가 오히려 경제적이라는 것이다. 단점은 매년 패널 구성원이 조금씩 이탈하기 때문에 대표성과 패널관리가 어렵다는 것이다. 계속 동일 변수를 측정하므로 정보의 유연성이 적고 조사요원과의 친밀감이나 지겨움 등으로 부정확한 자료를 제공할 위험이 있다.

추세연구와 코호트 연구, 패널연구의 차이를 종합하여 살펴보자. 예컨대, 사회복지 프로그램에 대한 만족도 변화를 관찰한다고 할 때, 추세 연구는 조사시점마다 매번 당시 프로그램 이용자를 대상으로 조사한다. 또한 코호트 연구는 조사 시점과 상관없이 해당 프로그램과 관련하여 동일한 집단에서 다시 조사대상을 선정하여 조사한다. 패널 연구는 조사 시점의 변화에 관계없이 조사대상 개인을 매번 동일하게 유지한다. 따라서 추세연구는 조사시점마다 조사집단과 대상이 모두 다른 반면, 코호트 연구는 조사시점 마다 조사집단은 동일하지만 조사대상 개인이 다르다. 패널연구는 조사시점 마다 조사집단과 조사대상 개인이 모두 동일하다.

이상의 횡단조사와 종단조사의 차이는 다음과 같다.

〈표 2-3〉 **횡단조사와 종단조사의 차이**

| 구분 | 횡단조사 | 종단조사 |
|---|---|---|
| 장점 | • 자료수집이 용이하고 경제적<br>• 원하는 결과를 얻을 때까지 긴 시간이 필요하지 않음 | • 변화과정과 추이의 파악과 인과관계 파악이 용이 |
| 단점 | • 인과관계와 추세분석이 어려움 | • 비용이 많이 들고, 기간이 많이 소요<br>• 시간이 경과하면서 대상자들의 소멸이 우려 |

종합해 보면 횡단조사는 특정 시점을 조사하는 것으로 조사대상의 특성 변화를 파악할 수 없지만, 종단조사는 관찰 대상의 특성 변화를 시계열적으로 확인할 수 있다.

종단조사에 속하는 추세연구는 시계열적인 비교 시점에 조사대상 집단과 조사대상 개인이 다르다. 반면에 코호트 연구와 패널연구는 동일한 집단을 시계열적으로 추적하여 조사한다는 공통점이 있다. 그러나 코호트연구는 집단은 동일하지만 매번 표본을 다시 추출하여 조사대상 개인은 다른 반면에 패널연구는 표본추출을 하지 않고 동일한 개인을 시계열적으로 추적하여 조사한다.

### 3) 자료형태에 따른 분류

자료형태에 따라서는 양적조사, 질적조사로 구분된다. 양적조사는 대상의 속성을 계량적으로 표현하고 그 관계를 통계분석을 통해서 밝힌다.

질적조사는 설문지나 면접에 의존하는 계량적 방법에 대한 보완으로 등장하였으며 행위자의 언어, 행동 등 당황과 환경적 요인들을 심층면접, 참여관찰 등을 통해 조사한다.

### 4) 통제 정도에 따른 분류

실험실조사와 현지조사로 구분한다. 실험실 조사는 외생적 요인들을 의도적으로 통제하고 인위적으로 관찰 조건을 조성함으로써 독립변수의 효과를 측정하거나 독립변수가 종속변수에 미치는 인과관계에 대한 가설을 검증하는 조사방법이다. 따라서 실험실조사는 관심 있는 변수 이외에 모든 가능한 변수들의 영향을 최소화한다. 실험실 조사는 시간과 비용이 적게 소요되고, 내적 타당도는 높지만 외적 타당도는 낮다.

현지조사는 연구문제를 설정하거나 가설을 형성하기 위해서 현장에 나가서 직접 면접을 통해 자료를 수집하는 조사로 현지 영향요인에 대해 실험조작을 하지 않고 그대로 조사한다. 현장조사는 시간과 비용이 많이 소요된다. 내적 타당도는 낮고 외적 타당도는 높다.

### 5) 조사대상의 범위에 따른 분류

전수조사, 표본조사, 단일대상조사로 구분한다. 전수조사는 모집단 전체를 대상으로 조사하는 연구이다. 전수조사는 전체를 조사하기 때문에 시간과 비용이 많이 소요되는 반면에 표본오차는 없다.

반면에 표본조사는 전수조사가 어려운 경우 모집단의 일부만을 추출하여 모집단 전체를 추정하는 조사이다. 단일대상 조사는 한 개인, 한 가족, 한 소집단 등을 대상으로 조사한다. 표본조사는 모집단의 일부를 조사하기 때문에 시간과 비용은 줄일 수 있지만 표본오차가 존재한다.

한편, 전수조사에 따라 도출된 자료는 모수라고 하고, 표본조사를 통해 얻어진 자료는 통계량(모수에 대한 추정치)이라고 한다.

### 6) 응용정도에 따른 분류

순수조사와 응용조사로 구분되는데 순수조사는 사회적 현상에 대한 지적인 이해와 지식습득에만 조사의 의미를 두고, 응용조사는 사회적 현상에 응용하여 문제의 해결이나 개선을 위하여 수행하는 조사를 의미한다.

## 2. 사회복지조사의 과정

사회복지조사의 과정은 다음 그림과 같은 수행과정으로 진행된다. 즉, 사회복지조사를 위한 문제를 형성하고 조사하고자 하는 가설을 설정한 다음 조사를 위한 설계를 한다. 자료수집이후 자료에 대한 분석과 해석 후 보고서를 작성하여 결과보고 한다.

문제형성과 가설설정 ➡ 조사설계 ➡ 자료수집 ➡ 자료분석 및 해석 ➡ 보고서 작성 및 결과보고

### 1) 문제형성과 가설설정

문제형성과정에서는 기존 자료, 문헌조사, 전문가 의견, 예비조사 등을 통하여 조사주제, 목적, 이론배경, 중요성을 확인하고 체계화한다. 이를 통해서 조사의 주제를 형성하고 주제와 관련하여 연구대상인 문제를 보다 구체적이고 체계적으로 표현한다.

가설설정은 조사문제를 검증 가능하도록 구체화하는 것으로 가설은 조사대상과 자료수집, 검증방법 선정의 구체적 방향을 제시한다.

### 2) 조사설계

조사설계는 조사를 효과적, 객관적, 체계적으로 수행하기 위한 전략이다. 조사설계는 조사문제에 대한 해답을 얻기 위해 또는 가설을 검증하기 위해 조사대상을 어떻게 선정하여 어떤 방식으로 자료를 수집할 것인가와 관련하여 구조를 마련하는 것이다. 즉, 조사설계는 가설을 검증하기 위해 자료를 수집하고 분석하는 전반적인 과정을 계획하고 통제하기 위한 전략이다.

### 3) 자료수집

자료수집은 조사대상자로부터 조사문제에 대한 해답과 가설 검정의 원천이 되는 구체적인 정보를 수집하는 것이다. 자료는 관찰, 면접, 설문지 등 다양한 방법으로 수집되며 조사자가 직접 수집하는 1차 자료와 이미 다른 주체가 수집한 2차 자료로 나뉜다.

### 4) 자료분석 및 해석

수집된 자료를 종합하고 정리하여 분석함으로써 조사문제나 가설과 관련된 의미를 부여하는 과정이다. 이 단계에서는 수집된 자료를 통계기법을 통하여 분석하고 분석된 자료에 대하여 의미를 해석한다.

### 5) 보고서 작성 및 결과보고

보고서 작성은 객관적으로 증명하고 경험적으로 일반화시키기 위한 형식으로 기술하여 타인에게 전달하기 위한 것이다. 보고서 작성이 끝나면 결과보고 대상에게 조사결과를 보고한다.

## 3. 분석단위

### 1) 사회복지조사의 분석단위

분석단위는 보다 큰 집단의 특성을 기술하거나 또는 어떤 추상적인 현상을 설명하기 위해 기술되어야 하는 단위이다.

분석단위는 개인, 사회적 집단이나 공식적 사회조직, 사회적 가공물로 구분된다. 개인은 가장 전형적인 연구대상이다. 예를 들어서 지역주민이 지역사회 내에서 다양한 활동에 참여하는 것과 공동체 의식 간의 관계를 조사한다면 분석단위는 개인이 된다.

집단은 부부, 또래, 동아리, 지역, 국가 등으로 구분될 수 있다. 예를 들어서 도시와 농촌 간 건강수준의 차이를 조사한다면 분석단위는 집단이 된다.

공식적 사회조직은 지역사회복지관, 시설, 학교, 교회, 시민사회단체 등이며 사회적 가공물은 사회적 존재에 의해서 가공된 행위나 결과물인 도서, 그림, 음악, 인터넷 등이다.

한편 사회복지조사에 있어서 분석단위를 혼동할 경우 발생할 수 있는 오류는 생태학적 오류, 개인주의적 오류, 환원주의적 오류가 있으며 주요 내용은 다음과 같다.

## 2) 분석단위와 관련된 오류

### (1) 생태학적 오류

집단단위 분석결과로 부터 개인단위의 특성을 추론하는 경우 발생하는 오류로, 집단을 분석단위로 분석한 결과에 기초해 개인에 대한 결론을 내리는 것이다. 이 오류는 생태학적 단위인 집단이나 집합체에 관한 사실을 그 단위를 구성하는 개인에게 적용하는 것이다.

생태학적 오류는 집단수준의 추세가 해당 집단 내의 개인에게도 적용된다고 가정할 때 발생하는데, 이러한 가정은 잘못된 결론으로 이어질 수 있다.

> A지역과 B지역에 거주하는 개인의 정신건강 수준을 비교해서 A지역의 평균 정신건강 수준이 B지역의 평균 정신건강 수준보다 높다는 사실을 발견했다. 그러나 A지역의 모든 사람이 B지역의 모든 사람보다 더 좋은 정신건강 수준을 가지고 있다고 가정하는 것은 생태학적 오류이다. 실제로는 A지역의 일부 사람들이 B지역의 특정 사람들보다 정신건강 수준이 더 나쁠 수 있다.

### (2) 개체(개인)주의적 오류

생태주의와는 반대로 개인단위 분석의 결과에서 집단단위 분석의 특성을 추론하는 것이다. 개인특성에 대해서 알고 있는 것으로 그 개인이 속한 집단이나 사회특성을 파악하려고 할 때 발생하는 오류이다. 개인주의적 오류는 제비 한 마리가 날아온다고 봄이 오는 것은 아니라는 속담을 통해 이해하기 쉽다.

> 연구자가 보수정당을 지지하는 부유한 사람을 만났고, 이를 통해서 부유한 유권자는 보수정당을 지지한다는 결론을 내리면 이것은 개인주의적 오류에 해당한다.
> 한 학생이 폭력을 행사 했을 때, 그 학생이 속한 학교 전체를 부정적으로 인식하는 것도 개인주의적 오류이다.

### (3) 환원(축소)주의적 오류

원인으로 생각되는 개념이나 변수를 지나치게 제한하거나 한 가지로 환원시켜 지나친 단순화의 잘못을 범하는 것으로 복합적인 사회현상과 문제를 하나 또는 몇 개의 개념으로 협소하게 설명해 버리는 오류를 말한다. 즉, 환원주의적 오류는 어떤 현상의 원인이라고 생각하는 개념이나 변수를 지나치게 제한하거나 한두 가지로 축소하는 것이다. 넓은 범위의 인간의 사회적 행위를 이해하는 데 필요한 변수 또는 개념의 종류를 지나치게 한정시킬 경우 발생한다.

> 사회현상과 문제에 대하여 연구를 수행함에 있어서 사회과학자의 경우 사회학적 변수에, 경제학자의 경우 경제학적 변수에 대해서만 고려하는 경우가 환원주의적 오류이다.

## 요점정리

- 사회복지조사는 조사목적에 따라서는 탐색적 조사, 기술적 조사, 설명적 조사로 구분한다.
- 사회복지조사는 조사시점에 따라서는 횡단적 조사와 종단적 조사로 구분한다. 종단적 조사는 추세연구, 코호트 연구, 패널연구로 구분된다. 코호트 연구는 동일하지 않는 개인을 조사하는 반면, 패널연구는 동일한 개인을 조사한다.
- 사회복지조사과정은 문제형성과 가설설정 → 조사설계 → 자료수집 → 자료분석 및 해석 → 보고서 작성 및 결과보고의 순이다.
- 사회복지조사의 분석단위는 개인, 사회적 집단이나 공식적 사회조직, 사회적 가공물로 구분된다.
- 사회복지조사에서 분석단위 혼동으로 발생할 수 있는 오류는 생태학적 오류, 개체주의적 오류, 환원주의적 오류이다.

## 사회복지사 1급 기출문제

1. 다음에서 설명하는 조사유형을 바르게 짝지은 것은?

> ㄱ. 동일한 표본을 대상으로 시간을 달리하여 추적 관찰하는 연구
> ㄴ. 일정연령이나 일정연령 범위 내 사람들의 집단이 조사대상인 종단연구

① ㄱ: 경향조사, ㄴ: 코호트(cohort)조사
② ㄱ: 경향조사, ㄴ: 패널조사
③ ㄱ: 코호트(cohort)조사, ㄴ: 경향조사
④ ㄱ: 패널조사, ㄴ: 경향조사
⑤ ㄱ: 패널조사, ㄴ: 코호트(cohort)조사

**정답 ⑤** | 동일한 표본을 추적조사하는 연구는 패널조사이고 동일한 표본은 아니지만 동일한 집단을 추적조사하는 것은 코호트조사이다.

2. 분석단위에 관한 설명으로 옳은 것을 모두 고른 것은?

> ㄱ. 이혼, 폭력, 범죄 등과 같은 분석단위는 사회적 가공물(social artifacts)에 해당한다.
> ㄴ. 생태학적 오류는 집단에 대한 조사를 기초로 하여 개인을 분석단위로 주장하는 오류이다.
> ㄷ. 환원주의는 특정 분석단위 또는 변수가 다른 분석단위 또는 변수에 비해 관련성이 높다고 설명하는 경향이 있다.

① ㄴ ② ㄱ ㄴ ③ ㄱ, ㄷ ④ ㄴ, ㄷ ⑤ ㄱ, ㄴ, ㄷ

**정답 ⑤** | 조사문제 설정과 관련하여 연구자가 실제로 분석하려는 대상이 분석단위이며, 개인(클라이언트 개개인의 행위, 태도, 속성, 지역사회 주민들의 욕구, 일반 국민들의 복지의식 등), 집단(부부, 또래집단, 학과, 학급, 동아리, 지역 등의 행정구역, 국가 등), 공식적 사회조직(사회복지기관, 군대, 법인, 시민단체, 종교단체, 기업, 학회 등), 사회적 가공물(책, 그림, 시, 건물, 차량, 노래, 신문사설, 인터넷 광고물 등/ 결혼 행위, 집업 행위, 이혼, 폭력, 범죄, 간통 등)이 있다.

3. 종단연구(longitudinal study)에 관한 설명으로 옳은 것은?

① 베이비붐세대를 시간변화에 따라 연구하는 것은 추이연구(trend study)이다.

② 일정기간 센서스 자료를 비교하여 전국 인구의 성장을 추적하는 것은 동류집단연구(cohort study)이다.
③ 매번 동일한 집단을 관찰하는 연구는 패널연구(panel study)이다.
④ 시간에 따른 변화를 가장 정확하게 알려주는 것은 동류집단연구(cohort study)이다.
⑤ 일반 모집단의 변화를 시간변화에 따라 연구하는 것은 동류집단연구(cohort study)이다.

**정답 ③** | 패널조사는 장기간 반복적으로 조사 실시, 매 조사 시점마다 동일인을 대상으로 조사하는 것으로 동일한 대상자의 전체적인 변화와 그 변화의 원인과 내부적 역동성을 분석하는 데 적합하다.

4. 사회조사의 목적에 관한 설명으로 옳지 않은 것은?

① 지난 해 발생한 데이트폭력사건의 빈도와 유형을 자세히 보고하는 것은 기술적 연구이다.
② 외상후스트레스로 퇴역한 군인을 위한 서비스개발의 가능성을 파악하기 위한 초기면접은 설명적 연구이다.
③ 사회복지협의회가 매년 실시하는 사회복지기관 통계조사는 기술적 연구이다.
④ 지방도시에 비해 대도시의 아동학대비율이 높은 이유를 보고하는 것은 설명적 연구이다.
⑤ 지역사회대상 설문조사를 통해 사회복지서비스의 만족도를 조사하는 것은 기술적 연구이다.

**정답 ②** | 설명조사는 어떠한 사실 간의 인과관계를 파악하거나 규명결과를 토대로 미래를 예측하는 조사이다.

5. 다음에서 설명하는 조사 유형에 해당하는 것은?

- 둘 이상의 시점에서 조사가 이루어진다.
- 동일대상 반복측정을 원칙으로 하지 않는다.

① 추세연구, 횡단연구
② 패널연구, 추세연구
③ 횡단연구, 동년배(cohort)연구
④ 추세연구, 동년배연구
⑤ 패널연구, 동년배연구

**정답 ④** | 종단연구에 해당하는 내용으로 동일대상이 아니기 때문에 패널연구는 제외한 종단연구이다.

6. 양적조사방법에 관한 설명으로 옳은 것은?

① 자료수집을 완료한 후 가설을 설정해야 한다.

② 연구가설은 독립변수와 종속변수는 관계가 없다고 설정한다.

③ 자료수집 방법은 조사 설계에 포함할 수 없다.

④ 개념적 정의는 측정가능성을 전제로 하지 않는다.

⑤ 사회과학에서 이론은 직접검증을 원칙으로 한다.

**정답 ④** | 개념적 정의 이후 측정가능하도록 하는 것은 조작적 정의이다.

7. 사회복지조사를 위한 수행단계로 옳은 것은?

① 문제설정 → 가설설정 → 조사설계 → 자료수집 → 자료분석 → 보고서 작성

② 문제설정 → 가설설정 → 자료수집 → 자료분석 → 조사설계 → 보고서 작성

③ 가설설정 → 문제설정 → 자료수집 → 조사설계 → 자료분석 → 보고서 작성

④ 가설설정 → 문제설정 → 자료수집 → 자료분석 → 조사설계 → 보고서 작성

⑤ 가설설정 → 문제설정 → 조사설계 → 자료수집 → 자료분석 → 보고서 작성

**정답 ①** | 사회복지조사는 문제설정이후 가설설정, 조사설계 등의 과정을 거친다.

8. 다음 (　　)에 알맞은 조사유형을 모두 나열한 것은?

> 일정한 시간간격을 두고 연구대상을 표본추출하여 반복적으로 조사하는 방법에는 (　), (　), 동년배조사 등이 있다.

① 패널조사, 경향조사

② 패널조사, 문헌조사

③ 전수조사, 경향조사

④ 전수조사, 표본조사

⑤ 문헌조사, 전문가조사

**정답 ①** | 종단연구에는 패널조사, 경향조사, 동년배조사가 있다.

CHAPTER 03

# 조사문제와 가설

1. 조사문제
2. 가설
3. 가설의 구성 요소

Chapter

# 03 조사문제와 가설

학습목표

- 조사문제를 설정할 수 있다.
- 가설을 세우고 검증하는 방법을 이해할 수 있다.
- 가설의 구성 요소인 각 변수들의 특성과 기능을 이해할 수 있다.
- 변수를 구분할 수 있다.

## 1. 조사문제

### 1) 조사문제

#### (1) 조사문제의 의의

조사문제란 사회과학 연구에서 두 개 이상의 변수 사이의 관계를 탐구하기 위해 사용하는 의문형 문장이다. 이를 통해 연구자는 특정 변수들이 서로 어떤 영향을 미치는지, 변수 간에 연관성이 있는지를 조사한다. 조사문제는 독창성이 있어야 하고, 경험적으로 검증가능해야 하며, 윤리적인 문제를 유발하지 않아야 한다. 또한 현실적인 상황을 고려해야 한다.

조사문제의 예

- 장애인 고용 지원 프로그램 참여가 장애인의 자립 의지에 어떤 영향을 미치는가?
- 부모의 이혼은 아동의 학습능력에 어떤 영향을 미칠 것인가?
- 사회복지정책이 근로의욕을 저해하는 요인으로 작용하는가?
- 인지훈련프로그램이 노인의 정신건강에 도움이 될까?

### (2) 조사문제의 근원

① 기존 지식의 한계

기존 연구에서 다루지 못한 주제나, 기존 연구의 한계를 보완하기 위해, 또는 기존의 연구결과들이 상호 모순되는 경우 조사문제가 도출될 수 있다. 가령, 기존 연구에서는 주로 소득수준이나 계층에 따른 정치적 태도에 초점을 맞추었다면, 복지 수혜 경험이 정치적 태도에 미치는 영향에 대한 연구는 부족할 수 있다. 따라서 "복지 수혜 경험이 정치적 태도에 미치는 영향은 어떠한가?" 라는 조사문제를 설정할 수 있다.

② 기존 지식에 대한 축적

과학적 지식은 선행연구자들의 기존 이론과 가설을 바탕으로 이루어진다. 기존 이론과 가설은 현재 연구가 진행되기 위한 밑바탕이 되며, 현재 연구는 이러한 기존 지식들에 대한 축적이나 보충에 따른 연구 의문을 갖게 된다. 예를 들어, 청소년의 자아정체성 형성에 대한 이론이 실제 청소년의 자아정체성 형성 과정과 일치하는지 검증하기 위해 연구문제를 도출할 수 있다.

③ 실천현장의 경험

사회복지 조사연구의 중요한 의문들은 실천현장에서부터 비롯되는 경우가 많다. 이는 학교에서 배운 이론과 실제 현장에서의 경험이 다르기 때문인데,

실천현장에서의 경험은 학교에서 배운 이론과 다른 문제들을 접하게 되고, 이러한 문제들을 해결하기 위해 새로운 의문을 갖게 된다. 예컨대, 학교에서의 배움에는 사회복지 서비스를 일정 기간 받으면 클라이언트가 점차 자립할 것으로 예상되지만, 실제 현장에서는 일부 클라이언트가 자립하지 못하고 지속적으로 복지 서비스를 재이용하는 경우가 많다. 따라서 "사회복지 서비스를 반복적으로 재이용하는 원인은 무엇인가?"라는 새로운 의문이 제기될 수 있다.

④ 개인의 취향과 경험

연구자들이 일상생활이나 직장생활에서 겪는 개인적 경험은 현장에서 직접 마주하는 것이기 때문에, 생생하고 구체적인 정보를 제공하고, 기존 지식체계에서 다루지 않은 새로운 아이디어를 창출하는 데 도움이 된다. 하지만 개인적인 경험은 주관성이 강하기 때문에, 특정한 자료를 선호하거나 결과 해석에 감정이 개입될 위험이 높고, 자신의 경험에 따라 편향된 시각을 가질 수 있다. 또한 개인적인 경험은 제한된 범위에서만 이루어지기 때문에 이를 고려하여 조사연구를 수행해야 한다.

### (3) 조사문제의 서술방식

조사문제를 서술하는 방식에 정답은 없으나 일반적으로, 경험적 검증이 가능한 의문문의 형태로 서술되어야 하며, 두 개 혹은 그 이상의 변수 사이에 어떤 관계가 존재하는지를 명확하고 간결하게 서술해야 한다.

### (4) 조사문제 형성 절차

조사문제를 확정하려면 조사주제 선정이 먼저 이루어져야 한다. 예를 들어, '노인의 디지털 기기 활용의 어려움', '대학 졸업생의 취업난', '싱글맘이 겪는 경제적 부담', '청소년의 SNS 중독' 등 다양한 조사주제를 선정할 수 있다. 주제 선정이 결정되면 의문문 형태로 조사문제를 임시적으로 만들어 본다. 그런 다음 조사문제와 관련된 다양한 문헌(단행본, 논문, 연구보고서 등)을 검토하여 최종적으로 조사문제를 확정한다. 조사문제를 확정하기 위해서는 과학적 탐구가치 유무, 현실적으로 조사 실행 여부, 명확성과 구체성 유무, 윤리적인 논쟁거리가 되지는 않는지 등 여러 측면에서 검토가 이루어져야 한다.

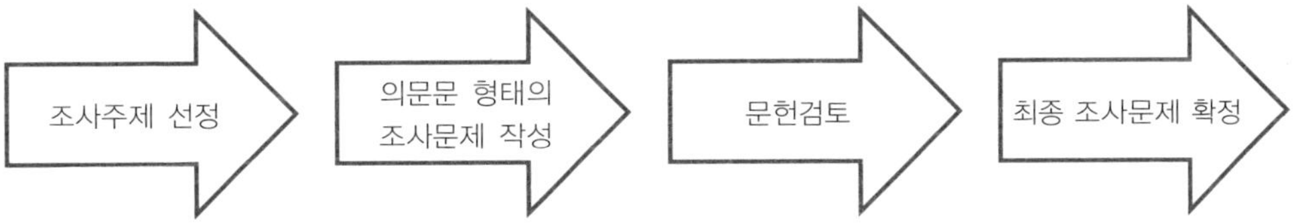


## 2. 가설

### 1) 가설

#### (1) 의의

연구자가 조사하고자 하는 사회현상에 대해 의문형으로 제시한 것이 조사문제라면, 가설은 조사문제에 대한 잠정적인 답을 제시한 진술문을 말한다. 즉, 조사문제에서 의문을 제기한 두 개 이상의 변수 간의 관계를 검증가능한 형태로 서술한 것이다. 가설은 실증적 자료를 통해 검증될 수 있도록 설정되며, 조사문제를 해결하기 위한 구체적이고 경험적인 예측을 제시한다.

**가설의 예**

- 장애인 고용 지원 프로그램 참여가 장애인의 자립 의지를 향상시킬 것이다.
- 부모의 이혼은 아동의 학습능력을 저하시킬 것이다.
- 사회복지정책은 근로의욕을 저하시킬 것이다.
- 인지훈련 프로그램이 노인의 정신건강을 향상시킬 것이다.

가설은 둘 이상의 변수 간에 인과관계를 나타내는데, 원인이 되는 변수는 독립변수이고, 결과가 되는 변수는 종속변수이다. 예컨대, 가설 '부모의 이혼은 아동의 학습능력을 저하시킬 것이다'에서 부모의 이혼은 독립변수이고, 아동의 학습능력은 종속변수가 된다.

### (2) 가설의 기능

조사문제에 대한 정확한 해답을 얻기 위해 조사문제를 보다 확실하게 논리적으로 검증하기 위해 가설 설정이 필요하다. 가설의 기능을 정리하면 다음과 같다.

① **이론의 검증:** 이론은 일반적으로 사회현상이나 변인 간의 관계를 설명하는 체계적 지식으로, 가설은 이러한 이론에서 도출된 잠정적 진술이다. 가설을 통해 이론이 실제로 관찰 가능한 자료에 부합하는지 검증할 수 있다.

② **이론의 형성:** 연구자는 가설을 설정하고 실증적 자료를 통해 이를 반복적으로 검증하여, 일관되게 확인된 결과들을 축적함으로써 이론을 형성할 수 있다. 명제 · 가정 · 정의를 포함한 논리적 체계를 형성할 수 있다.

③ **사회현상 이해와 지식 확장:** 가설을 통해 사회현상에 대한 구체적인 예측을 설정하고 이를 검증함으로써, 연구자는 특정 현상의 원인과 결과에 대해 더 깊은 이해를 얻게 되고, 기존 지식을 확장할 수 있게 된다.

④ **결과 해석의 기준:** 가설은 연구결과의 해석에 대한 기준을 제공한다. 가설의 검증 여부에 따라 연구 결과를 평가하고, 이에 따른 실천적 또는 이론적 함의를 도출할 수 있다.

### (3) 가설의 서술 요건

가설을 설정할 때 너무 추상적이면 실증적인 검증이 어렵고, 너무 구체적이면 일반화가 어렵다. 가설을 설정하고 서술하는 방법은 다음과 같다.

① **변수 간 관계 방향을 분명하게 서술해야 한다.**

가설은 변수 간의 관계 방향과 그러한 관계가 유지되는 조건 등을 명시해야 한다. 'A변수가 증가할수록 B변수도 증가할 것이다'라는 형태의 정적(+) 관계 또는 'A변수가 증가할수록 B변수는 감소할 것이다'라는 형태의 부적(−) 관계로 나타내어야 한다.

② **조작적 정의가 가능해야 한다.**

가설에 사용되는 추상적인 개념(예: 스트레스, 행복, 만족도, 사회적 지지 등)은 실질적으로 측정할 수 있는 형태로 조작적 정의가 가능해야 한다.

③ **가설이 참일 가능성을 확률적으로 높일 필요가 있다.**

가설의 검증 과정에서 혼란을 일으킬 수 있는 외부 변수를 통제하여 가설이 참일 가능성을 확률적으로 높일 필요가 있다.

④ **조사자의 편견을 배제하고 가치중립적으로 서술해야 한다.**

가설을 제시할 때는 조사자의 주관 또는 편견을 배제하고, 기존 연구를 토대로 논리적으로 도출되어야 한다.

⑤ **단순 명료해야 한다.**

가설에 사용되는 변수는 최소한으로 하여 단순 명료하게 서술한다.

⑥ **검증 가능해야 한다.**

연구자가 가설을 설정할 때부터 조사방법과 측정도구, 자료 수집방법 등을 고려하여 가설이 실증적으로 검토될 수 있어야 한다.

### 2) 가설검증

가설은 검증과정에 따라 연구가설, 영가설(귀무가설), 대립가설(대안가설)로 구분한다.

① **연구가설:** 실험이나 관찰을 통해 검증하고자 하는 주 가설로, 이를 통해 연구자는 자신의 예측이 맞는지 확인하게 된다. 즉, 연구자가 검증하고자 하는 예측이나 주장을 뜻하는 것으로 연구의 핵심이 되는 가설이다. 예컨대, "A가 B에 영향을 미칠 것이다.", "○○프로그램이 노인의 우울을 감소시킬 것이다."라는 가설은 연구가설에 해당한다.

② **영가설(귀무가설):** 연구가설과 논리상 반대되는 가설로, 변수 간에 연구자가 예측한 효과나 관계가 없다는 가설이다. 영가설은 연구가설을 통계적으로 검증하기 위해 설정되는 가설로, 두 변수 간의 관계가 우연에 의한 것이라고 가정한다. 예컨대, 연구가설 "A가 B에 영향을 미칠 것이다."라고 설정했다면, 영가설은 "A와 B는 관계가 없을 것이다."로 표현된다.

③ **대립가설:** 영가설과 반대되는 주장을 나타내며, 연구자가 설정한 연구가설과 동일한 내용을 포함한다.

〈표 3-1〉 연구가설과 영가설 비교

| 분류 | 내용 | 예 |
|---|---|---|
| 연구가설 (대립가설) | 실험이나 관찰을 통해 검증하고자 하는 가설 | 사회복지사의 직무만족도는 성별에 따라 차이가 있을 것이다. |
| 영가설 (귀무가설) | 변수 간에 연구자가 예측한 효과나 관계가 없다는 가설 | 사회복지사의 직무만족도는 성별에 따라 차이가 없을 것이다. |

### 3) 가설검증의 오류

연구자는 가설을 검증하는 과정에서 제1종 오류(알파오류)와 제2종 오류(베타오류)를 범할 수 있다.

① **제1종 오류:** 영가설이 참임에도 불구하고 이를 기각하는 오류이다. 즉, 실제로는 두 변수 간에 관계가 없는데도 연구자가 관계가 있다고 결론을 내리는 경우를 말한다. 예컨대, 새로운 약물이 기존 약물보다 효과가 없는데도, 연구자가 이 약물이 효과가 있다고 잘못 결론을 내린 경우에 해당한다.

② **제2종 오류:** 거짓인 영가설을 기각하지 못하는 오류이다. 즉, 실제로는 두 변수 간에 관계가 있는데도 연구자가 관계가 없다고 결론을 내리는 경우이다. 예컨대, 새로운 약물이 기존 약물보다 효과가 있음에도 불구하고, 연구자가 이를 효과가 없다고 결론 내리는 경우이다. 이런 결론을 내리게 되는 이유는 통계적 검정력이 떨어져 실제 효과가 있어도 통계적으로 유의미하게 나타나지 않을 수 있기 때문이다. 따라서 이와 같은 제2종 오류를 범하지 않으려면 통계적 검정력을 높여야 한다. 통계적 검정력은 표본크기를 크게 할수록 높아진다.

# 3. 가설의 구성 요소

## 1) 변수

### (1) 의의와 속성

변수는 조사연구에서 관찰 대상의 특성을 나타내는 핵심 개념으로, 연구자가 연구하고자 하는 개념 또는 속성을 의미한다. 가설에 포함된 추상적인 개념을 측정 가능한 수준으로 조작화하며, 이를 통해 추상적인 개념을 구체적인 측정값으로 나타낸다. 변수는 경험적으로 측정이 가능하며, 하나의 변수는 두 개 이상의 속성과 측정값이 있어야 한다. 예컨대, 성별이라는 변수는 '남'과 '여'의 속성을 가지며, 남은 '1', 여는 '2'의 측정값을 부여할 수 있다. 변수에는 연령, 종교, 인종, 학력수준, 소득수준처럼 직접 관찰가능한 개념뿐만 아니라 자기효능감이나 자존감, 우울, 행복 등과 같은 개념들도 간접적 지표들을 통해 측정할 수 있어 변수가 될 수 있다.

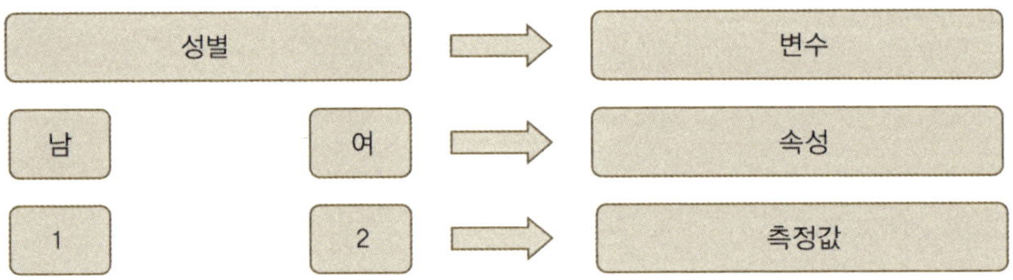


### (2) 종류

변수에는 독립변수, 종속변수, 제3의 변수가 있다. 연구자가 탐구하고자 하는 핵심 대상은 독립변수와 종속변수이며, 독립변수와 종속변수의 관계에 영향을 미치는 것은 제3의 변수이다. 제3의 변수에는 매개변수, 조절변수, 억압변수, 외생변수, 왜곡변수, 선행변수 등이 있다.

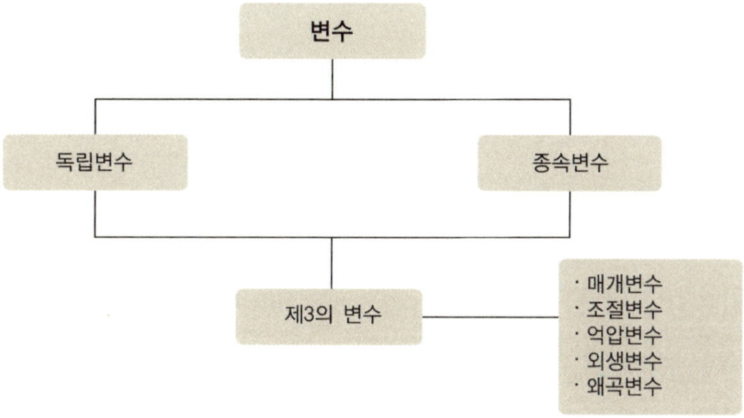


**[그림 3-1] 변수의 종류**

### ① 독립변수와 종속변수

가설 설정에서 인과관계에 있는 두 변수 중 원인에 해당하는 변수를 독립변수(independent variable), 결과에 해당하는 변수를 종속변수(dependent variable)라 한다. 예컨대 우울(X)이 자살(Y)에 영향을 미친다면, 우울(X)은 독립변수이며, 자살(Y)은 종속변수가 된다.

**[그림 3-2] 독립변수와 종속변수의 관계**

- 독립변수는 실험설계에서 연구자가 조작하여 종속변수에 미치는 영향을 관찰하는 변수로, 시간적으로 종속변수에 선행한다. 원인변수, 설명변수, 예측변수, 가설적 변수라고도 한다.
- 종속변수는 독립변수의 영향을 받아 결과를 나타내는 변수로, 실험설계에

서는 독립변수의 변화에 따라 변화될 것으로 예상되는 변수이다. 결과변수, 피설명변수, 기준변수라고도 한다.

#### ② 제3의 변수

독립변수와 종속변수의 관계에 영향을 미치는 제3의 변수에는 매개변수, 조절변수, 억압변수, 외생변수, 왜곡변수 등이 있다.

- 매개변수(mediating or intervening variable)는 독립변수와 종속변수 사이에서 두 변수의 관계를 매개하거나 중개하는 역할을 하며, 이를 통해 두 변수 간의 관계를 더욱 명확하게 하는 변수이다. 우울(독립변수)이 수면의 질(종속변수)에 영향을 미친다고 가정할 때, 운동(매개변수)이 우울과 수면의 질 사이에 개입하여 두 변수 간의 관계를 매개하게 된다. 즉, 우울(독립변수)이 운동(매개변수)에 영향을 미치고, 운동(매개변수)은 수면의 질(종속변수)에 영향을 미친다. 다시 말해, 우울이 증가하면 운동의 빈도가 감소하고, 운동의 빈도가 감소하면 수면의 질 저하로 이어진다. 이처럼 운동은 우울과 수면의 질 사이의 매개변수로 작용하는데, 매개변수는 독립변수의 종속변수이자, 종속변수의 독립변수가 된다. 또 다른 예를 들어보면,노인의 사회활동 참여가 높을수록 정서적 안정감이 높아지고 이를 통해 우울감이 낮아진다면, 노인의 사회활동 참여는 독립변수, 정서적안정감은 매개변수, 우울감은 종속변수가 된다.

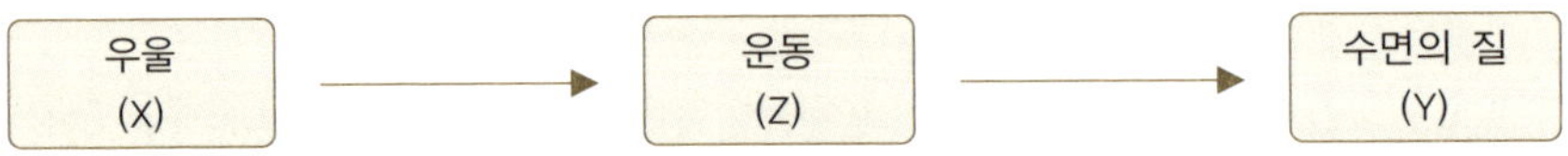


[그림 3-3] 독립변수, 매개변수, 종속변수의 관계

• 조절변수(moderating variable)는 독립변수와 종속변수 간의 관계가 어떤 특정 조건에 따라 달라질 수 있는데, 그 특정 조건을 제공하는 변수이다. 즉, 독립변수와 종속변수의 관계에 있어 그 세기와 방향성에 영향을 미치는 변수라고 할 수 있다. 예컨대, 우울이 수면의 질에 영향을 미친다고 했을 때, 운동 횟수에 따라 수면의 질이 달라진다면 운동 횟수는 조절변수가 된다. 또 다른 예를 들어보면, 직무 스트레스가 직무 성과에 영향을 미친다고 했을 때, 직무 만족도에 따라 직무성과가 달라진다면, 직무 스트레스는 독립변수, 직무 성과는 종속변수, 직무 만족도는 조절변수가 된다.

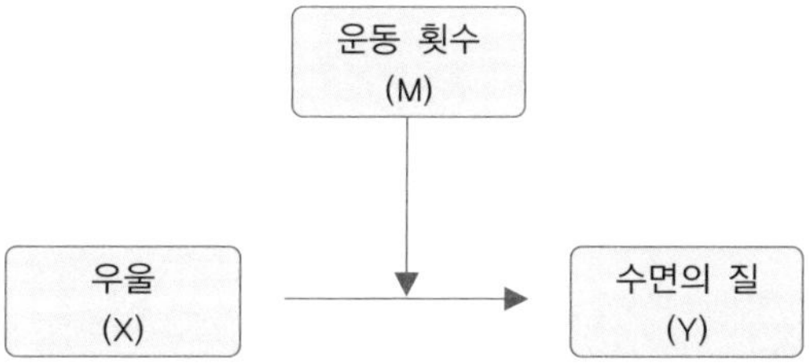


[그림 3-4] **독립변수, 조절변수, 종속변수의 관계**

• 억압변수(억제변수, suppressor variable)는 실제로는 인과관계가 있는 독립변수와 종속변수를 마치 관계가 없는 것처럼 보이도록 하는 제3의 변수이다. 두 변수 사이의 관계가 드러나지 못하도록 억제하는 기능을 수행한다는 의미에서 억제변수라고도 하며, 이러한 관계를 '가식적 영관계' 혹은 '허위적 영관계'라고 한다. 예컨대, 운동 빈도와 체중 감소 간에 관계가 없는 것처럼 보였으나, 식습관을 통제했더니 운동 빈도가 높을수록 체중이 감소하는 부적(-) 관계가 나타났다면, 이때 식습관은 억압변수이다. 또 다른 예를 보면, 학습 시간과 시험 성적 간에 관계가 없는 것처럼 보였으나, 수면 시간을 통제했더니 학습 시간이 길수록 시험 성적이 높아지는 정적(+) 관계가 나타났다면 이때의 수면 시간은 억압변수가 된다.

• 외생변수(extraneous variable)란 억압변수와 반대되는 개념으로, 독립변수와 종속변수 간에 실제로는 인과관계가 없지만, 우연히 다른 변수의 영향 때문에 마치 인과관계가 있는 것처럼 보이게 하는 변수이다. 따라서 외생변수를 통제하면 독립변수와 종속변수 간의 인과관계는 없어지게 된다. 그래서 이를 허위변수라고도 한다. 예컨대, 부모의 교육수준이 청소년의 자아존중감에 영향을 준 것처럼 보이지만, 부모의 사회·경제적 수준을 통제했더니 독립변수인 부모의 교육수준이 종속변수인 청소년의 자아존중감에 영향을 주지 않았다면, 부모의 사회·경제적 수준은 외생변수가 된다. 또 다른 예로, 학교 적응력 향상 프로그램이 초등학생의 자아효능감에 영향을 주는 것으로 나타났으나, 부모의 양육 태도를 통제하자 프로그램과 자아효능감의 관계가 없어져 버렸다면, 이때 부모의 양육태도는 외생변수가 된다.

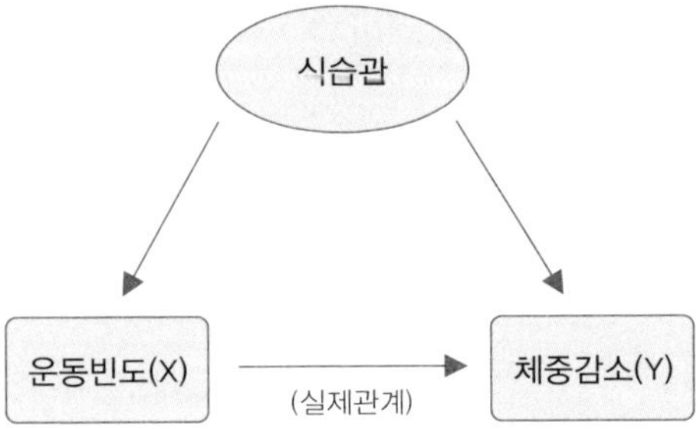


[그림 3-5] **억압변수**

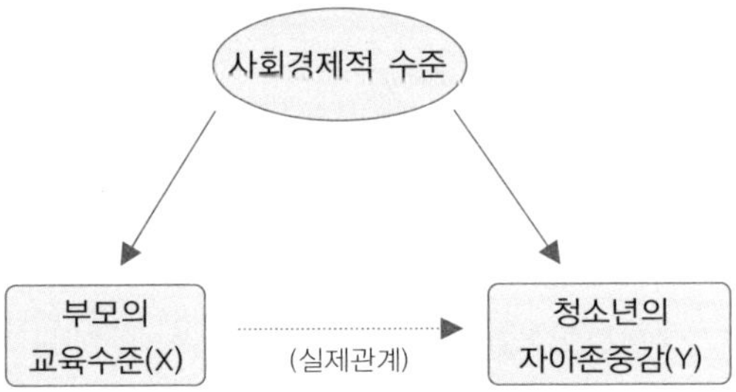


[그림 3-6] **외생변수**

• 왜곡변수(distorter variable)는 독립변수와 종속변수 간 관계를 실제와는 정반대의 관계로 보이게 하는 변수이다. 일반적으로 운동 빈도가 높을수록 체력이 좋아질 것으로 예상하는데, 기저 건강 상태가 나쁜 사람은 운동 빈도를 높이면 오히려 체력에 부정적인 영향을 줄 수 있다. 운동이 체력에 오히려 부정적인 영향을 미치는 것처럼 보이도록 하는 건강 상태를 왜곡변수라고 한다.

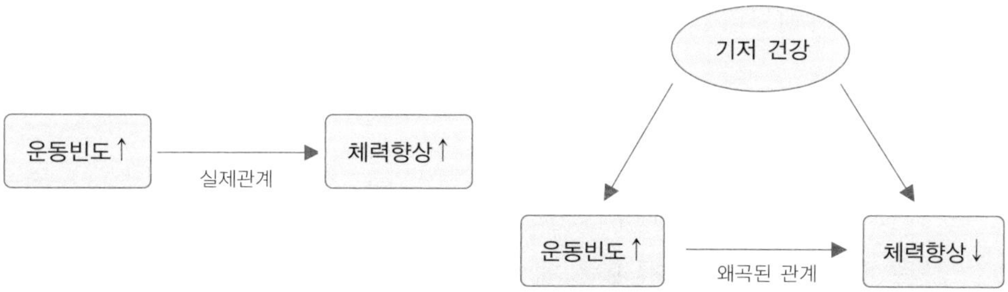


[그림 3-7] **왜곡변수**

- 통제변수(control variables)는 독립변수와 종속변수 간의 인과관계를 보다 명확하게 검증하기 위해 통제하는 변수이다. 즉, 독립변수가 종속변수에 미치는 영향의 정도를 좀 더 확실하게 알기 위해 통제한다. 예컨대, 사회 · 경제적 수준이 비슷한 지역의 학생들을 대상으로 교육정책이 학업 성취도에 미치는 영향을 연구하는 경우, 이때의 비슷한 사회 · 경제적 수준은 통제변수가 된다.

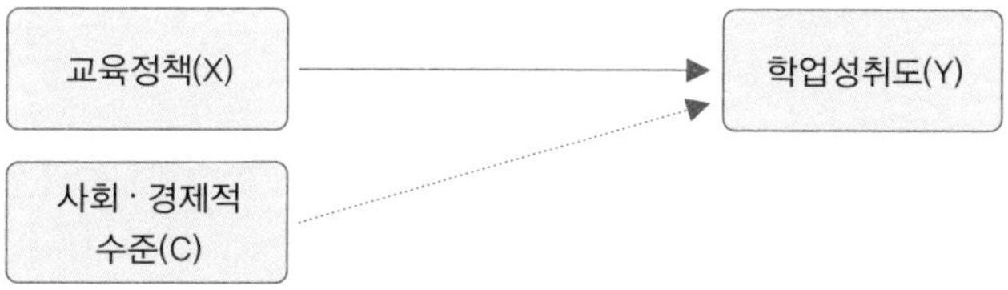


[그림 3-8] **통제변수**

## 2) 개념적 정의와 조작적 정의

연구자가 조사를 하기 위해서는 조사문제나 조사가설에 포함된 변수에 대해 그 개념을 구체적이고 명확하게 정의해야 한다. 즉, 가설에 포함된 추상적인 개념들을 측정 가능한 형태로 정의해야 한다. 조사연구에서 사용되는 개념들에 대한 정의는 개념적 정의와 조작적 정의로 나뉜다.

### (1) 개념적 정의

개념적 정의(conceptual definition)는 연구에서 사용되는 용어나 개념의 의미를 명확하게 하기 위해, 사전에서 정의하는 방식으로 서술하는 것이다. 예를 들어, '스트레스란 개인이 일상생활에서 외부 자극에 대해 신체적, 정서적, 심리적으로 반응하는 상태를 의미한다.'와 같이 어떤 용어가 가진 일반적인 속성을 사전적으로 규정하는 작업이다. 따라서 사전적 정의 또는 명목적 정의라고도 한다. 개념적 정의는 보편적으로 적용할 수 있어야 하고, 기존의 이론과 연구에 근거해야 하며, 연구 목적에 부합해야 한다. 이와 같이 개념적 정의를 도출하는 과정을 개념화라고 한다.

### (2) 조작적 정의

조작적 정의(operational definition)는 가설에 포함된 추상적인 개념이나 속성을 경험적으로 관찰 가능하고 측정 가능한 형태로 만드는 일체의 과정을 의미한다. 즉 추상적이고 주관적인 개념이나 용어를 측정 가능한 수준으로 나타내기 위해 수치화하는 것이다. 예컨대 '행복은 하루에 웃는 횟수, 즐거움을 느끼는 횟수로 나타낼 수 있으며, 소득은 월 수입액으로, 지능은 10분 동안 암기할 수 있는 단어 수로 나타낼 수 있다. 이처럼 어떤 변수에 조작적 정의를 내리는 과정을 조작화라고 한다.

[그림 3-9] **개념화 및 조작화 과정**

## 요점정리

- 조사문제는 사회과학 연구에서 두 개 이상의 변수 사이의 관계를 탐구하기 위해 사용하는 의문형 문장이다.
- 가설은 조사문제에 대한 잠정적인 답을 제시한 진술문을 말한다.
- 가설은 검증과정에 따라 연구가설, 영가설(귀무가설)가설, 대립가설이 있으며, 연구자는 가설을 검증하는 과정에서 제1종 오류(알파오류)와 제2종 오류(베타오류)를 범할 수 있다.
- 변수는 조사연구에서 관찰 대상의 특성을 나타내는 핵심 개념으로, 연구자가 연구하고자 하는 구성개념이나 속성을 의미한다. 독립변수, 종속변수, 매개변수, 조절변수, 왜곡변수, 억압변수, 통제변수 등이 있다.
- 개념적 정의는 사전적 정의라고도 하며, 어떤 개념을 사전적으로 정의한 것이며, 조작적 정의는 추상적이고 주관적인 개념이나 용어를 측정 가능한 수준으로 구체화하는 것이다.

## 사회복지사 1급 기출문제

1. 또래관계증진 프로그램이 결혼이민자 가정의 자녀들의 자아정체감에 미치는 영향을 평가하는 연구를 실시하고자 한다. 이때 자아정체감의 차이를 불러올 수 있는 부모의 사회경제적 지위는 다음 중 무엇에 해당하는가?

① 산출변수　② 외생변수　③ 투입변수　④ 종속변수　⑤ 전환변수

**정답 ②** | 또래관계증진 프로그램-독립변수, 자아정체감-종속변수, 부모의 사회경제적 지위-외생변수
종속변수인 자아정체감에 독립변수인 또래관계 증진 프로그램이 미치는 영향을 평가하는 연구에서 부모의 사회경제적 지위 또한 자아정체감에 영향을 줄 수 있으므로 외생변수이다.

2. 변수에 관한 설명으로 옳지 않은 것은?

① 직접 관찰할 수 있는 것들만 측정한 것이다.
② 경험적으로 측정할 수 있는 개념이다.
③ 조작적 정의의 결과물이다.
④ 두 개 이상의 속성을 가져야 한다.
⑤ 연속형 또는 비연속형으로 측정될 수 있다.

**정답 ①** | 밀도, 질량, 키, 몸무게와 같은 직접 관찰 가능한 개념뿐만 아니라, 불안, 우울, 자존감, 행복과 같은 직접 관찰이 어려운 추상적인 개념들도 해당한다. 추상적인 개념은 관찰 가능한 지표들을 확인함으로써 간접적으로 측정할 수 있다.

3. 변수와 가설에 관한 설명으로 옳은 것을 모두 고른 것은?

ㄱ. 가설은 검증이 가능해야 한다.
ㄴ. 가설은 변수 간의 관계를 가정하는 문장이다.
ㄷ. 모든 변수는 개념이 아니지만 모든 개념은 변수이다.
ㄹ. 영가설은 독립변수가 종속변수에 영향을 미치지 않는다고 가정한다.

① ㄱ, ㄴ　② ㄱ, ㄹ　③ ㄱ, ㄴ, ㄹ　④ ㄴ, ㄷ, ㄹ　⑤ ㄱ, ㄴ, ㄷ, ㄹ

**정답 ③** | 가설을 구성하는 개념은 조작화를 통해 측정가능한 개념(변수)으로 전환된다. 따라서 모든 변수는 개념에 포함되지만, 모든 개념이 변수라고는 할 수 없다. 즉, 측정할 수 없는 개념은 변수가 될 수 없다.

4. 개입의 효과를 평가하는 연구에서 '두 개 모집단의 평균 간에 차이가 없을 것이다'라는 영가설에 관한 설명으로 옳지 않은 것은?

① 위의 가설을 기호로 표시하면 μ1=μ2 이다.

② 가설 검증에서 반드시 필요한 가설이다.

③ 연구자가 참으로 증명되기를 기대하는 가설이다.

④ 개입의 효과가 우연(표본추출 오차)에 의해서 발생하였다고 진술하는 가설이다.

⑤ 연구가설을 반증하기 위해 사용되는 가설이다.

**정답 ③** | 연구자가 참으로 증명되기를 기대하는 가설은 연구가설이며, 영가설은 연구가설을 기각시키려고 하는 가설이다.

5. 가정폭력이 피해 여성의 우울증에 미치는 영향은 여성이 맺고 있는 사회적 네트워크의 수준에 따라 달라진다는 연구 결과가 발표되었다. 이 연구에서 존재하지 않는 변수는?

① 독립변수 ② 매개변수 ③ 종속변수 ④ 조절변수 ⑤ 내생변수

**정답 ②** | 가정폭력– 독립변수, 우울증– 종속변수, 사회적 네트워크 수준– 조절변수, 우울증– 내생변수
내생변수는 다른 변수에 영향을 받는 변수인데, 여기서 우울증은 가정폭력이나 사회적 네트워크 수준에 영향을 받고 있어서 내생변수에 해당한다.

6. 영가설에 관한 설명으로 옳은 것은?

① 변수 간의 관계가 존재한다는 가설이다.

② 변수 간 관계없음이 검증된 가설이다.

③ 조사자가 검증하고자 하는 가설이다.

④ 영가설에 대한 반증가설이 연구가설이다.

⑤ 변수 간 관계가 우연임을 말하는 가설이다.

**정답 ⑤** | 연구자는 변수 간 관계가 존재한다는 자신의 가설을 '참'인 것으로 검증하고자 하는데, 이때의 가설을 연구가설이라고 한다. 반면, 연구가설을 기각시키려고 하는 것은 영가설이다. ②의 경우는 검증된 것이 아닌 검증 전에 잠정적으로 서술한 것이다.

CHAPTER 04

# 조사설계와 유형

1. 조사설계의 기초
2. 조사설계의 타당도
3. 실험
4. 순수실험설계
5. 유사실험설계
6. 전실험설계
7. 사후실험설계

Chapter

# 04 조사설계와 유형

학습목표

- 조사설계에 대한 기본적인 이해를 할 수 있다.
- 조사설계에서의 내적 타당도와 외적 타당도에 대한 이해를 할 수 있다.
- 실험설계의 원리를 이해할 수 있다.
- 실험설계의 유형들을 구분할 수 있다.

## 1. 조사설계의 기초

### 1) 조사설계의 의의

조사설계(research design)란 연구자가 조사목적을 달성하기 위하여 논리적이고 전략적으로 조사과정 전반에 걸쳐 수립하는 구조와 계획으로, 조사문제에 대한 해답을 얻기 위한 일련의 과정이라고 할 수 있다. 즉 조사 문제 검토부터 자료 수집, 분석, 해석까지의 전체 과정을 수행하고 통제하기 위한 계획이다. 조사설계의 핵심은 변수들 사이의 인과관계를 밝히는 데 있으며, 따라서 인과관계가 성립하는 경우에 대해 이해하는 것이 조사설계의 기본이다. 특히 사회복지조사는 사회문제의 원인과 결과를 규명함으로써 정책 수립과 실천이론을 형성할 수 있다.

[그림 4-1] 조사절차

## 2) 인과관계의 성립 요건

인과관계란 어떤 원인으로 인해 그에 따른 결과를 초래하는 관계를 의미한다. 즉, 원인과 결과 간의 시간적 선후관계와 상관관계가 존재하는 것을 말한다. 여기서 원인이란 어떤 일이 발생하게 된 근본적인 이유나 근거를 의미하며, 결과는 어떤 원인으로 인해 발생한 최종적인 상태나 현상을 의미한다. 인과관계가 성립하려면 시간의 우선성, 상관관계(공변성), 통제성의 세 가지 공통적인 조건들이 필요하다.

### (1) 공변성(상관관계)

두 변수의 인과관계가 성립하려면 한 변수의 변화가 다른 변수의 변화와 함께 일어나야 한다. 예컨대 수면시간이 줄어들면 피로도가 증가하는 경향이 있다고 하면, 수면시간과 피로도는 공변관계에 있다고 할 수 있다. 원인이 되는 현상이 발생하면 결과가 되는 현상도 항상 같이 변화해야 하며, 이는 독립변수와 종속변수 중 어느 하나가 변화하지 않으면 두 변수 간의 인과관계는 성립하지 않음을 의미한다.

### (2) 시간적 우선성

두 변수 간에 시간적 선후관계가 확인되어야 한다. 이는 시간적으로 원인이 결과보다 선행되어야 하는 것으로 독립변수의 변화가 선행된 후에 종속변수가 변화하는 것을 의미한다. 예컨대 비가 와서 땅이 젖었다면 시간적으로 볼 때

비가 오고 땅이 젖어야 한다.

#### (3) 외생변수 통제

독립변수와 종속변수 사이에 공변성과 시간적 우선성을 명확하게 하기 위해서는 독립변수 이외의 외생변수가 종속변수에 영향을 미치는 것을 통제할 수 있어야 한다. 외생변수를 통제했는데도 두 변수 간의 관계가 유지된다면 명확한 인과관계로 볼 수 있다. 예컨대, 수면 시간이 줄어들수록 피로도가 증가하는 경향이 있다고 할 때, 수면시간 이외에 피로도를 증가시킬 수 있는 다른 외생변수는 없는지 확인하여야 한다. 즉, 스트레스 수준이나 건강상태 등의 외생변수를 통제한 후 둘 간의 관계를 살펴보아야 한다.

## 2. 조사설계의 타당도

조사설계에서의 타당도는 변수 간 인과적 관계에 대한 정보를 얼마나 정확하게 제공하는가를 평가하는 개념이다. 조사설계의 타당도는 크게 내적 타당도와 외적 타당도로 나눈다.

### 1) 조사설계의 내적 타당도와 외적 타당도

#### (1) 내적 타당도(internal validity)

내적 타당도는 독립변수가 종속변수에 실제로 영향을 미쳤는지, 즉 인과관계가 정확하게 성립되었는지를 평가하는 것이다. 따라서 내적 타당도를 높이기 위해서는 독립변수 외에 종속변수에 영향을 미칠 수 있는 외생변수를 통제하여 연구 결과가 독립변수로 인한 것임을 명확히 하여야 한다.

#### (2) 외적 타당도(external validity)

외적 타당도는 연구 결과의 일반화 가능성을 평가하는 개념으로, 실험 또는 연구조사에서 얻은 결론들이 실험환경을 벗어난 다른 환경이나 조건에서 얼마나 적용할 수 있는지를 의미한다. 내적 타당도가 연구 결과의 인과관계 성립에 관한 것이라면, 외적 타당도는 연구 결과가 다른 상황이나 대상에게도 적용될 수 있는지를 평가하는 것, 즉 일반화와 관련된 것이다. 조사설계에서는 내적 타당도와 외적 타당도 중 내적 타당도를 높이는 것이 우선이다.

### 2) 내적 타당도 저해 요인과 통제방법

#### (1) 내적 타당도 저해 요인

① 우연한 사건(역사, history)

조사연구 과정에서 연구자가 의도하지 않은 사건이나 상황이 발생하여 연구 결과에 영향을 미칠 수 있다. 즉 독립변수 외에 다른 사건이 개입된 경우라 할 수 있다.

**외부 사건이 개입된 예시 1**

'흡연이 폐암을 유발하는지 여부를 확인하기 위해 흡연자와 비흡연자를 대상으로 폐암 발생률을 비교하였다. 그 결과 흡연자 그룹에서 폐암 발생률이 비흡연자 그룹보다 높게 나왔다.' 이 결과에 과거 흡연 경험이나, 가족력, 생활습관을 통제하지 않았다면, 내적 타당도 저해요인은 '외부 사건'이 된다.

**외부 사건이 개입된 예시 2**

'방과 후 프로그램의 담당자는 현재의 수업 방식이 아동들의 성적 향상에 효과적인지를

> 알아보기 위해 프로그램 전·후의 성적을 측정하였다. 그 결과 아동들의 성적이 향상되었음을 발견하고, 현재 수업 방식이 효과적이라는 결론을 내렸다.' 여기서 독립변수는 방과 후 프로그램이며, 종속변수는 성적이다. 성적 향상에 영향을 미치는 요인이 방과 후 수업만이 아니라 정규수업이 영향을 미쳤을 가능성이 컸음에도 정규수업을 통제하지 않았기 때문에 이 사례에서 내적 타당도 저해요인은 '우연한 사건'이 된다(사회복지사1급 시험 9회 기출사례).

### ② 시간적 경과 또는 성숙(passage of time or maturation)

시간이 지남에 따라 연구대상자들이 성장하고, 노화되는 등의 발달이 종속변수에 영향을 미치는 것을 말한다. 시간적 경과 또는 성숙은 아동, 청소년, 노인, 트라우마 사건 등과 관련이 있는 경우가 많다.

> **시간적 경과 또는 성숙이 개입된 예시 1**
> '유아의 언어발달을 위해 매일 2시간씩 책을 읽어주었더니, 1년 후에 유아의 언어발달이 있었다.' 이 경우 연구자는 자신의 조사설계에서 성숙이라는 내적 타당도를 저해할 수 있는 요인을 통제할 수 없었다. 유아의 언어발달이 독서의 영향인지 아니면 언어발달의 결정적인 시기에 의한 것인지 구별할 수 없다.
>
> **시간적 경과 또는 성숙이 개입된 예시 2**
> '가정폭력 사건의 피해자에 대한 상담 서비스를 실시하고 그 효과를 사전·사후에 조사하는 방식으로 알아보고자 한다.' 가정폭력을 당한 직후에는 대부분 최악의 상태에서 상담을 받게 되고, 시간이 지나면 처음 보다는 어느 정도 완화되는 부분이 있기 때문에 어떤 서비스를 받더라도 대부분은 서비스 개입이 효과적인 것처럼 여겨질 가능성이 크다.

### ③ 테스트효과(주시험효과, 측정효과, 검사효과, testing)

동일한 측정도구를 사용하여 두 번 이상 검사를 실시하는 경우, 사전검사의 기억으로 인해  사후검사의 결과에 영향을 미치는 것을 의미한다. 검사효과를 통제하는 방법은 다음과 같다. ⓐ 사전검사와 사후검사에서 서로 다른 측정도구를 사용한다. ⓑ 사전검사와 사후검사의 간격을 충분히 조절한다. ⓒ 통제집단 사후검사 설계를 이용하여 사전검사 없이 사후검사만 실시한다. ⓓ 사전검사와 사후검사의 환경을 다르게 조성하여 검사효과를 최소화한다.

> **테스트효과가 개입된 예시**
> '프로그램 개입 전에 지능지수(IQ) 검사를 실시하고, 2시간 동안 프로그램 개입 후 동일한 검사지로 IQ 검사를 실시했다.' 그 결과 IQ가 향상되었다면 프로그램 개입으로 인한 것인지 동일한 IQ검사지로 인한 테스트효과인지 구분하기 어렵다.

#### ④ 도구효과(instrumentation)

테스트효과를 통제하기 위해 사전·사후 검사 시 다른 측정도구를 사용함으로써 발생하는 문제이다.

> **도구효과가 개입된 예시**
> 영어능력을 향상시키기 위해 토익으로 사전검사를 실시하고, 프로그램을 개입 후 토플시험으로 측정한 경우, 두 시험의 점수 차이가 프로그램으로 인한 것인지를 난이도와 출제방식이 다르기 때문이지 판단하기 어렵다.

#### ⑤ 통계적 회귀(statistical regression)

사전검사에서 극단적으로 높은 점수를 받았거나, 극단적으로 낮은 점수를 받은 대상자는 더 이상 올라갈 곳도, 더 이상 내려갈 곳도 없기 때문에 사후검사에서 평균에 가까운 값으로 수렴될 수밖에 없다. 이 경우 연구결과가 프로그램의 효과인지 통계적 회귀로 인한 것인지 구분하기 어렵다.

**통계적 회귀의 예시**
학업 성적이 매우 낮은 학생들을 대상으로 학습 프로그램을 실시한 경우, 사전 성적이 매우 낮았기 때문에 프로그램 실시 후 성적이 상승하여 평균에 가까워질 수 있다. 그러나 이는 프로그램의 실제 효과라기보다는 통계적 회귀 효과로 인해 성적이 평균으로 돌아가는 자연스러운 경향일 수 있다.

### ⑥ 실험대상자 상실(experimental mortality)

실험과정에서 연구 대상자들이 질병, 이사, 사망, 실험 참가에 대한 회의감 등 여러 이유로 중도에 탈락하게 되면, 표본의 수가 줄어들어 실험결과에 문제가 될 수 있다. 특히, 실험에 관심이 있는 대상자들만 남아 있게 될 가능성이 높아지기 때문에, 이 경우 실험결과가 독립변수의 실제 효과 때문인지, 아니면 실험에 관심이 많은 대상자들만 남아 있어서 나타난 결과인지 판단하기 어려워진다.

### ⑦ 인과관계 방향의 모호성(ambiguity about the direction of casual influence)

'시간적인 우선성'은 독립변수가 종속변수보다 시간적으로 명확히 선행해야 한다는 인과관계의 성립요건 중 하나이다. 조사설계에서 두 변수 간의 시간적 선행성을 확인하기 어려운 경우가 있는데 이를 인과관계 방향의 모호성이라고 하며, 인과적 시간-순서(casual time-order)라고도 한다.

**인과관계 방향의 모호성의 예시**
6개월 동안 청소년들을 대상으로 자존감 향상 프로그램을 진행하였다. 프로그램을 이수한 청소년들이 중도 탈락한 청소년들보다 자존감이 더 높은 결과가 나왔다면, 프로그램을 이수해서 자존감이 높아진 것인지 아니면 자존감이 높은 청소년들이기 때문에 프로그램을 이수할 수 있었던 건지, 원인과 결과 간의 선후관계를 판단하기 어렵다.

#### ⑧ 개입(치료)의 확산 또는 모방(diffusion or imitation of treatments)

실험에서는 실험집단과 통제집단으로 구분하여 실험집단에 개입한 프로그램의 효과를 통제집단과 비교한다. 그러나 실험집단의 사람들이 통제집단의 사람들과 만나서 대화하는 과정에서 실험집단에 개입하고 있는 프로그램에 대한 정보를 노출하게 되는 경우가 있다. 이처럼 실험집단에 개입하고 있는 프로그램의 정보가 통제집단으로 확산되고 모방되는 것을 개입효과의 확산 혹은 모방이라고 한다.

**개입(치료)의 확산 또는 모방 예시**

동일한 복지관 내에서 6개월 동안 금연 프로그램을 제공하였다. 이후 성공률을 비교한 결과, 실험집단과 통제집단의 금연 성공률이 유사하게 나타났다. 이유는 실험집단의 사람들이 통제집단의 사람들에게 금연 프로그램에 대한 정보를 노출하고 통제집단의 사람들도 금연 프로그램에 대한 정보를 습득하고, 금연을 시도했기 때문이다.

#### ⑨ 선택과의 상호작용

내적 타당도 저해요인 간에 상호작용하여 내적 타당도가 저해되는 경우이다.

**선택과의 상호작용 예시**

청소년을 대상으로 사회성 발달 프로그램을 1년 동안 진행한 후 효과성을 평가했을 때, 효과성이 높게 나타났다. 이 경우, 청소년들이 나이가 들면서 자연스럽게 사회성이 발달할 수도 있고(성숙 효과), 프로그램이 진행되는 1년 동안 학교에서 축제와 같은 다양한 행사들을 진행한 영향(우연한 사건)일 수도 있다. 또한 사회성에 대한 관심이 많은 청소년들이 참여했기 때문일 수도 있다(편향된 선별). 이처럼 사회성 발달의 결과가 사회성발달 프로그램의 효과인지, 성숙효과와 우연한 사건, 편향된 선별의 상호작용으로 인한 것인지 분명히 알기 어렵다.

⑩ 편향된 선별(선택의 편의, 선정상의 편견, selection biases)

연구자가 조사 대상을 선발하는 과정에서의 편향으로, 대상자를 무작위로 할당하지 않아 동질성을 보장하지 못한 경우 발생하는 문제이다.

**편향된 선별의 예시**

연구자가 특정 약물에 대한 효과를 검증하기 위해 특정 약물에 관심이 있는 사람들을 실험집단으로 선정하고 그렇지 않은 사람들을 통제집단으로 구성한 경우 발생하는 문제이다. 일반적으로 실험집단에 참가한 사람들은 특정 약물에 관심이 많고, 치료를 위해 유사한 약물을 복용한 경험이 있을 수 있다. 따라서 약물로 인한 효과인지, 편향된 선별로 인한 것인지 명확하게 판단하기 어렵다.

### (2) 내적 타당도 확보방안

내적 타당도는 무작위할당과 배합(짝짓기), 통계적 통제로 확보할 수 있다.

① 무작위할당(random assignment)

연구대상자들을 무작위로 실험집단과 통제집단에 배치하여, 실험집단과 통제집단이 동등한 조건을 가지도록 한다.

② 배합(짝짓기, matching)

배합은 실험집단과 통제집단의 특성을 유사하게 맞추어 균형을 잡아주는 방법이다. 배합에는 동일한 특성을 가진 대상자들을 실험집단과 통제집단에 정확히 일대일로 대응시키는 정밀배합과 변수의 분포를 비슷하게 만드는 방식의 빈도분포 통제법이 있다.

〈표 4-1〉 정밀배합의 예

| | 실험집단 | | 통제집단 | |
|---|---|---|---|---|
| | 남 | 여 | 남 | 여 |
| 1학년 | 10 | 15 | 10 | 15 |
| 2학년 | 17 | 8 | 17 | 8 |
| 3학년 | 9 | 16 | 9 | 16 |
| 4학년 | 11 | 14 | 11 | 14 |

③ 통계적 통제(statistical control)

통계적 통제는 실험설계 과정에서 사전에 외생변수를 통제하지 못한 경우, 사후적으로 통계적 방법을 활용하여 외생변수의 영향을 제거하거나 최소화하는 방법이다. 공분산분석(ANCOVA), 부분상관분석(partial correlation), 다중회귀분석, 경로분석 등이 있다.

### 3) 외적 타당도 저해요인과 통제방법

#### (1) 외적 타당도 저해요인

① 표본의 대표성(representativeness)

대부분의 연구에서 연구자는 시간과 비용 등을 고려하여 모집단을 대표하는 표본을 추출하여 연구를 진행한다. 따라서 표본은 전체 모집단의 특성을 충분히 반영할 수 있어야 연구 결과를 일반화할 수 있다. 예컨대 제품이나 서비스의 수요를 파악하기 위해 20대를 대상으로 조사를 실시했다면, 이는 전체 소비자의 성향을 파악하는 데 무리가 있다. 이 경우 전 연령대의 소비자로 표본을 구성해야 외적 타당도가 확보된다. 표본의 크기가 클수록, 확률표집 방법으로 표본을 추출할수록 표본의 대표성은 증가한다.

② 연구환경과 절차

표본뿐만 아니라 환경이나 절차 등도 일반적인 상황과 유사하게 진행하여 외적 타당도를 높여야 한다.

③ 실험조사에 대한 반응성(research reactivity)

- 호손효과(Hawthorne effect): 인간을 대상으로 하는 조사연구에서 대상자 자신이 특정한 연구의 대상이라는 사실을 인식하고, 연구자의 의도에 따라 평소와 다르게 반응하여 외적 타당도를 저해할 수 있다.
- 존 헨리효과: 통제집단이 실험집단과 비교된다는 사실을 인식하고, 자신들이 특별한 처치를 받지 못한 것에 대한 반발심이나 경쟁심으로 인해 더 열심히 노력하는 현상이다. 예컨대, 학교에서 새로운 학습 프로그램의 효과를 실험할 때, 실험집단 학생들이 특별한 수업을 받는 것을 본 통제집단 학생들이 더 좋은 성적을 내기 위해 과도하게 공부하게 되는 경우이다.
- 연구자효과: 연구자의 기대나 태도, 행동이 연구 참가자들의 반응이나 연구 결과에 무의식적으로 영향을 미치는 현상으로, 연구자가 특정한 결과를 기대하거나 바라는 마음이 실험과정에서 연구대상자들에게 전해지면서 결과가 왜곡되거나 편향될 수 있다.

④ 가실험효과(플라시보효과, 위약효과, placebo effect)

치료 효과가 없는 가짜 약을 복용하거나 치료를 받지 않았는데도 실제 약을 복용한 것처럼 환자의 증상이 호전되는 현상을 말한다. 예컨대 어느 정도 동질성이 보장되는 두 집단에서, 실험집단 사람에게만 가짜 약물을 투입하여 경과를 관찰한다. 두 집단 간에 결과 차이가 있다면 이는 플라시보 효과로 설명할 수 있다.

### (2) 외적 타당도 확보 방법

외적 타당도를 확보한다는 것은 연구 환경에서 나타난 결과를 일반화시킬 수 있다는 의미이다. 연구 결과를 일반화시킬 수 있으려면 다음과 같은 방안이 필요하다.

첫째, 표본의 대표성이 확보되어야 한다. 이를 위해 연구 대상을 무작위로 선정하거나 모집단을 잘 대표하는 표본을 선택해야 한다.

둘째, 연구 환경과 절차가 일반적인 상황과 유사해야 한다. 실험이 일상생활과 동떨어져 있지 않아야 결과를 실제 상황에 적용할 수 있다.

셋째, 시간적 범위를 확대하여 장기간에 걸쳐 연구를 진행하거나 다양한 시기에 걸쳐 진행한다. 시간적 변화, 계절적 요인, 경제적 상황 등 외부 변수의 영향을 줄일 수 있어 결과의 일반화 가능성이 커진다.

# 3. 실험

## 1) 실험조사연구의 의의

실험을 통해 독립변수와 종속변수 간의 인과관계를 명확하게 검증할 수 있다. 연구자는 실험집단과 통제집단으로 구분하여 실험집단에 독립변수를 개입하고, 통제집단에는 개입하지 않고 실험을 진행하여 두 집단을 비교함으로써 독립변수의 효과를 평가한다. 이를 통해 정책결정, 교육방법 개선, 의료분야의 치료법 개발 등 실질적인 문제 해결에 기여하게 된다. 특히 사회복지 분야에서 실험이 중요하게 다루어지는데, 그 이유는 프로그램의 효과성을 검증하거나, 정책의 효과를 평가하는 등의 연구가 많아졌기 때문이다. 사회복지프로그램을 독립변수로 두고, 클라이언트의 상태를 종속변수로 두어 이들 간의 인과관계를 규명하기 위해 실험의 원리가 적용된다. 실험방법은 자연과학처럼 연구의 목적과 방향에 맞게 적절한 방법으로 설계하여 실험환경을 통제하게 된다.

## 2) 실험조사설계의 절차

① 무작위 할당을 통해 실험집단과 통제집단을 구성한다.
② 실험집단과 통제집단에 사전검사를 동시에 실시한다.
③ 실험집단에만 독립변수를 개입시킨다.
④ 실험집단과 통제집단에 사후검사를 동시에 실시한다.
⑤ 두 집단 간 사전·사후검사 결과에 따른 차이검증을 통해 가설채택 및 기각 여부를 결정한다.

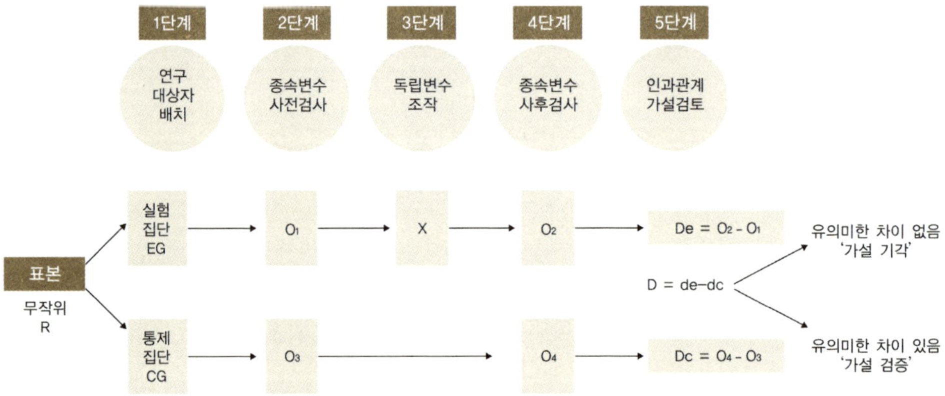


[그림 4-2] 실험조사설계의 절차

> **실험조사설계에 사용하는 부호**
>
> EG: 실험집단(Experimental Group)
>
> CG: 통제집단(Control Group)

R: 무작위 할당 또는 무작위화에 의한 실험집단 및 통제집단의 설정
$O_1$, $O_3$: 사전검사, $O_2$, $O_4$: 사후검사, X: 독립변수 조작
de: 실험집단 사전·사후 점수 차
dc: 통제집단 사전·사후 점수 차
D: 실험집단과 통제집단 최종 점수 차

### 3) 실험조사설계의 기본요소

실험조사설계는 인과관계를 규명하기 위해 내적 타당도를 저해하는 외생변수들을 가능한 제거하도록 설계하는 방법이다. 실험대상을 실험집단과 통제집단으로 구분하고 무작위로 배치한 후 실험집단에만 실험처치(독립변수조작)를 한 뒤 실험집단과 통제집단의 변화를 비교하여 실험처치의 효과를 확인하는 조사설계이다. 조사설계의 핵심요소는 실험대상의 무작위 할당, 외생변수의 통제, 독립변수의 조작, 종속변수의 비교를 들 수 있다.

#### (1) 실험대상의 무작위 할당

실험설계에서는 조사대상자를 무작위 할당으로 실험집단과 통제집단으로 구성한다. 무작위할당을 하는 가장 중요한 이유는 연구 대상의 특성과 상황을 동질화시켜서 인과관계에 영향을 미칠 수 있는 외생변수를 통제하기 위해서이다.

#### (2) 외생변수의 통제

외생변수는 독립변수 외에 종속변수에 영향을 미칠 수 있는 제3의 요인이라 할 수 있다. 실험결과 종속변수의 변화가 독립변수로 인한 것이라는 것을 확인할 수 있어야 하는데 외생변수를 통제하지 못하면 종속변수의 변화가 독립변수에 의한 것인지 외생변수에 의한 것인지 입증할 수 없다. 외생변수를 통제하

는 가장 좋은 방법은 무작위 할당이다.

#### (3) 독립변수의 조작

실험집단과 통제집단 중 실험집단에만 독립변수를 개입시킨다. 예컨대, 노인의 우울감 감소를 위해 실험집단에만 프로그램을 개입시킨다.

#### (4) 종속변수의 비교

실험집단과 통제집단에 사전·사후검사를 실시하고, 종속변수에 유의미한 차이가 있는지 비교하고 분석한다. 이를 토대로 독립변수가 종속변수에 미치는 영향력을 추정한다. 예컨대 노인의 자아통합감을 향상시키기 위해 무작위로 실험집단과 통제집단을 구성한다. 실험집단에만 독립변수를 조작한 후 자아통합감이라는 종속변수를 비교 분석한다.

## 4. 순수실험설계

### 1) 의의

실험설계의 유형에는 순수실험설계, 유사실험설계, 전실험설계, 비실험설계가 있다. 이 네 가지 유형 중 실험의 요소를 가장 잘 갖춘 것은 순수실험설계이다. 순수실험설계는 단순히 실험설계 또는 진실험설계라고도 한다. 이 실험설계는 실험의 핵심 요소인 무작위할당, 외생변수의 통제, 독립변수의 조작, 종속변수의 비교를 가장 잘 갖춘 설계로 내적 타당도가 가장 높은 설계 유형이다. 반면에 실험설계는 외생변수를 엄격하게 통제한 상태에서 실험이 이루어지므로 여러 변수가 있을 수 있는 실험환경의 바깥에서 그 연구 결과를 일반화하는데 무리가 있을 수 있다. 즉 내적 타당도는 높지만 외적 타당도는 떨어질 수 있다.

## 2) 순수실험설계의 유형

순수실험설계의 구체적 형태에는 통제집단 사전-사후검사설계, 통제집단 사후검사설계, 솔로몬 4집단 설계, 가실험 통제집단설계, 요인설계가 있다.

### (1) 통제집단 사전-사후검사설계(pretest-posttest control group design)

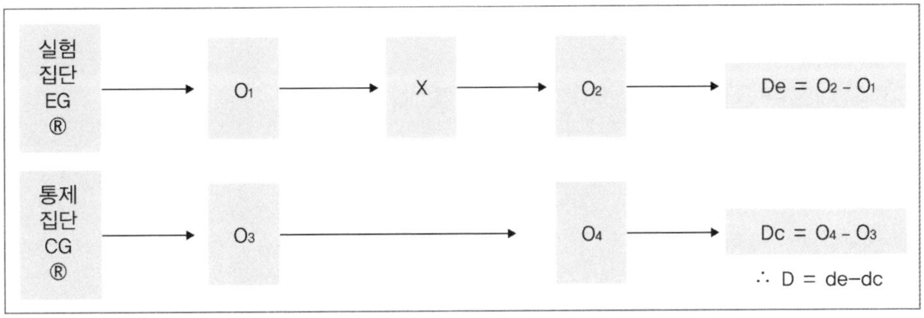


[그림 4-3] **통제집단 사전-사후검사설계**

통제집단 사전-사후검사설계는 인과관계를 추정하기 위한 가장 대표적인 실험 방법이다. 이 실험설계는 실험대상자를 무작위 할당을 통해 실험집단과 통제집단으로 나누고, 두 집단에 사전검사를 실시한다. 그 다음 실험집단에만 독립변수의 조작을 가하고, 두 집단을 동시에 사후검사 실시를 한다. 두 집단 간 결과를 비교하고 이를 통해 독립변수와 종속변수 간의 인과관계를 입증하게 된다. 통제집단 사전-사후검사 설계는 사전검사를 실시하므로 동질성을 확보할 수 있고, 내적 타당도가 높다는 장점이 있다. 반면에 사전검사와 사후검사를 실시하는 과정에서 검사효과가 발생할 수 있으며, 상호작용시험효과로 인해 실험 결과가 왜곡될 수 있다.

> **용어 설명**
> 검사효과란 사전·사후검사를 동일한 도구로 측정할 경우 발생할 수 있는 현상으로, 대상자가 사전검사에서 경험한 내용을 기억하거나 학습하여 사후검사에서 더 좋은 성적이나 반응을 보이는 것을 의미한다.
> 상호작용시험효과는 사전검사와 독립변수 개입이 상호작용하여 발생하는 것을 의미한다. 예컨대, 사전검사에서 대상자의 성적이 낮게 나온 경우, 대상자는 낮은 성적의 충격으로 학습향상 프로그램을 열심히 참가하게 되고, 그 결과 사후검사에 성적이 향상된 것으로 나온다면, 이 경우 성적 향상이 학습향상프로그램의 영향인지, 상호작용시험효과로 열심히 참가한 것으로 인한 것인지 판단이 어렵게 된다.

### (2) 통제집단 사후검사설계(통제집단 후 비교 설계)

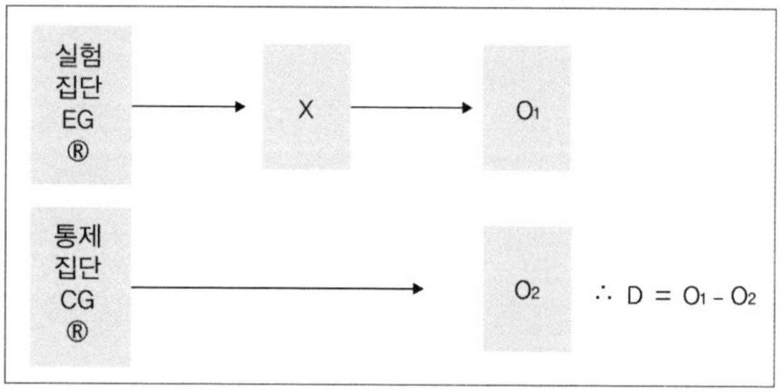


[그림 4-4] **통제집단 사후검사설계**

통제집단 사후검사설계는 통제집단 사전-사후검사설계에서 검사효과와 상호작용 시험효과를 통제하기 위해 사전검사를 뺀 설계 형태이다. 다만, 무작위로 대상자를 선정하였으므로 동질성이 확보되었다고 가정한다. 독립변수의 개입효과는 실험집단 종속변수($O_1$)와 통제집단 종속변수($O_2$) 차이를 통해 알 수 있다. 검사효과와 상호작용시험효과를 제거할 수 있다는 장점이 있는 반면, 사전검사를 생략하여 집단 간 동질성 확보에 대한 확신을 주지 못한다. 따라서 사후검사 점수만을 토대로 독립변수의 영향력을 판단하는 데 한계가 있다.

**통제집단 사후검사설계 예시**

걷기 운동이 노인의 스트레스 수준에 미치는 영향을 조사하기 위해 스트레스를 호소하는 노인 100명을 모집하였다. 이들 중 50명을 무작위로 선정하여 수요일에 50분씩 걷기 운동을 실시하고 이틀 후인 금요일에 100명을 대상으로 스트레스 수준을 측정하였다.

### (3) 솔로몬 4집단설계(Solomon four group design)

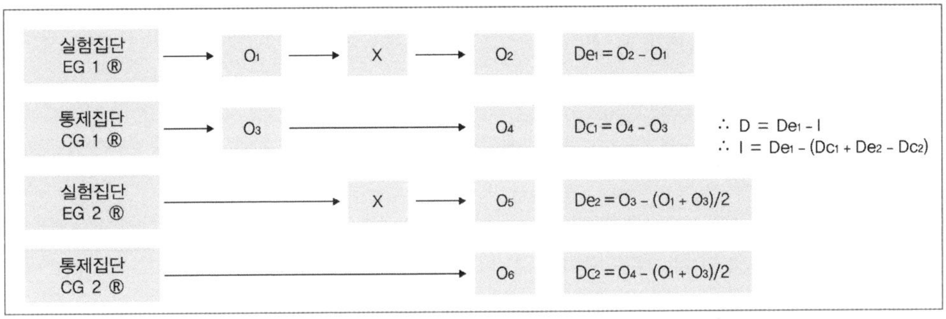


[그림 4-5] **솔로몬 4집단설계**

솔로몬 4집단설계는 통제집단 사전-사후검사설계와 통제집단 사후검사설계 각각의 단점을 보완한 설계로 통제집단 사전-사후검사설계와 통제집단 사후검사설계를 결합한 방식이다. 이 설계 방법은 검사효과, 상호작용 시험효과, 기타 외생변수의 효과를 가장 잘 통제할 수 있는 완벽에 가까운 설계 방법이다. 따라서 개입의 효과를 가장 잘 검증할 수 있어 내적 타당도와 외적 타당도가 높다는 장점이 있다. 하지만 무작위 할당으로 4개의 집단을 설정하고 운영하는 것이 현실적으로 어렵다. 그리고 그에 따른 비용의 증가도 단점으로 작용하여 실제로는 많이 사용하지 않는 설계 유형이다.

### (4) 요인설계(factorial design)

요인설계는 두 개 이상의 독립변수들이 종속변수에 미치는 영향을 동시에 조사하기 위해 사용되는 설계 방법으로, 두 개 이상의 독립변수들은 각각 여러 수준을 가지며, 실험 대상자들은 이 수준들에 무작위로 할당되어 독립변수의 수에 따라 집단의 수가 달라진다. 설계 방법은 독립변수의 속성에 따라 할당행렬(quota matrix)을 만들고, 행렬의 각 범주에 따라 실험집단과 통제집단을 설정한다. 그 후 개별 독립변수가 종속변수에 미치는 영향과 둘 이상의 독립변수가 상호작용하여 종속변수에 미치는 영향을 검증한다. 요인설계는 두 개 이상의 독립변수가 종속변수에 미치는 실험효과와 독립변수 간의 상호작용 효과를 동시에 분석할 수 있는 장점이 있는 반면, 독립변수가 많아져서 실험집단을 구성하는 것이 어렵고 비용이 많이 드는 단점이 있다.

〈요인설계의 예시〉

가설: '청소년 상담프로그램에 참가하는 대상자들의 만족도는 상담 시기(낮, 저녁)와 상담 방법(개인, 집단)에 따라 달라질 것이다.'

1. 청소년 상담프로그램의 상담효과가 상담 시기(낮, 저녁)와 상담 방법(개인, 집단)에 따라 네 범주의 할당행렬이 만들어진다.
2. 조사대상자를 4개의 집단에 무작위로 할당하고 각 집단에 해당하는 프로그램을 실시한다.
3. 사후검사를 통해 종속변수의 변화를 비교함으로써 개입의 효과를 파악한다.

〈표 4-2〉 **요인 설계**

| | | 상담방법 | |
|---|---|---|---|
| | | 개별상담 | 집단상담 |
| 상담 시기 | 낮 | 집단 A | 집단 B |
| | 저녁 | 집단 C | 집단 D |

### (5) 가실험 통제집단설계(플라시보 통제집단설계)

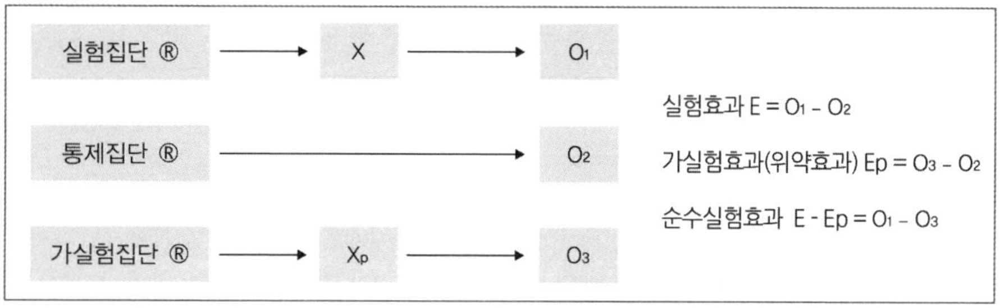


[그림 4-6] **가실험 통제집단설계**

가실험 통제집단설계는 플라시보 통제집단설계 또는 위약 통제집단설계라고도 한다. 이 설계 유형은 통제집단 사전-사후검사설계 또는 통제집단 사후검사설계에 플라시보 효과를 측정할 수 있도록 한 집단을 추가하여 플라시보 효과를 측정할 수 있도록 하는 방식이다. 플라시보 효과가 의심되는 연구에서 주로 사용하는 방식으로 플라시보 효과를 측정하여 실험효과에 플라시보 효과를 제거해 줌으로써 순수실험 개입의 효과를 구하는 방식이다.

## 5. 유사실험설계

### 1) 의의

실험설계에서 꼭 갖추어야 할 핵심 요소 네 가지는 실험대상의 무작위 할당, 외생변수의 통제, 독립변수의 조작, 종속변수의 비교이다. 이 네 가지를 모두 갖춘 설계를 순수실험설계(진실험설계, 실험설계)라 하고, 이 네 가지 중 한두 가지 요소를 갖추지 못한 경우 유사실험설계라고 한다. 주로 실험 대상을 무작위로 할당할 수 없는 상황에서 사용된다. 유사실험설계는 준실험설계, 의사실험설계, 반실험설계라고도 한다. 유사실험설계는 자연적인 상황에서 발생하는 사건이나 현상을 연구하는 데 유용하며, 실험설계에 비해 통제가 덜 엄격하지만, 여전히 변수 간의 관계를 파악하는 데 유용한 방법이다. 따라서 현실성을 고려하여 순수실험설계를 대신해서 유사실험설계를 많이 사용한다.

### 2) 유사실험설계의 유형

유사실험설계의 유형은 비동일 통제집단설계와 단순시계열설계, 복수시계열설계가 있다.

#### (1) 비동일 통제집단설계(non-equivalent control group design)

비동일 통제집단설계는 순수실험설계의 통제집단 사전-사후설계와 유사하지만, 추출방식이 무작위 할당이 아닌 임의적 할당 방식이다. 여기서 비동일의 의미는 실험집단과 통제집단이 무작위 할당이 아닌 이유로 두 집단의 동질성을 보장하지 못함을 뜻한다. 대신, 두 집단에 실시하는 사전검사로 동질성을 보장한다고 간주하며, 사전·사후 검사 간의 변화를 비교하여 차이가 발생할 경우 이 차이를 실험조치의 결과로 본다. 비동일 통제집단설계는 앞에서 서술한 바와 같이 무작위 할당이 이루어지지 않아 이질성의 문제가 제기될 수 있으며, 이로 인해 내적 타당도를 위협할 수 있다. 또한 사전검사와 독립변수 간에 상호작용 시험효과가 발생할 수 있다.

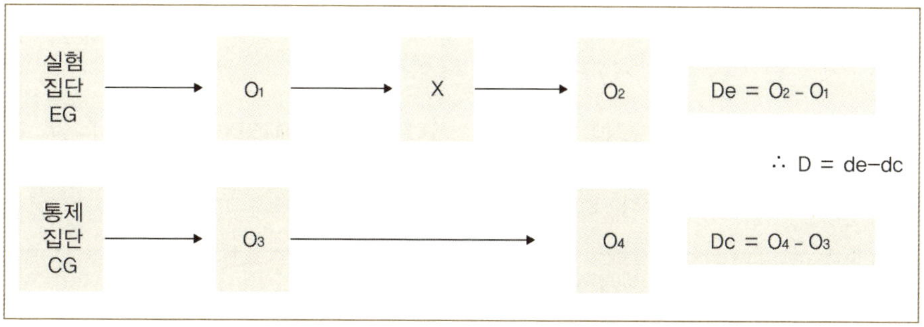


[그림 4-7] 비동일 통제집단설계

### (2) 시계열설계(time-series design)

시계열설계는 통제집단을 따로 두지 않고, 독립변수 개입 전과 후에 반복으로 측정하는 방식이다. 이렇게 반복 측정을 하는 것으로 통제집단의 기능을 대신하는 것으로 보며, 이를 통해 종속변수의 변화를 추적하고 비교할 수 있다. 시계열 설계는 단순 시계열 설계와 복수 시계열 설계로 구분할 수 있다.

#### ① 단순시계열설계(simple time-series design)

단순시계열설계는 통제집단을 두지 않고, 독립변수의 개입 이전과 이후에 종속변수를 여러 번 측정하여 비교 분석하는 방법이다. 측정 횟수에 대한 명확한 기준은 없으나, 최소 3번 이상 측정하는 것이 바람직하며, 여러 번 측정할수록 결과가 정확하고 신뢰도도 높아진다. 특히 종속변수의 측정치가 불안정한 경우에는 관찰 횟수를 연장한다. 이 설계방법은 통제집단 선정이 어려운 경우 하나의 집단을 선정하여 시행하는데, 개입 전에 측정한 점수는 통제집단의 역할을 하며, 개입 후에 측정한 점수는 실험집단의 역할을 한다. 이 두 집단 간에 측정치를 비교 분석한 결과 유의미한 차이가 있다면 독립변수와 종속변수 간에 인과관계가 성립한다고 판단할 수 있다.

단순시계열설계는 통제집단을 두지 않아 복수 측정 진행 과정에 내적 타당도를 저해할 수 있는 외부 사건을 통제하기 어렵고, 반복적인 관찰을 함으로써 검사효과가 개입될 수 있다는 한계를 가진다.

| 단일집단 | $O_1$ $O_2$ $O_3$ $O_4$ | X | $O_5$ $O_6$ $O_7$ $O_8$ |
|---|---|---|---|

[그림 4-8] **단순시계열설계**

② **복수시계열설계**(multiple time-series design)

복수시계열설계는 단순시계열 설계에 통제집단을 추가한 설계방법이다. 복수시계열설계는 특징이 유사한 두 집단을 선정하여 실험집단에는 독립변수의 조작 전에 여러 번 측정을 하고, 조작 이후 다시 여러 번의 측정을 한다. 통제집단에 대해서는 독립변수를 조작하지 않고 실험집단과 동일한 간격으로 복수의 측정을 하면서 종속변수의 변화를 살펴본다. 단순시계열설계가 단일집단으로 구성되어 내적 타당도를 위협하는 단점을 가지고 있기 때문에 이를 개선하기 위해 사용하는 방법으로 유사실험설계의 유형 중 내적 타당도가 가장 높은 반면, 검사효과와 상호작용효과, 편향된 선별, 선택과의 상호작용이라는 내적 타당도 저해요인을 통제하는 데 한계가 있다.

| 실험집단 EG | $O_1$ $O_2$ $O_3$ $O_4$ | X | $O_5$ $O_6$ $O_7$ $O_8$ |
|---|---|---|---|
| 통제집단 CG | $O_9$ $O_{10}$ $O_{11}$ $O_{12}$ | → | $O_{13}$ $O_{14}$ $O_{15}$ $O_{16}$ |

[그림 4-9] **복수시계열설계**

# 6. 전실험설계

## 1) 의의

전실험설계(pre-experimental design)는 원시실험설계, 선실험설계라고도 하며, 실험조사의 핵심 요건인 무작위 할당으로 조사대상자 선정이 되지 못하고 통제집단도 갖추지 못한 실험조사형태이다. 따라서 내적 타당도와 외적 타당도를 저해하는 요인을 거의 통제하지 못하는 가장 낮은 수준의 실험형태이다.

## 2) 전실험설계의 유형

대표적인 유형으로 1회사례설계, 단일집단 사전사후검사설계, 정태적 집단 비교설계가 있다.

### (1) 1회사례설계(단일사례연구)

1회사례설계(oneshotcase study)는 통제집단을 갖추지 않고 한 사례에 대해 사전검사 없이 독립변수의 조작이 이루어지고 그 이후 해당 사례의 종속변수를 검사하여 결과를 평가하는 방법이다. 즉 한 번의 독립변수 조작과 한 번의 관찰만으로 진행된다. 따라서 인과관계의 추론에 한계가 발생할 수 있으며, 통제집단을 갖추지 않아 독립변수의 효과를 인정하기 어렵다. 다만, 독립변수 도입과 측정 사이에 시차를 두고 있어서 실험조사의 요건 중 독립변수의 시간적 우선성은 충족되는 유형이다. 따라서 이 설계는 본격적인 연구에 앞서 탐색을 목적으로 하는 연구에는 유용하다.

실험집단 x → O

[그림 4-10] 1회사례설계

### (2) 단일집단 사전사후검사설계

단일집단 사전사후검사설계(one-group pretest-posttest design)는 1회 사례설계에 사전검사를 추가한 것으로, 독립변수의 조작 전에 사전검사를 실시하고 독립변수의 조작이 끝난 후에 종속변수를 측정하여, 사후검사와 사전검사를 비교한다. 이 설계는 실험설계의 요건 중 시간적 우선성과 공변성을 충족하여 독립변수의 개입효과를 입증하는 데 필요한 최소한의 요건을 충족시킨다. 하지만 외생변수는 통제가 되지 않아 내적 타당도가 낮으며, 주로 비교 집단을 확보하기 어려울 때 사용한다.

실험집단 $O_1$ → x → $O_2$

[그림 4-11] 단일집단 사전사후검사설계

### (3) 정태적 집단비교설계

정태적 집단비교설계(static group comparison design)는 통제집단 사후검사설계에서 무작위 할당 요건을 충족하지 못한 설계이다. 이 설계방법은 임의적으로 할당하여 집단을 구성한 것이기 때문에 두 집단의 동질성을 보장하기 어렵고, 이로 인해 실험결과에서 나타난 두 집단 간의 차이가 독립변수 조작에 의한 것인지 아니면 두 집단의 이질적인 특성 때문인지 판단하기 어렵다. 전실험설계 유형 중에서는 통제집단을 두고 있어서 우발적 사건이나 검사효과 등 내적 타당도를 저해하는 요인을 어느 정도 통제할 수 있지만, 외부 요인들의 영향을 배제할 수 없어 내적 타당도는 낮다.

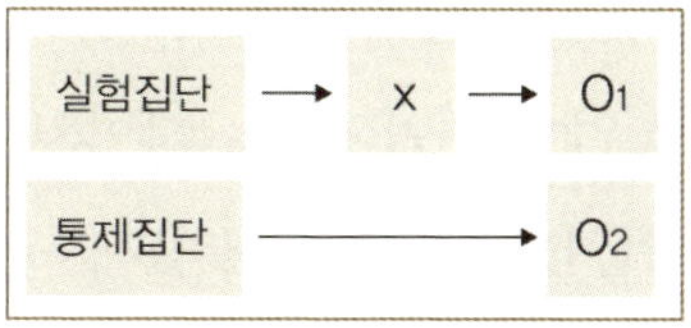


[그림 4-12] 정태적 집단비교설계

# 7. 사후실험설계

## 1) 의의

사후실험설계(ex-post facto research design)는 독립변수의 처치가 어렵거나, 실험이 종료된 후에 실험의 영향을 평가하는 연구설계이다. 탐색적 연구나 가설검증에 유용하게 활용할 수 있다. 사후실험 설계의 장점은 실제로 가설을 검증할 수 있으며, 연구결과를 바탕으로 검증이 이루어지므로 독립변수의 인위적인 개입이 불가하고, 광범위한 수집 대상이 있다는 점이며, 독립변수 조작이 가능하지 않아 명확한 인과관계를 검증하는 것이 어렵고, 이로 인한 측정의 정확도가 낮고, 무작위 할당도 불가능하다는 단점이 있다. 또한 이로 인한 임의성과 주관성의 문제가 발생할 수 있다.

## 2) 사후실험설계의 유형

사후실험계의 구체적인 유형에는 현장연구, 회고연구, 전망연구 등이 있다.

### (1) 현장연구(field study)

실제 현장에서 일어나는 현상을 직접 관찰하고 조사하여 연구하는 방법이다. 이는 실험실과 같은 통제된 환경에서 벗어나 실제 환경에서 자료를 수집하고 분석하는 것으로, 보다 현실적이고 일반화가 가능한 결과를 얻을 수 있다는 장점이 있다.

### (2) 회고연구(retrospective study)

과거의 데이터를 수집하고 분석하여 현재 발생한 현상의 원인을 밝혀내는 방법으로, 현재의 상황이 과거의 어떤 원인으로 발생했는지를 연구하는 것이다. 과거의 데이터를 활용하기 때문에, 비용과 시간이 절약되며, 방대한 양의 데이터 수집을 통한 정확하고 신뢰성 있는 결과를 도출할 수 있다. 반면에 원 데이터에 정확성이나 신뢰성에 문제가 있을 수 있다.

### (3) 전망연구(prospective study)

연구 대상의 미래 행동이나 사건을 예측하기 위해 실시되는 연구로, 전향적 연구라고도 한다. 이 연구는 미래에 어떠한 결과를 가져올 것이라 생각되는 원인 변수를 파악하여 미래 특정 시점에 예상했던 결과가 발생했는지를 조사하는 방법이다.

〈표 4-2〉 실험설계유형 비교

| 실험설계유형 | | 무작위 할당 | 통제 집단 | 사전 검사 | 실험 처치 | 사후 검사 |
|---|---|---|---|---|---|---|
| 순수실험설계 | 통제집단 사전-사후검사설계 | O | O | O | O | O |
| | 통제집단 사후검사설계 | O | O | X | O | O |
| | 솔로몬 4집단설계 | O | O | 부분 | O | O |
| | 요인설계 | O | O | X | O | O |
| | 가실험 통제집단설계 | O | O | X | O | O |
| 유사실험설계 | 비동일 통제집단설계 | X | O | O | O | O |
| | 단순시계열설계 | X | X | O | O | O |
| | 복수시계열설계 | X | O | O | O | O |
| 전실험설계 | 1회사례설계 | X | X | X | O | O |
| | 단일집단 사전사후검사설계 | X | X | O | O | O |
| | 정태적 집단비교설계 | X | O | X | O | O |
| 사후실험설계 | 현장연구 | X | X | X | X | X |
| | 회고연구 | X | X | X | X | X |
| | 전망연구 | X | X | X | X | X |

## 요점정리

- 조사설계란 변수 간 관계에 대한 논리적 구조를 세우고, 조사 전반에 대한 계획을 수립하는 것이다.
- 인과관계가 성립하기 위한 필요한 요건은 공변성과 시간적 우선성, 외생변수 통제성이다.
- 조사설계의 타당도는 내적 타당도와 외적 타당도가 있다.
- 내적 타당도는 독립변수와 종속변수 간 인과관계를 확신할 수 있는 정도이며, 외적 타당도는 연구결과를 일반화 할 수 있는가의 문제이다.
- 내적 타당도를 저해하는 요인에는 우연한 사건, 시간적 경과 또는 성숙, 테스트효과, 도구효과, 통계적 회귀, 실험대상자 상실, 인과관계 방향의 모호성, 개입(치료)의 확산 또는 모방, 선택과의 상호작용, 편향된 선별 등이 있다.
- 실험은 조사 대상의 무작위할당, 독립변수의 조작, 종속변수의 비교를 기본으로 한다.
- 내적 타당도가 높은 순서는 순수실험설계 〉 유사실험설계 〉 전실험설계 〉 사후실험설계 순이다.

## 사회복지사 1급 기출문제

1. 조사설계(research design)에 반드시 포함되어야 할 내용이 아닌 것은?

① 구체적인 자료수집 방법
② 모집단 및 표집방법
③ 자료분석 절차와 방법
④ 연구문제의 의의와 조사의 필요성
⑤ 주요 변수의 개념정의와 측정방법

**정답 ④** | 조사의 절차: 조사주제 선정 → 조사문제 선정 → 선행연구고찰(문헌고찰) → 조사가설 설정 → 조사설계 → 자료수집 → 자료분석 및 해석 → 조사보고서 작성
④ 연구문제의 의의와 조사의 필요성은 절차에서 조사문제 선정 단계에 포함된다.

2. 외적 타당도와 내적 타당도에 관한 설명으로 옳지 않은 것은?

① 사전검사의 실시가 내적 타당도에 부정적인 영향을 미칠 수 있다.
② 외적 타당도를 높이는 중요한 전략 중 하나는 연구를 반복적으로 실시하여 결과를 축적하는 것이다.
③ 내적 타당도가 높으면 외적 타당도 또한 높다.
④ 자신이 연구대상자라는 인식이 외적 타당도를 낮출 수 있다.
⑤ 내적 타당도는 인과관계를 추론할 수 있는 정도를 의미한다.

**정답 ③** | 내적 타당도와 외적 타당도 중에서 내적 타당도가 우선 충족되어야 하지만, 내적 타당도가 높다고 외적 타당도가 반드시 높은 것은 아니다.

3. 다음 연구 설계의 내용에서 확인할 수 있는 내·외적 타당도 저해 요인에 관한 설명으로 옳은 것은?

| 지진에 의해 정신적 충격에 빠진 재난지역 주민 대상 위기개입 프로그램의 효과성을 검증하고자 한다. 이를 위해 위기 개입 직전과 개입 후 한 달 만에 각각 동일한 척도로 디스트레스(SCL-90) 정도를 측정하여 비교하였다. |
|---|

① 우연한 사건이 내적 타당도를 저해하고 있다.

② 도구효과가 내적 타당도를 저해하고 있다.

③ 실험 대상자의 상실(attrition)이 외적 타당도를 저해하고 있다.

④ 성숙효과가 내적 타당도를 저해하고 있다.

⑤ 선택효과가 외적 타당도를 저해하고 있다.

**정답 ④** | 성숙효과는 프로그램의 효과인지 시간이 지남에 따라 자연스럽게 충격이 완화되는 성숙효과인지 판정하기가 어려움을 의미한다. 한 달이 지난 후에 사후 검사를 실시하였으므로 한 달 동안 자연스러운 치유가 일어났을 가능성이 있다.
① 우연한 사건은 프로그램 이외의 다른 사건이 개입될 우려를 하는 것인데 다른 사건이 언급되지 않고 있다. ② 동일한 척도를 사용했기 때문에 검사효과이다. ③ 실험대상자가 일부 이탈하는 경우인데 별다른 언급이 없다. ⑤ 선택효과는 실험집단과 통제집단이 편향되게 구성되는 것을 말하는데, 이 사례에서는 통제집단이 존재하지 않으므로 해당되지 않는다.

4. 조사대상자의 선정편향(selection bias)이 영향을 주기 어려운 것은?

① 내적 타당도
② 실험집단과 통제집단의 동질성
③ 표본의 대표성
④ 측정의 정확성
⑤ 결과의 일반화 정도

**정답 ④** | 선정편향은 조사대상이 가지고 있는 어떤 속성이 한 집단에 편향되게 구성이 되어 종속변수에 영향을 미치는 것을 의미한다. 측정의 정확성은 측정의 타당도에 대한 내용이다.

5. 다음 연구설계에 관한 설명으로 옳지 않은 것은?

> 노인복지관의 노노케어 프로그램 자원봉사자 40명을 무작위로 골라 20명씩 두 집단으로 배치하고, 한 집단에는 자원봉사 교육을 실시하고 다른 집단에는 아무런 개입을 하지 않았다. 10주 후 두 집단 간 자원봉사만족도를 비교·분석하였다.

① 사전조사를 실시하지 않아 내적 타당도를 저해하지 않는다.

② 무작위 선정으로 내적 타당도를 저해하지 않는다.

③ 통제집단을 확보하기 어려울 때 사용할 수 있는 설계이다.

④ 사전검사를 하지 않아도 집단 간 차이를 어느 정도 통제할 수 있다.

⑤ 통제집단 전후비교에 비해 설계가 간단하여 사회조사에서 많이 활용된다.

**정답 ③** | 사례에서는 아무런 개입을 하지 않은 집단이 통제집단에 해당된다.

6. 순수실험설계에서 인과성 검증에 관한 설명으로 옳지 않은 것은?

① 사회복지 프로그램의 실행 여부가 독립변수로 설정될 수 있다.

② 사전조사에서 실험집단과 통제집단의 종속변수 측정치는 통계적으로 유의미한 차이가 없어야 한다.

③ 사전조사와 사후조사에서 통제집단의 종속변수 측정치는 통계적으로 유의미한 차이가 있어야 한다.

④ 실험집단과 통제집단의 동질성 확보가 필요하다.

⑤ 실험집단과 통제집단의 차이는 독립변수의 개입 유무이다.

**정답 ③** | 통제집단의 사전사후 조사결과가 통계적으로 유의미한 차이가 나타나면 개입방법의 인과성이 없는 것이다.

7. 외부사건(history)을 통제할 수 있는 실험설계를 모두 고른 것은?

ㄱ. 솔로몬 4집단설계(Solomon four-group design)
ㄴ. 단일집단 사전사후검사설계(one-group pretest-posttest design)
ㄷ. 단일집단 사후검사설계(one-group posttest-only design)
ㄹ. 통제집단 사후검사설계(posttest-only control group design)

① ㄹ ② ㄱ, ㄹ ③ ㄴ, ㄷ ④ ㄱ, ㄴ, ㄹ ⑤ ㄴ, ㄷ, ㄹ

**정답 ②** | 외부사건의 통제를 위해서는 통제집단을 설정하는 것이 필요하다.

8. 다음과 같은 절차로 진행된 유사(준)실험설계의 특징으로 옳지 않은 것은?

- 우울예방 프로그램에 참여할 하나의 집단을 모집함
- 우울검사를 일정한 간격으로 여러 차례 실시함
- 우울예방 프로그램을 진행함
- 우울검사를 동일한 측정도구를 이용해 일정한 간격으로 여러 차례 실시함

① 통제집단을 두기 어려울 때 사용할 수 있다.

② 검사효과가 발생할 수 없다.

③ 정태적 집단비교설계(static-group comparison design)보다 내적 타당도가 높다.

④ 개입효과는 사전검사와 사후검사 측정치의 평균을 비교해서 측정할 수 있다.

⑤ 사전검사와 개입의 상호작용효과가 발생할 수 있다.

**정답 ②** | 단순시계열설계에 해당하는 것으로 동일한 도구로 여러 차례 조사를 진행하여 검사효과가 발생할 가능성이 높다.

CHAPTER 05

# 단일사례설계

1. 단일사례설계의 개념과 기본구조
2. 단일사례설계의 유형
3. 기록 및 평가

Chapter

# 05 단일사례설계

**학습목표**

- 단일사례설계의 개념과 기본구조를 인지할 수 있다.
- 단일사례설계의 다양한 유형들을 이해하고 실천현장에서 활용할 수 있다.
- 단일사례설계의 측정과 기록방법을 설명할 수 있다.
- 단일사례설계의 개입에 대한 평가를 할 수 있다.

## 1. 단일사례설계의 개념과 기본구조

### 1) 단일사례설계의 개념

단일사례설계(single case design)는 단순시계열설계를 '하나의 사례'에 적용한 것으로, 단일사례실험, 단일대상설계, 단일체계설계 등으로 부른다. 개인이나 가족 또는 소집단 등의 대상이 갖고 있는 문제를 해결하기 위해 개입을 하고, 개입의 효과를 과학적 방법으로 입증하는 것이다. 사회복지실천현장에서는 주로 단일사례설계를 통하여 프로그램 개입의 효과성을 입증하게 된다. 문제 혹은 욕구를 가지고 있는 클라이언트에게 개입했을 때 실제적으로 얼마나 효과가 있는지를 체계적으로 평가할 수 있으며, 이는 사회복지 실천기술을 향상시키고, 실천이론을 발전시키는 데 중요한 역할을 한다. 단일사례설계는 다음과 같은 특징을 가진다.

① 단일사례설계의 가장 우선시 되는 목표는 클라이언트의 문제에 대한 개입의 효과성을 분석하는 것이다.

② 하나의 사례에 반복적인 관찰이 이루어지며, 이를 통해 경향과 변화를 파악할 수 있다.

③ 반복 측정이 통제집단의 역할을 하지만, 반면, 이것으로 인해 테스트효과가 나타날 수 있다.

④ 개입 전과 개입 후의 변화를 그래프로 나타내어, 개입의 효과를 명확히게 파악할 수 있다.

⑤ 실천과정 자체가 조사연구과정이 될 수 있으므로 조사연구와 실천과정의 통합이 가능하다.

⑥ 개입의 효과에 대한 피드백이 가능하다.

⑦ 단일사례로 일반화 가능성이 어렵다.

**〈표 5-1〉 단일사례설계와 집단비교설계**

| 구분 | 단일사례설계 | 집단비교실험설계 |
|---|---|---|
| 연구대상 | 개인, 가족, 소집단 | 모집단으로부터 무작위 표본추출 |
| 연구목적 | 표적행동 변화에 대한 개입 효과 분석 | 가설의 검증 |
| 실험처치 | 하나의 사례를 반복 측정하여 집단 간의 비교 효과를 가짐 | 실험집단과 통제집단을 편성하여 사전검사와 사후검사 값을 비교하고 개입의 효과를 평가함 |

## 2) 단일사례설계의 기본 구조

단일사례설계(single-subject design)는 하나의 사례를 대상으로 개입 전과 개입 후의 변화를 비교하여 개입의 효과를 평가하게 되는데, 기본 구조는 다음과 같다.

#### (1) 기초선 단계(A)

개입 전 기초선(baseline) 단계는 연구자가 개입하기 이전단계로, 표적 행동의 상태를 관찰하는 기간이다. 일반적으로 'A'로 표시한다. 기초선 단계는 최소 3회 이상 반복 관찰하여 표적행동의 빈도와 강도, 지속시간 등을 측정하고 기록한다. 반복 측정은 통제집단의 역할을 하게 되며, 이로써 내적 타당도를 높일 수 있다.

#### (2) 개입 단계(B)

기초선 단계에서 관찰된 표적 행동에 대해 개입을 실시하는 단계로, 일반적으로 'B'로 표시한다. 이 단계에서 개입의 효과를 평가하기 위해 표적 행동의 변화를 측정하고 기록하는데, 기초선 단계와 같이 3회 이상 반복 관찰한다.

## 2. 단일사례설계의 유형

단일사례연구설계의 유형은 기초선단계(A)와 개입단계(B)의 결합을 어떤 방식으로 하는지에 따라 AB, ABA, ABAB, BABA, ABCD, 복수기초선설계 등으로 구분한다.

## 1) AB설계

AB설계는 기초선 단계(A) 하나와 개입 단계(B) 하나로 구성된 가장 단순한 단일사례설계 유형이다. A단계에서는 아무런 개입 없이 표적 행동의 변화를 관찰하고, B단계에서 개입한 후 표적 행동의 변화를 관찰한다. 개입 전·후 표적행동을 비교하여 개입의 효과를 평가한다. 예컨대 A단계에서 학교 폭력 가해 학생 K의 폭력 행동 빈도를 4주간 관찰·기록하고, B단계에서는 학교 폭력 예방 프로그램을 시행한 후 효과를 평가한다.

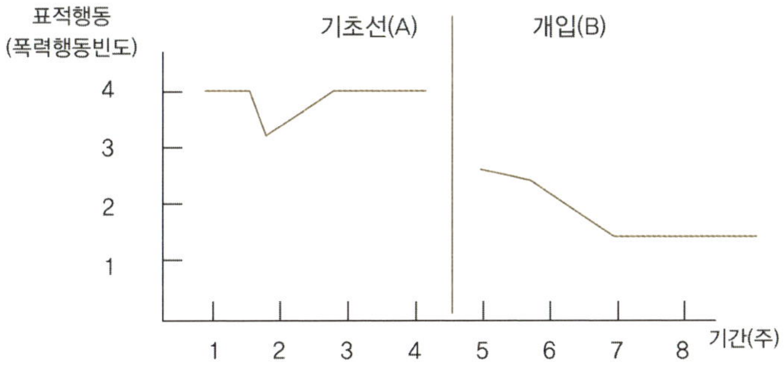


[그림 5-1] AB설계

AB설계는 설계 구성이 단순하여 시행이 간편하고 적용하기 쉽기 때문에 다양한 상황에서 실시할 수 있다. 특히 사회복지 실천현장에서 유용하게 사용할 수 있다. 또한 개입에 대한 평가가 즉각적으로 이루어질 수 있어서 신속하게 결과를 얻을 수 있는 것이 장점이다. 반면, 개입 기간 중 표적 행동에 영향을 미칠 수 있는 다른 변수의 영향력을 통제할 수 없으며 우연한 사건이 발생해 표적 행동 변화에 영향을 줄 수 있다는 단점이 있다.

## 2) ABA설계

AB설계의 단점을 보완하기 위해 개발된 설계로, 개입을 중단하는 제2기초선 단계를 추가하여 외부 사건의 영향을 최소화하고 개입의 효과를 더욱 명확하게 평가할 수 있다. 개입 전, 개입, 개입중단으로 설계하고, 개입중단인 제2기초선 단계에서 개입의 효과가 사라졌다면 개입의 효과를 명확하게 보여 주는 것이다.

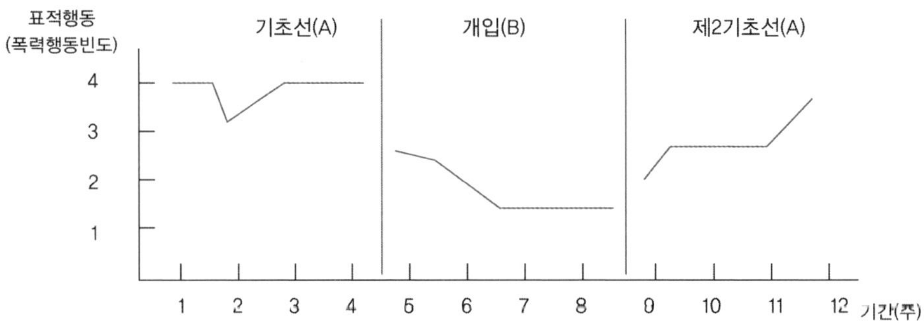


[그림 5-2] ABA설계

ABA설계의 특징을 정리하면 다음과 같다.

① 개입의 중단 후에 제2기초선단계(A)로 돌아가 다시 한번 행동을 측정함으로써 개입의 효과를 명확하게 보여줄 수 있다.

② 제2기초선 단계를 두어 의도적으로 개입을 중단하므로 윤리적인 문제가 있을 수 있다.

③ 개입의 이월효과(carryover effect)가 발생할 수 있다. 이월효과는 개입 단계의 효과가 다음 단계인 제2기초선단계의 결과에 영향을 미치는 것을 말하는데, 제2기초선 단계에서 개입의 효과가 유지된다고 하더라도 이것

이 개입의 효과인지 이월효과인지 판단하기가 어렵다.

### 3) ABAB설계

ABAB설계는 반전(reversal)설계 또는 철회(withdraw)설계라고도 하는데, ABA설계에서 개입 단계(B)를 추가하는 방식이다. 기초선(A)을 관찰하여 측정하고, 일정 기간 동안 개입(B)을 진행한다. 그런 뒤 일정 기간 개입을 중단(A)하는 시간을 가진 후 다시 개입(B)순서로 진행한다. 이처럼 A와 B를 두 번씩 반복하여 진행함으로써 개입이 있었을 때와 그러지 않았을 때의 차이를 보다 명확하게 확인할 수 있다. 즉, 외생변수를 통제함으로써 내적 타당도를 높여 개입의 효과를 확신할 수 있고, 개입의 효과가 일시적이지 않고 지속적으로 유지되는지 확인할 수 있다는 장점이 있다. 반면, ABAB설계 또한 의도적으로 개입을 두 차례나 중지하기 때문에 윤리적인 문제를 발생시키고, 제2기초선과 제2개입 단계의 경향이 유사한 경우에는 그 원인 파악이 어렵다. 또한 AB설계나 ABA설계보다 시간이 오래 걸린다는 단점이 있다.

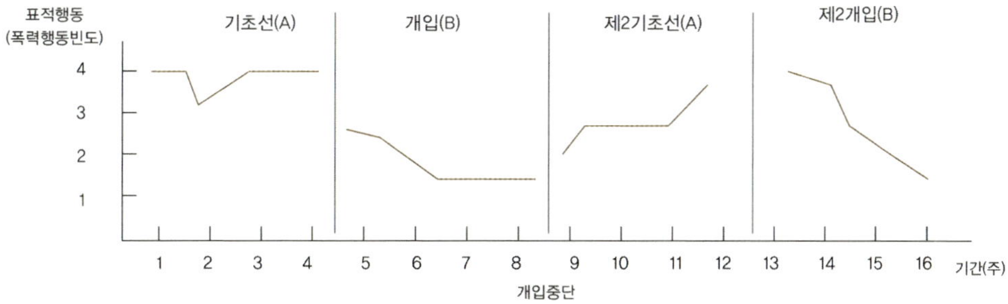


[그림 5-3] ABAB설계

### 4) BAB설계

BAB설계는 즉시 개입해야 하는 시급한 사례에 사용하며, 기초선(A) 없이 바로 개입(B)을 진행한 후, 개입을 중단하여 측정하고 다시 개입(B)을 진행한다. 신속한 개입을 통해 위기에 대응할 수 있다는 장점이 있지만, 외생변수의 통제가 어렵고 최초 개입 효과가 기초선단계에서 유지되는 경우 개입의 효과인지 다른 요인에 의한 것인지 판단하기 어렵다는 단점이 있다.

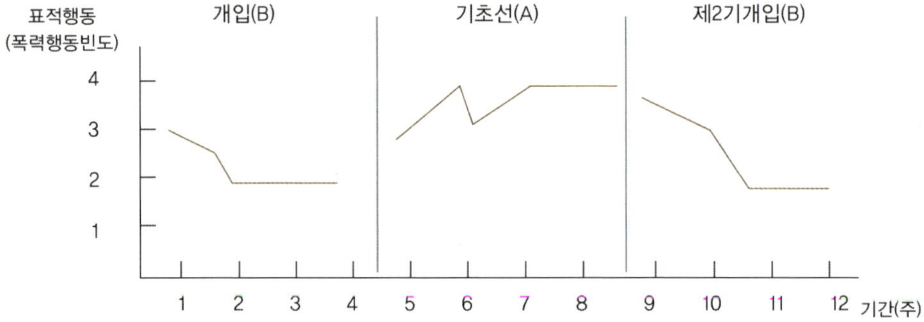


[그림 5-4] BAB설계

### 5) ABCD설계(다중요소설계, 복수요소설계)

개입의 효과가 나타나지 않을 경우 클라이언트와 합의하여 개입방법을 변경할 수 있는데, 하나의 기초선에 개입방법을 다양하게 적용해 보는 방법이다. 기초선 단계(A)에서 개입이 시작되기 전의 상태를 측정하고, 개입 단계(B)는 첫 번째 개입방법을 적용하여 그 효과를 측정한다. 첫 번째 개입방법에 효과가 없을 경우 두 번째 개입(C) 방법, 세 번째 개입(D)으로 변경하여 적용하고 그 효과를 측정한다. 이 방법은 하나의 기초선에 다른 프로그램이나 실천방법을 적용하여 그 효과성을 측정하는 데 실용적이며, 클라이언트에게 적합한 새로운 개입방법을 적용할 수 있다는 장점이 있어서 사회복지실천 현장에서 유용하게 활용할 수 있다. 반면 개입의 효과가 다음 단계에서 나타나는 이월효과 문제와 개입의 순서가 결과에 영향을 미치는 순서효과를 통제하기 어렵다는 단점이 있다. 순서효과를 통제하는 방법은 개입방법을 순서대로(B,C,D) 배정하지 않고, BDC 또는 DBC, DCB와 같이 무작위로 순서를 배정할 수 있다.

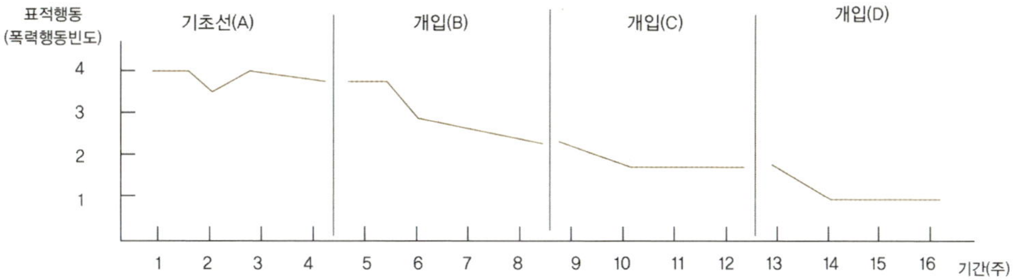


[그림 5-5] ABCD설계

## 6) 복수기초선설계(Multiple Baseline Design)

여러 개의 기초선에 대해 하나의 개입방법을 동시에 적용하여 그 효과를 평가한다. 즉 동일한 개입방법(AB설계)을 다수의 문제 혹은 다수의 대상이나 상황에 적용하여 진행한 다음 적용한 개입방법의 효과가 유사한지 살펴보는 방법이다. 예컨대, 친구에게 폭력을 가하는 청소년 K, L, P 3명에 대해 동일한 개입방법을 적용했을 때 그 효과가 유사하게 나타났다면 개입방법에 대한 신뢰도는 높다고 할 수 있다. 기초선의 개수가 많을수록 내적 타당도는 증가하므로 기초선은 적어도 3개 이상 설정하는 것이 바람직하다. 기초선으로 설정할 수 있는 것은 대상자 간, 상황 간, 문제 간 복수기초선설계가 있다.

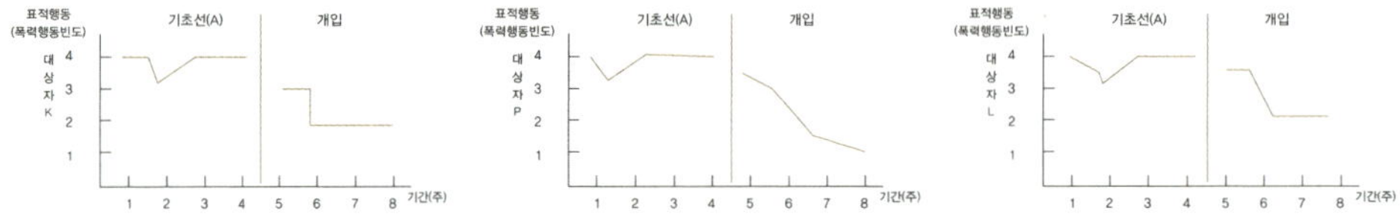


[그림 5-6] **복수대상자 기초선설계**

### ① 대상자 간 복수기초선설계

동일한 상황에서 같은 문제를 가진 다양한 사람에게 동일한 개입방법을 실시하여 유사한 문제를 가지고 있는 대상자 모두에게서 유사한 효과가 나타나는지 비교하는 것이다. 위의 사례처럼 친구에게 폭력을 가하는 청소년 K, L, P 3명에게 동일한 개입방법을 진행하여, 3명 모두에게서 표적행동이 낮아졌다면 개입의 효과가 있다고 볼 수 있다.

### ② 상황 간 복수기초선설계

동일한 개입방법을 동일한 대상자에게 상황을 달리하여 적용하는 방법이다. 친구에게 폭력을 가하는 비행 청소년 K에 대해 학교폭력예방 프로그램을 개입한 후 K의 폭행이 학원, 학교, 동네 등 장소에 관계없이 그 행동이 감소했다면 개입의 효과가 크다고 할 수 있다.

### ③ 문제 간 복수기초선설계

동일한 개입방법이 같은 상황에서 같은 대상자의 다른 문제에 적용되는 경우인데, 비행 청소년 K의 표적행동을 또래 괴롭힘, 음주, 흡연으로 설정하고 프로그램을 개입한 후 3가지의 표적행동이 모두 줄어들었다면 프로그램의 개입 효과가 크다고 할 수 있다. 이때 문제행동은 상호독립적이어야 한다.

# 3. 기록 및 평가

## 1) 측정 및 기록방법

### (1) 측정

단일사례설계에서는 연구자가 클라이언트 표적행동을 직접관찰하는 방식과, 클라이언트 스스로 자신의 사고나 감정 등 내적인 상태에 대해 평가하는 자기보고식척도, 표준화된 측정도구를 이용하는 방식이 있다.

### (2) 기록방법

단일사례설계에서 자료를 기록하는 방법에는 시간간격 기록, 빈도 기록, 지속기간 기록, 정도 기록, 간헐적점검 기록, 영구적 생산물 기록이 있다.

#### ① 시간간격 기록(interval recoding)

일정한 관찰 기간에 관찰하고자 하는 행동이 일어나는 시점을 일정한 시간 간격으로 체크하여 기록한다. 보통 5분, 10분, 15분 등으로 설정하여, 행동이 일어날 때마다 기록하거나, 일정 시간 간격으로 기록한다. 시간 간격이 짧을수록 정확한 관찰이 될 수 있다.

#### ② 빈도 기록(frequency recoding)

정해진 관찰기간에 표적 행동이 몇 번 일어났는지 기록한다. 행동이 일어난 횟수를 세어 기록하거나, 디지털 장비를 사용하여 기록할 수 있다.

③ 지속기간 기록(duration recoding)

정해진 관찰기간 동안 표적 행동이 발생했을 때, 얼마 동안 지속되었는지를 기록한다. 지속시간은 초 단위로 기록하며, 디지털 장비를 사용할 수 있다.

④ 정도 기록(magnitude recoding)

정해진 관찰 기간에 표적 행동의 양이나 수준 혹은 강도 등의 정도가 어떠했는지를 관찰한다. 표적 행동의 정도를 수치화하거나, 시각적으로 기록할 수 있다.

⑤ 간헐적 점검 기록(spot-check recoding)

관찰 시간을 정해 놓고, 관찰자가 불규칙적으로 관찰하며, 관찰하는 순간에 표적 행동이 나타나는지를 기록하는 것이다. 따라서 규칙적으로 관찰하는 경우보다 덜 관여적이다.

⑥ 영구적 생산물 기록(permanent product recoding)

표적 행동을 관찰자가 직접 관찰하는 것이 아니라 표적 행동에 의해 만들어진 결과를 기록한 기록물을 관찰하여 기록하는 방식이다. 예컨대, 사회복지서비스 이용기록, 학교성적, 출석 기록 등이 있다.

## 2) 개입의 평가

### (1) 시각적 변화분석

시각적 변화 분석은 단일 사례 설계에서 개입 전후의 변화를 그래프를 이용하여 시각적으로 보여주는 방법으로, 변화의 파동, 수준, 경향을 파악하여 개입의 효과를 평가하는 방법이다.

① **변화의 파동:** 개입 전후 표적 행동이 얼마나 일관되게 변하는지를 보여주는 개념으로, 파동은 표적 행동의 변동성을 의미하며, 시각적 변화분석을 통해 개입 효과를 평가할 수 있다. 파동이 크다는 것은 표적 행동이 불규칙하게 변하거나 변동성이 높다는 의미이므로, 파동이 크다면 기초선과 관찰 수를 늘려 변화의 일정한 유형을 파악할 수 있다.

② **변화의 수준:** 표적 행동의 점수가 어느 위치인지를 나타내는 것으로, 기초선과 개입단계 간의 차이가 클수록 개입 효과가 크다고 해석된다.

③ **변화의 경향:** 기초선과 개입단계의 변화 경향을 분석하는 것으로, 그래프의 기울기로 변화속도를 평가할 수 있다. 기울기가 클수록 표적 행동의 변화속도가 빠른 것으로 해석할 수 있다.

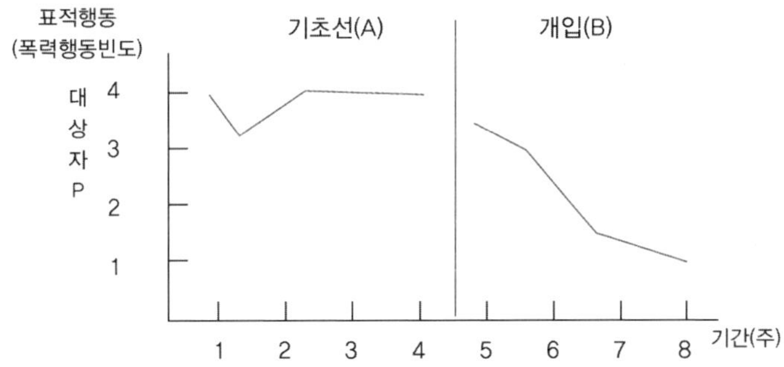


**[그림 5-7] 시각적 변화분석**

위의 그림에서 보면, 기초선과 개입 후 모두 파동이 작아 안정적인 변화를 보이며, 개입 후에는 폭력 행동이 일관되게 감소하는 경향을 보인다. 또한 기초선과 개입 후 점수 수준의 차이가 클수록 개입 효과가 크다고 해석할 수 있는데, 이 그래프에서는 변화의 수준 차이가 매우 큰 것으로 보아 개입이 폭력 행동 감소에 강력한 효과를 발휘했다고 평가할 수 있다. 변화의 경향 측면에서는 기초선과 개입 후의 경향이 뚜렷하게 다르며, 개입 후 폭력 행동 빈도가 빠르게 감소하는 경향을 보이는 것으로, 개입의 효과가 강력하게 나타났음을 보여주고 있다.

### (2) 통계학적 분석

통계학적 분석은 시각적 변화분석의 그래프에서 나타난 자료를 통계적으로 분석하여 시각적 변화분석을 보완할 수 있다. 평균비교 방법과 경향선 분석 두 가지가 있다.

#### ① 평균비교법

기초선 단계의 평균값과 개입 단계의 평균값을 비교하여 개입의 효과를 평가하는 방법이다. 기초선을 기준으로 개입선의 평균이 기초선의 평균보다 일반적으로 표준편차 ±2 이상 벗어나 있으면 통계학적으로 의미가 있다고 판단하며, 개입이 효과적이라고 본다. 평균비교 방법은 개입 전후의 평균을 비교하여 개입의 효과를 평가하기 때문에, 주관적인 판단이 개입될 가능성이 적고, 비교적 정확한 결과를 얻을 수 있다. 또한 개입의 효과를 평가한 결과를 다른 사례나 집단에 적용할 수 있기 때문에, 일반화 가능성이 높은 장점이 있다. 반면, 개입 전후의 평균을 비교하는 과정에서 외부 요인의 영향을 배제하기 어려울 수 있으며, 개입 전후의 평균을 비교하기 위해서는 반복적인 측정이 필요한데, 이는 시간과 비용이 많이 소요될 수 있다.

#### ② 경향선 접근법

평균비교 분석법의 경우는 기초선의 변화 폭만 고려하지만, 경향선 분석은 기울기까지 고려해서 분석하는 방법이다. 기초선(A)의 관찰점을 전반과 후반으로 나누고 각각의 평균을 구해 직선을 그어 두 평균점을 잇는다. 즉, 전반 평균(6.5)와 후반 평균(5.3)을 직선으로 이어 개입부분까지 연장한다. 개입 단계의 관찰점이 경향선 위 또는 아래에 있으면 개입이 효과적이라고 해석한다.

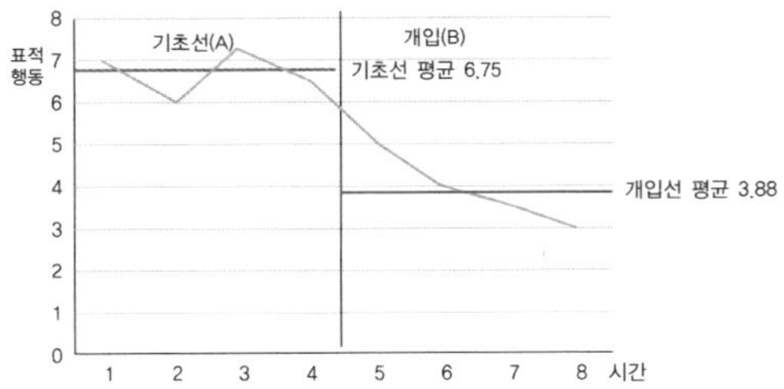

평균비교법

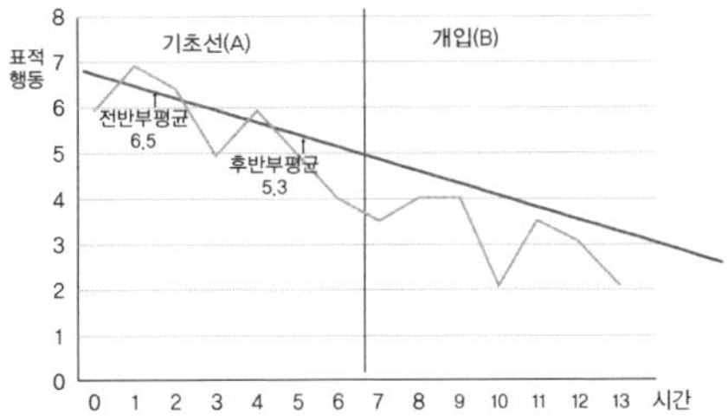

경향선비교법

### (3) 실용적 분석(임상적 분석)

개입 후의 변화가 실제로 발생한 문제에 얼마나 부합하는지를 판단하는 방법이다. 시각적·통계적으로 의미 있는 변화가 있다고 하더라도 그것이 실천적 의미에서 볼 때 개입의 정당성을 보장해 줄 수 있는가를 기준으로 평가한다. 예컨대, 학교폭력 가해자인 청소년에게 프로그램을 개입한 후 폭력 빈도수를 측정한 결과 폭력 횟수가 줄었다고 하면 시각적·통계적으로는 의미가 있지만, 개입으로 인한 변화인지 실질적으로 분석할 필요가 있다.

## 요점정리

- 단일사례설계는 개인이나 가족 또는 소집단 등의 대상이 갖고 있는 문제를 해결하기 위해 개입을 하고, 개입의 효과를 과학적 방법으로 입증하는 것이다.
- 단일사례설계의 기본구조는 기초선 단계인 개입 전 단계(A)와 개입 단계(B)의 두 가지로 구성된다.
- 단일사례설계의 유형에는 AB설계, ABA설계, ABAB설계, ABCD설계, 복수기초선 설계가 있으며, 가장 기본적인 구조는 AB설계이다.
- 단일사례설계의 기록은 시간간격, 빈도, 지속기간, 정도, 간헐적 점검, 영구적 생산물 기록 방법을 활용한다.
- 단일사례설계의 평가 방법에는 시각적 평가와 통계적 분석, 임상적 분석이 있으며, 시각적 평가에는 파동, 경향, 수준의 세 가지가 있다. 또한 통계적 분석에는 평균비교법과 경향선 접근법이 있다.

## 사회복지사 1급 기출문제

1. 단일사례설계의 개입효과에 관한 설명으로 옳지 않은 것은?

① 개입 후 변화의 파동이 심하면 효과 판단이 어렵다.
② 기초선이 불안정할 경우 기초선의 경향선을 이용하여 통계적으로 개입효과를 판단한다.
③ 기초선에서 개입기간까지의 경향선을 통해 시각적으로 개입효과를 판단한다.
④ 기초선과 개입기간 두 평균값의 통계적 검증을 통해 개입효과를 판단한다.
⑤ 개입 후 상당한 기간이 지나 최초의 변화가 발생할 경우 개입효과가 있다고 판단한다.

**정답 ⑤** | 개입 후 상당한 기간이 지나 최초의 변화가 발생할 경우 그 변화가 개입효과인지 다른 요인으로 인한 것이지 판단하기가 어렵다.

2. 단일사례설계 중 다중기초선 설계에 관한 설명으로 옳지 않은 것은?

① 내적 타당도 저해요인을 통제하기 위한 주요 수단으로 개입의 철회를 사용한다.
② 일부 연구대상자에게 개입의 제공이 지연되는 문제를 갖는다.
③ 연구대상자의 수가 증가할수록 내적 타당도는 증가한다.
④ 동일한 개입을 특정 연구대상자의 여러 표적행동에 적용하여 개입의 효과를 평가할 수 있다.
⑤ 수집된 자료의 분석을 위해 통계적 방법이 사용되기도 한다.

**정답 ①** | 내적 타당도 저해요인을 통제하기 위한 수단으로 개입의 철회를 사용하는 유형은 ABA설계, BAB설계, ABAB설계이다.

3. 단일사례설계에 관한 설명으로 옳지 않은 것은?

① 기초선 국면과 개입 국면이 있다.
② 연구대상과 개입방법은 여러 개가 될 수 없다.
③ 조사연구 과정과 실천 과정의 통합이 가능하다.
④ 경향과 변화를 파악하도록 반복 관찰한다.
⑤ 통계적 원리를 적용하여 분석할 수 있다.

**정답 ②** | 단일사례연구는 한 사례만을 다루는 것이지, 한 사람, 한 방법만을 말하는 것이 아니다. AB설계를 여러 문제, 여러 상황, 여러 대상자에게 적용할 수 있다.

4. 단일사례 연구에 관한 설명으로 옳지 않은 것은?

① 개인과 집단뿐만 아니라 조직이나 지역사회도 연구대상이 될 수 있다.

② 외적 타당도가 높다.

③ 개입의 효과에 대한 즉각적인 피드백이 가능하다.

④ 조사연구 과정과 실천과정이 통합될 수 있다.

⑤ 반복 측정으로 통제집단효과를 볼 수 있다.

**정답 ②** | 단일사례연구는 개인, 집단, 지역사회와 같은 대상에 대하여 한 가지의 사례를 다루는 것이다. 한 사례만을 다루므로 이 결과를 일반화하는 데에는 한계가 있다.

5. 단일사례설계방법에 관한 설명으로 옳은 것은?

① ABCD설계는 여러 개의 개입효과를 개별적으로 증명하기 위한 설계이다.

② AB설계는 외부요인을 충분히 통제할 수 있기 때문에 여러 유형의 문제에 적용가능하다.

③ 복수기초선설계는 기초선 단계 이후 여러 개의 다른 개입방법을 순차적으로 적용한다.

④ ABAB설계는 외부요인을 통제할 수 있어 개입의 효과를 확인할 수 있다.

⑤ 평균비교는 기초선이 불안정할 때 기초선의 변화의 폭과 기울기까지 고려하여 결과를 분석하는 방법이다.

**정답 ④** | ABAB설계는 개입의 효과를 가장 크게 확신할 수 있는 설계로 개입중단 후 재개입을 통하여 외생변수를 거의 다 통제할 수 있는 장점이 있다. 그러나 단점은 개입지속효과가 생길 수 있다는 점이다.

6. 단일사례설계에 관한 설명으로 옳은 것을 모두 고른 것은?

ㄱ. BA설계는 개입의 긴급성이 있는 상황에 적합하다.
ㄴ. ABAC설계는 선행 효과의 통제가 가능하다.
ㄷ. ABAB설계는 AB설계에 비해 외부사건의 영향력에 대한 통제력이 크다.
ㄹ. 복수기초선디자인은 AB설계에 비해 외부사건의 영향력에 대한 통제력이 크다.

① ㄱ, ㄴ ② ㄴ, ㄹ ③ ㄷ, ㄹ ④ ㄱ, ㄴ, ㄷ ⑤ ㄱ, ㄷ, ㄹ

**정답 ⑤** | ABAC설계는 선행효과의 통제를 확신하기 어렵다.

7. 단일사례설계의 결과분석 방법에 관한 설명으로 옳지 않은 것은?

① 시각적 분석은 변화의 수준, 파동, 경향을 고려해야 한다.
② 통계적 분석을 할 때 기초선이 불안정한 경우 평균비교가 적합하다.
③ 평균비교에서는 평균과 표준편차를 함께 고려해야 한다.
④ 경향선 분석에서는 기초선의 측정값을 두 영역으로 나누어 경향선을 구한다.
⑤ 임상적 분석은 결과 판단에 주관적 요소의 개입 가능성이 크다.

**정답 ②** | 단일사례설계에 있어서 통계적 분석은 기초선이 비교적 안정적이고 수치화하는 것이 가능할 경우, 기초선과 개입단계의 평균을 구하여 비교하는 방법이다.

8. 단일사례연구에 관한 설명으로 옳지 않은 것은?

① 복수의 각기 다른 개입방법을 연속적으로 도입할 수 없다.
② 시계열 설계의 논리를 개별사례에 적용한 것이다.
③ 윤리적인 문제가 발생할 수 있다.
④ 실천과정과 조사연구과정이 통합될 수 있다.
⑤ 다중기초선 설계의 적용이 가능하다.

**정답 ①** | ABCD설계의 경우 복수의 개입방법을 도입하여 개입의 효과를 확인하는 방법이다.

CHAPTER 06

# 측정과 척도

1. 측정
2. 측정의 신뢰도와 타당도
3. 척도

Chapter

# 06 측정과 척도

**학습목표**

- 측정의 개념을 이해할 수 있다.
- 척도의 수준을 구분하고 그 내용을 설명할 수 있다.
- 신뢰도와 타당도의 개념을 정의하고, 각각의 평가방법을 설명할 수 있다.
- 측정오류를 설명할 수 있다.
- 수준별 척도의 유형을 인지할 수 있다.

## 1. 측정

### 1) 측정의 개념

#### (1) 측정의 의의

측정(measurement)은 연구자가 관심을 가지고 있는 현상이나 대상, 개념에 대하여 일정한 규칙에 따라 숫자를 부여하는 과정이며, 추상적인 개념을 측정 가능한 수준으로 구체화하는 과정이다. 특히 사회복지영역에서 주로 다루는 개념들은 '우울감', '만족감', '소외감', '자기효능감' 등과 같은 추상적인 개념들이 많기 때문에 개념화 → 개념(구성) → 개념적 정의 → 조작적 정의 → 측정의 과정으로 개념을 구체화하여 관찰 가능하도록 한다. 예컨대, '스트레스'

라는 추상적인 개념을 측정하기 위해서는 '스트레스 지수'나 '스트레스 척도'와 같은 조작적 정의를 내려야 하며, 이러한 조작적 정의를 통해 '스트레스'를 측정하고 분석할 수 있으며, 연구 결과를 객관적으로 평가할 수 있다.

### (2) 측정의 기능

① 측정은 추상적인 개념(관념적 세계)을 구체적인 수치나 데이터(경험적 세계)로 변환하여, 이 둘 사이를 연결해주는 다리 역할을 한다. 예컨대, '지능'이라는 관념적 개념을 지능검사 점수라는 구체적인 형태로 변환함으로써 객관적이고 실질적인 정보를 제공할 수 있다.

② 측정을 통해 관념적으로 설정된 기준이나 목표와 실제 경험적 결과가 얼마나 일치하는지 확인할 수 있다. 예컨대, 학습 목표를 설정하고 측정을 통해 그 목표에 대한 성취도를 평가함으로써 목표와 결과가 일치하는지를 파악할 수 있다.

③ 측정은 주관적인 관점을 배제하고 대상에 대해 객관적이고 일관된 정보를 제공한다. 예컨대, 표준화된 시험이나 평가 도구를 사용하여 학생들의 성취도를 객관적으로 평가할 수 있다.

④ 측정은 질적인 정보를 양적 정보로 변환하는 기능을 한다. 이를 통해 추상적인 개념이나 속성을 수치로 표현하여 쉽게 비교하고 분석할 수 있게 한다. 예컨대, 고객의 만족도를 1~5점 척도로 평가하거나, 건강 상태를 혈압 수치로 계량화할 수 있다.

⑤ 측정은 동일한 방법을 반복하여 일관된 결과를 산출할 수 있게 하며, 이는 결과의 신뢰성을 높이게 된다. 또한, 측정 결과는 다양한 사람들 간에 객관적이고 명확하게 의사소통될 수 있는 정보를 제공하여, 협력과 소통을 원활하게 한다.

### (3) 측정의 원칙

측정에는 상호배타성의 원칙과 포괄성의 원칙이 있다. 상호 배타성의 원칙은 측정치가 하나 이상의 범주에 속할 수 없도록 해야 하는 것을 의미한다. 예컨대, 소득수준을 수치화 한다면, '① 100만 원 이하 ② 100만 원 이상'으로 수치를 부여한다면, 응답자의 소득이 100만 원인 경우 두 범주에 동시에 속하게 된다. 따라서 이 경우라면 '① 100만 원 미만 ② 100만 원 이상'으로 수치화하여 상호배타성의 원칙을 충족해야 한다. 즉, 응답할 범주가 두 가지 이상 중복되지 않도록 해야 한다. 반면, 포괄성의 원칙은 한 변수의 측정을 위해서는 그 안에 포함된 모든 속성들이 포괄적으로 나타날 수 있어야 함을 말한다. 즉, 응답자가 응답할 범주가 부족하지 않도록 해야 함을 말한다. 예컨대, '① 100만 원 미만 ② 100만 원 이상 200만 원 미만 ③ 200만 원 이상 300만 원 미만 ④ 300만 원 이상 400만 원 미만 ⑤ 400만 원 이상 500만 원 미만'으로 수치화했을 때, 월 소득수준이 1,000만 원인 K는 선택할 수 있는 범주가 없다. 이 경우라면 '⑤ 400만 원 이상'으로 수치화하여 5번을 선택할 수 있도록 해야 한다.

## 2) 측정수준(Level of measurement)

측정수준과 척도는 명목측정/명목척도, 서열측정/서열척도, 등간측정/등간척도, 비율측정/비율척도가 있으며, 각 수준으로 측정된 변수를 명목변수, 서열변수, 등간변수, 비율변수라 한다. 측정수준은 명목측정 〈 서열측정 〈 등간측정 〈 비율측정 순이며, 높은 측정수준은 낮은 측정수준이 갖는 속성을 모두 포함한다. 높은 측정수준은 낮은 측정수준으로 변환하는 것이 가능하나, 낮은 측정수준은 높은 수준으로 변환하는 것이 불가능하다. 측정수준이 높은 변수일수록 고급통계 기법을 적용할 수 있다.

### (1) 명목척도(nominal scale)

가장 낮은 수준의 측정으로, 데이터를 분류하거나 식별하기 위한 목적으로 수치를 부여한다. 예컨대, 성별에서 남자는 1로, 여자는 2로 연구자가 임의로 수치화하는데, 이 숫자에는 서열이나 값의 크기, 평균에 대한 의미는 없고 단지 이름표 역할만 한다. 각 범주들은 명확한 특징을 가져야 하고, 상호배타성과 포괄성을 지녀야 한다.

> **예**
> 종교, 지역, 게질, 인종, 혈액형, 직업, 능번호, 결혼여부, 장애유형, 사회복지시설유형 등

### (2) 서열척도(ordinal scale)

대상의 순서나 상대적인 크기를 파악하는 데 사용되며, 이 수준에서는 값 간의 간격이 일정하지 않으며, 주로 순위나 등급을 매기는 데 사용된다. 속성 간의 상대적인 순위일 뿐이므로 상징적인 높고 낮음만 알려준다. 즉 '1등이 3등보다 2단계 높다'라는 표현은 성립이 되지 않는다. 서열척도도 각 범주로 구성되므로 상호배타성과 포괄성의 원칙이 지켜져야 한다.

> **예**
> 학점(A,B,C,D,F), 학력(1=초졸 이하, 2=중졸, 3=고졸, 4=대졸), 자격급수(사회복지사 1급, 사회복지사 2급), 등수(1등, 2등, 3등..), 노인장기요양등급, 소득수준, 선호도, 만족도 등

### (3) 등간척도(interval scale)

서열 척도보다 한 단계 더 발전한 수준으로, 측정 대상의 속성에 따른 서열화가 가능하며, 수치 간 간격 또한 동일하다는 특징을 가진다. 사칙연산 중 덧

셈과 뺄셈은 가능하나, 절대영점이 없기 때문에 곱셈과 나눗셈 같은 비율계산은 할 수 없다. 즉, 몇 배 더 덥다, 몇 배 더 높다 등의 표현은 할 수 없다.

> **예시**
> 온도, 지능지수(IQ), 물가지수, 생산성 지수, 사회지표 등
> 온도의 경우 10도와 20도의 차이와 20도와 30도의 차이는 동일하게 10도 차이가 나는 것으로 해석할 수 있다. 하지만 10도보다 20도가 2배 더 덥다고는 할 수 없다.

### (4) 비율척도(ratio scale)

가장 높은 측정 수준으로, 명목측정, 서열측정, 등간측정의 기능을 모두 다 가지면서, 절대적인 0점이 존재한다. 또한 이 수준의 측정에서는 모든 사칙연산이 가능하다. 자녀의 수가 1명과 2명의 차이와 5명과 6명의 차이가 1명으로 동일할 뿐만 아니라 4명이 2명보다 두 배 더 많다고 할 수 있다. 즉, 이 수준에서는 측정대상의 크기를 정확하게 비교하고 계산할 수 있다. 키, 몸무게, 소득, 투표율, 거주 기간 등이 비율측정에 해당한다.

> **절대 영점**
> 대상의 속성이 전혀 없음을 의미하며, 그보다 더 작은 수는 없다는 뜻이다. 진정한 zero를 의미한다.
>
> ☛ **등간척도와 비율척도 영점의 비교**
> - 등간척도
>   - 온도의 0도: 온도가 없는 것이 아닌, 물이 얼기 시작하는 지점을 0으로 설정한 것
>   - 지능지수(IQ)의 0: 지능이 없는 것이 아님
> - 비율척도
>   - 자녀 0명: 자녀가 없다는 것
>   - 소득 0: 소득이 없다는 것

〈표 6-1〉 **척도별 특성**

| 구분 | 명목척도 | 서열척도 | 등간척도 | 비율척도 |
|---|---|---|---|---|
| 범주 | O | O | O | O |
| 서열(순위) | X | O | O | O |
| 등간격 | X | X | O | O |
| 절대영점 | X | X | X | O |
| 비교기준 | 확인, 분류 | 순위비교 | 간격비교 | 절대크기 |
| 수학(사칙연산) | 불가 | 원칙적 불가, 더하기, 빼기 예외적 사용 가능 | 더하기, 빼기 | 더하기, 빼기, 곱하기, 나누기 |
| 예 | 성별, 계절, 종교, 결혼여부, 인종, 지역 등 | 석차, 사회계층, 학력, 선호도, 만족도, 등수 | 지능지수, 온도, 물가지수 등 | 시청률, 투표율, 가격, 무게, 저축, 신장, 출생률 등 |

### (5) 변수와 측정수준

연구자는 조사 목적과 조사 대상의 특성을 고려하여 적절한 측정 수준을 선택해야 한다. 즉, 같은 변수라도 측정수준을 다르게 하여 응답률을 높일 수 있다. 예를 들어, '학력'이라는 변수를 '① 중졸 미만 ② 중졸 ③ 고졸 ④ 대졸 이상'과 같이 서열척도로 구성할 수 있다. 또한, 정규교육을 받은 기간을 5년, 10년, 15년으로 측정하게 되면 이는 비율척도가 된다. 특히 민감성을 가지는 변수인 경우, 직접 기입하는 것 보다는 범주를 구성하여 측정하는 것이 응답률을 높일 수 있다. 예컨대, 소득을 직접 기입하는 방법보다는 '① 100만 원 미만 ② 100만 원 이상 300만 원 미만 ③ 300만 원 이상 500만 원 미만 ④ 500만 원 이상'으로 구성한다면 대상자가 좀 더 편안하게 응답할 수 있다.

# 2. 측정의 신뢰도와 타당도

## 1) 측정의 신뢰도

### (1) 신뢰도의 개념

신뢰도(reliability)는 측정 도구가 대상을 반복적으로 측정했을 때 일관성 있게 동일한 결과를 나타내는 것을 말한다. 즉, 어떤 측정도구를 사용해서 동일한 대상을 측정하였을 때 항상 같은 결과가 나온다면 이 측정도구는 신뢰도가 높다고 할 수 있다. 예컨대 체중계를 이용하여 5회에 걸쳐 영희의 몸무게를 재었더니, 50kg, 49kg, 50.5kg, 50kg, 51kg으로 50kg에 근접하게 나왔다면, 이 체중계는 신뢰도가 높다고 할 수 있다. 이러한 신뢰도는 측정의 일관성과 안정성, 예측가능성을 판단하는 기준이 된다. 신뢰도가 높다고 해서 반드시 우수한 연구결과를 보장하는 것은 아니지만, 신뢰도가 낮으면 연구 결과의 해석이 왜곡되고, 잘못된 결론을 초래할 수 있다.

### (2) 신뢰도의 평가 방법

측정값의 일관성이 있으려면 해당 척도의 신뢰도를 확인하여야 한다. 측정의 신뢰도를 검증하는 방법은 검사-재검사법, 대안법, 내적 일관성 신뢰도법이 있다.

#### ① 검사-재검사법(재검사법, test-retest method)

가장 기초적인 신뢰도 검증 방법으로, 동일한 척도를 사용하여 동일한 대상자에게 두 번에 걸쳐 검사를 실시한다. 두 번의 검사결과를 비교하여 상관관계가 높으면 신뢰도가 높은 것으로 간주한다. 재검사법은 동일한 검사를 반복 시행하기 때문에 대상자는 앞에 실시했던 검사에 대한 기억이 있을 수 있고, 이는 두번째 검사에 영향을 미칠 수 있다. 이를 검사효과라 한다. 재검사법은 이런 검사효과 때문에 실제보다 신뢰도가 높게 나올 수 있다. 따라서 첫 번째 검사 후에 최소 2주에서 4주간의 시차를 두는 것이 좋으며, 최대 6개월은 넘기지 않는 것이 바람직하다. 재검사법은 시차 이외에도 검사 시 심리적·육체적 상태에 따라 검사 결과가 달라질 수 있으며, 검사 당일의 날씨, 주변 소음 등도 신뢰도에 영향을 미칠 수 있다. 그러므로 가급적 동일한 상황을 재현하도록 노력하여야 한다.

② 대안법(alternate-form method)

복수양식법, 평행양식법, 동형검사법, 유사양식법이라고도 하는데, 동일한 대상에게 유사한 다른 척도를 사용하여 측정하고 그 결과의 상관관계를 비교한다. 대안법은 서로 다른 측정 도구를 사용하기 때문에 기억효과와 연습효과를 최소화할 수 있어 검사효과를 극복할 수 있다. 반면, 두 개 이상의 유사한 다른 측정 도구를 개발하고, 이를 동일한 대상에게 실시해야 하기 때문에 비용과 시간이 많이 소요된다. 또한 두 개 이상의 측정 도구를 개발하다 보면 난이도에 차이가 있을 수 있고, 이로 인해 일관성이 부족해서 신뢰도를 떨어뜨릴 수 있다는 단점이 있다.

③ 내적 일관성 신뢰도법

하나의 측정 도구를 사용하여 한 번에 측정한 후, 내부 문항들 간의 일관성을 평가하여 신뢰도를 측정하는 방법이다. 여기에는 반분법, 크론바하의 알파계수가 있다.

• 반분법(이분적기법, Split-Half method)

연구자가 하나의 측정 도구를 임의로 반으로 나누어 측정한 후 그 결과에 대해 상관관계를 분석한다. 한 번에 측정이 이루어지므로 재검사법의 검사효과를 극복할 수 있고, 하나의 척도를 사용하므로 대안법의 척도 개발에 드는 비용과 시간을 줄일 수 있다. 반면에, 반분된 두 개의 측정 문항에 대한 측정도구 간 동질성 확보가 어렵고, 측정 문항이 적은 경우는 사용할 수 없다는 단점이 있다. 반분하는 방법은 문항 전체를 순서에 따라 전과 후로 반복하는 전후법, 짝수 번 문항과 홀수 번 문항으로 반분하는 기우법, 무작위로 반분하는 단순무작위법이 있으며, 최근에는 단순무작위법을 선호하는 경향이 있다.

• 크론바하의 알파계수

반분 방식에 따라 신뢰도가 달라진다는 반분법의 단점을 보완하기 위한 방법으로, 반분 가능한 만큼 수차례 반분하여 각각의 반분신뢰도를 산출한다. 그런 다음 이들의 평균치를 구하여 신뢰도를 측정하는 방법으로 사회조사에서 가장 많이 활용되는 신뢰도 검증방법이다. 크론바하 알파 계수는 0과 1 사이의 값을 가지며, 값이 높을 수록 내적 일관성이 높고, 신뢰도가 높다고 볼 수 있다. 일반적으로 알파 값이 0.6~0.7 이상이면 신뢰도가 높은 것으로 간주한다.

### (3) 신뢰도를 높이기 위한 방안

① 문항의 수를 늘리기

문항의 수가 많을수록 측정 오차가 줄어들기 때문에 신뢰도가 높아진다. 하지만, 문항의 수가 너무 많으면 응답자가 지루해하거나 피로해질 수 있으므로 적절한 문항 수를 선택한다.

② 문항의 난이도를 조절하기

문항의 난이도를 적절하게 조절하여 측정 대상의 능력을 정확하게 측정할 수 있도록 한다.

③ 명확하고 일관된 문항 작성

문항이 애매하거나 복잡하게 작성되면 응답자들이 혼란을 느끼고, 일관성 없는 응답을 할 수 있다. 따라서 문항을 간결하고 명확하게 작성하여 응답자가 질문의 의미를 쉽게 이해할 수 있도록 하고, 동일한 개념을 측정하기 위해 일관된 용어와 표현을 사용한다.

④ 측정 대상의 특성을 고려하기

측정 대상의 특성을 고려하여 측정도구를 개발하고, 측정 방법을 선택해야 한다.

⑤ 측정 환경을 통제하기

측정 환경을 통제하여 안정적인 측정이 이루어질 수 있도록 한다.

⑥ 반복 측정하기

반복 측정을 통해 측정 오차를 줄이고, 측정 대상의 변화를 정확하게 파악하여 신뢰도를 높일 수 있다.

⑦ 측정자의 역량을 강화하기

측정자의 역량을 강화하고, 측정 방법을 숙지하여 정확한 측정이 이루어질 수 있도록 한다.

#### ⑧ 내적 일관성 분석 실시하기

내적 일관성 분석을 통해 측정 문항 간의 일관성을 측정하고, 신뢰도가 낮은 문항을 제거하거나 수정한다.

#### ⑨ 표준화된 척도 이용하기

신뢰도가 검증된 표준화된 측정도구를 사용한다.

## 2) 측정의 타당도

### (1) 타당도의 개념

타당도(validity)는 연구자가 측정하고자 하는 개념을 얼마나 정확하게 측정하는지를 나타내는 지표이다. 신뢰도가 측정도구의 일관성과 관련된 것이라면 타당도는 실제 내용을 얼마나 정확하게 측정하고 있는가를 말하는 것이다. 예컨대, 영희의 실제 몸무게가 50kg인데, 5회 측정한 결과 전부 60kg으로 측정했다면, 이 체중계는 60kg이라는 수치를 일관성 있게 보여주어 신뢰도는 높다고 할 수 있으나, 실제 몸무게인 50kg을 정확하게 측정하지 못하였으므로 타당도는 낮다고 할 수 있다.

### (2) 타당도의 평가 방법

타당도를 평가하는 방법에는 내용타당도, 기준타당도, 구성타당도의 세 유형이 있다. 측정 항목의 타당도 검증의 용이성은 내용타당도, 기준타당도, 구성타당도 순서로 볼 수 있다.

#### ① 내용타당도(content validity)

안면타당도, 액면타당도라고도 하는데, 측정 도구가 연구자가 의도한 개념이나 내용을 충분히 포함하고 있는지를 평가하는 것이다. 주로 해당 분야의 전문가의 의견에 의존하는 것으로, 전문가들이 평가 도구를 검토하고 일치된 의견을 내면, 해당 도구는 내용타당도가 높다고 판단한다. 하지만, 내용타당도는 전문가의 주관적 해석에 의존하기 때문에, 객관적이고 통계적인 검증과정이 포함되지 않는 한계가 있다.

예시 1

장애인들의 직업 훈련 프로그램의 효과를 측정하는 설문 도구를 개발할 때, 장애인복지 전문가와 직업 재활 전문가들이 설문 문항이 프로그램의 효과를 충분히 반영하고 있는지를 평가한다. 전문가들이 직업 기술, 심리적 안정감, 사회 적응력 등 중요한 요소가 충분히 포함되었다고 판단하면, 내용타당도는 높다고 평가할 수 있다.

예시 2

A초등학교는 4학년 수학능력시험의 내용타당도를 확보하기 위해 수학 교사들의 회의를 통해 연산 논리, 기하 등을 포함하기로 결정하였다(12회 사회복지사 1급 기출 사례).

#### ② 기준타당도(criterion validity)

실용적 타당도, 경험적 타당도라고도 하는데, 연구자가 타당도를 검증하고자 하는 측정도구와 기존에 만들어진 타당도가 검증된 측정 도구와의 점수를 비교하여 타당도를 평가한다. 비교 시점에 따라 예측타당도와 동시타당도로 구분할 수 있다.

- 예측타당도(predictive validity)

미래의 행동이나 성과를 예측하는 데 사용하는 것으로, 새로운 측정도구를 개발했을 때, 미래의 행동이나 성과를 예측하는 데 사용할 수 있는지를 평가한다. 측정 도구의 측정 결과가 미래의 행동이나 성과와 유사할수록 예측타당도가 높다고 평가한다.

**예시 1**
수능성적이 우수한 학생이 대학교에서도 우수한 학점을 받으면, 예측타당도가 높다고 할 수 있다.

**예시 2**
종합복지관 채용시험에서 A의 성적은 높았고 B의 성적은 낮았지만, 두 사람 모두 같은 복지관에 입사했다. 입사 후에 B가 A보다 업무 능력이 뛰어난 것으로 나타난다면 이 복지관에서 사용한 채용시험의 예측타당도는 낮았다고 할 수 있다(10회 사회복지사 1급 기출 사례).

• 동시타당도(concurrent validity)

기존에 타당성을 인정받은 측정 도구와 새로운 측정 도구를 동일한 시점에 사용하여 두 도구 간의 결과를 비교하는 방법이다. 두 측정 도구의 측정 결과가 유사할수록 동시타당도가 높다고 할 수 있다.

**예시 1**
새로 개발한 행복감 측정도구를 사용하여 측정한 결과와 이미 검증되고 널리 사용되고 있는 주관적인 행복감 측정도구의 결과를 비교하여 타당도를 확인했다(15회 사회복지사 1급 기출 사례).

**예시 2**
노인복지관 이용자들에게 만족도를 조사하기 위해 척도A를 만들어, 척도A와 기존에 타당도가 높은 것으로 인정받은 척도와의 점수를 비교하여 타당도를 확인했다.

③ 구성타당도(construct validity)

개념구성타당도, 구성체타당도, 구성개념타당도, 개념타당도, 구성타당도 등 다양하게 번역되며, 구성 혹은 구성체는 우울증, 동기, 자아 존중감과 같이 추상적이고 이론적인 개념을 의미한다. 따라서 구성타당도는 측정 결과가 개념을 포함하고 있는 이론과의 상관관계를 비교하여 이론에 얼마나 부합하는지를 평가하는 것이다. 즉, 측정도구가 해당 구성 개념을 잘 반영하는지 판단하며, 가장 수준이 높은 타당도이다.

> **구성타당도 검증 절차**
> 측정하려는 개념을 포함한 이론적 틀을 기반으로 가설 설정 → 측정도구의 결과와 이론적 예측 간의 부합성 확인 → 측정 결과와 이론적 예측의 일치도를 통해 타당성 평가
>
> **예시**
> '우울증 점수는 스트레스 수준과 높은 상관관계를 보일 것이다.' 가설을 설정한다. 우울증 척도가 스트레스 척도와 높은 상관관계를 보이며, 행복감 척도와는 낮은 상관관계를 보인다면, 이론적 예측과 부합하는 것으로 판단한다. 즉, 측정 결과와 이론적 예측 사이의 일치도가 높을수록 측정도구의 타당도가 확보된 것으로 판단한다.

구성타당도는 이해타당도, 집중타당도, 판별타당도로 구분한다.

- 이해타당도(nomological validity): 측정도구가 특정 구성개념에 대해 이론적으로 부합하는지를 검증하는 것이다. 예컨대, 우울증 척도가 스트레스 척도와 높은 상관관계를 보이고, 행복 척도와는 낮은 상관관계를 보여야 한다는 이론적 예측이 있고, 실제 데이터에서도 이러한 관계가 나타난다면, 우울증 척도의 이해타당도가 높다고 평가할 수 있다.
- 집중타당도(수렴타당도, convergent validity): 같은 개념을 상이한 측정 방법으로 측정했을 때 그 측정값 사이의 상관관계가 높으면 그 측정지표는 타당성이 높다고 할 수 있다. 예컨대, 새로 개발한 지능검사 도구로 측정한 점수와 학교 성적과의 상관관계가 높으면, 수렴타당도는 높다고 할 수 있다.
- 판별타당도(discriminant validity): 서로 다른 이론적 구성개념을 나타내는 측정 지표의 결과 간에는 상관관계가 낮아야 함을 의미한다. 즉 서로 다른 개념을 같은 척도로 측정했을 때 두 결과에 차별성이 있어야 한다. 예컨대,

우울증을 진단하기 위한 척도를 개발했을 때, 이 척도로 검사한 결과는 우울증과 관련이 없는 불안장애와는 낮은 상관관계를 보여야 한다. 만약 불안장애와 우울증을 모두 진단하는 검사라면 우울증과 불안장애 간의 상관관계가 높겠지만, 이 경우 판별타당도는 낮다고 할 수 있다. 또 다른 예로, 지능검사와 창의력 검사를 들 수 있는데, 지능검사와 창의력 검사는 서로 다른 능력을 측정하는 것이므로, 두 검사 간의 상관관계가 낮을수록 판별타당도가 높다고 할 수 있다.

### (3) 구성타당도 검증 방법: 요인분석(factor analysis)

척도 문항들 간의 상관관계가 높은 것끼리 묶어 공통 요인을 추출하는 방법이다. 이 방법을 통해 하나의 요인으로 묶인 측정 항목들은 동일한 개념을 측정하는 것으로 간주되며, 이는 수렴타당도가 있음을 의미한다. 반면, 원래 다른 개념을 측정하는 문항들이 서로 다른 요인으로 묶이면 판별타당도가 높다고 할 수 있다. 예컨대, 지능검사지의 50문항을 상관관계가 높은 5가지(언어 이해 능력, 수리 능력, 공간 지각 능력, 기억력, 문제 해결 능력) 요인으로 추출하여 재구성할 수 있다.

### (4) 신뢰도와 타당도의 관계

신뢰도와 타당도는 측정의 정확성을 평가하는 두 가지 중요한 기준이다. 신뢰도는 측정 도구가 일관되고 안정적인 결과를 제공하는지를 나타내며, 타당도는 측정 도구가 실제로 측정하고자 하는 것을 정확하게 측정하는지를 나타내는 지표이다. 측정도구의 타당도가 높으면 신뢰도는 반드시 높지만, 신뢰도가 높다고 반드시 타당도가 높은 것은 아니다. 따라서 신뢰도는 타당도가 성립되기 위한 필요조건이지만 충분조건은 아니다.

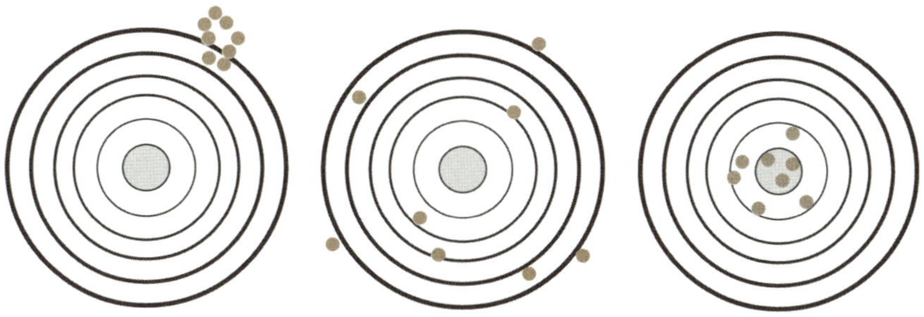


[그림 6-1] 신뢰도와 타당도의 관계

## 3) 측정오류

### (1) 측정오류의 의의

측정오류는 측정과정에서 발생하는 오류로, 측정 대상이 가지는 원래의 값(참값)과 연구자가 측정한 값의 차이를 의미한다.

측정값 혹은 관찰값(observed score) = 참값(true score) + 오차(error)

사회과학영역인 사회복지조사에서는 자연과학과는 달리 대상의 태도나 속성과 같은 추상적인 개념을 주로 측정하게 된다. 추상적인 개념을 조작화하여 측정하는데는 한계가 있으며, 따라서 측정오류가 없는 완벽한 결과치를 내는 것은 거의 불가능하다. 따라서 연구자는 측정오류를 최소화하여 대상의 속성을 정확히 측정해 내기 위한 노력을 해야 한다.

### (2) 측정오류의 종류

측정오류에는 크게 표본오차와 비표본오차가 있다. 또한 비표본오차는 다시

오류발생의 원인에 따라 체계적 오류(systematic error)와 비체계적(무작위) 오류(non-systematic or random error)로 구분한다.

① 표본오차(sampling error)

실제 조사하고자 하는 대상을 조사하지 않고 그 대상(모집단)을 대표하는 표본으로 연구가 진행되기 때문에 발생하는 오차이다. 표본의 크기를 크게 하고, 모집단의 속성과 유사한 표본을 추출하면 표본오차를 줄일 수 있다.

② 비표본오차(non-sampling error)

표본오차를 제외한, 조사의 전 과정에서 발생하는 모든 오차를 말한다. 비표본오차는 체계적 오류와 비체계적(무작위) 오류로 설명할 수 있다.

• 체계적 오류(systematic error)

특정 대상의 특성이나 집단에 따라 일정한 패턴으로 일관성 있게 발생하는 오류이다. 실제값을 정확하게 측정하지 못하는 오류로 타당도의 문제와 관련이 있으며, 일관성을 띠기 때문에 보완을 통해 제거할 수 있다. 아래와 같은 경우에 주로 발생한다.

- 태도와 행동이 모호한 경우로, 설문조사에서 후원 의사가 있는지를 조사(태도)하고, 실제 후원을 하는지(행동) 관찰하는 것에 해당한다.
- 편향에 의한 경우로, 고정반응, 사회적 적절성의 편향, 문화적 차이에 의한 편향이 있다. 고정반응은 일정한 문항들이 계속 이어지면 뒤 문항은 읽지도 않고 앞의 문항과 같은 응답을 하는 것이다. 사회적 적절성의 편향은 응답자 실제의 생각과는 다르게 조사자의 의도에 맞추어서 응답하거나, 윤리적으로 바람직한 방향으로 응답하는 것을 말한다. 또한 문화적 차이

에 의한 편향은 문화적 차이로 발생하는 오류를 말한다. 예컨대, IQ 테스트의 문항은 서구권 문화를 기반으로 설계된 경우가 많다. 따라서 문제 해결 방식이나 언어적 표현이 서구 문화에 익숙한 사람들에게 유리하게 설계되어 있어서 비서구권 국가의 응답자들은 문화적 배경이나 익숙하지 않은 사고방식 때문에 낮은 점수를 받을 가능성이 있다.

• 비체계적(무작위) 오류(random error)

일정한 패턴 없이 무작위로 발생하는 측정 오류로, 측정 도구의 신뢰도에 영향을 미친다. 이 오류는 측정의 도구, 대상, 상황 등 다양한 요인에서 발생할 수 있다.

- 측정 도구로 인한 오류: 측정 도구 자체의 설계 문제나 불완전성으로 인해 발생할 수 있다. 설문지 문항이 모호하거나, 시험 도구가 신뢰성 없는 척도를 포함할 때, 특정 시간이나 조건에서 도구가 일관되게 작동하지 않는 경우 등이 있다.
- 측정 대상으로 인한 오류: 측정 대상의 일시적 상태 변화로 인한 것으로, 응답자가 피곤하거나 집중하지 못하는 경우, 스트레스와 같은 심리적 요인 등에 의해 영향을 받는 경우이다.
- 측정 상황으로 인한 오류: 측정이 이루어지는 상황이나 환경의 일관성 부족으로 발생하는 오류이다. 시끄러운 환경, 시간, 장소, 날씨 등의 외부 요인이 이에 해당한다.

### (3) 측정오류와 신뢰도와 타당도 사이의 관계

체계적 오류와 비체계적 오류는 신뢰도와 타당도에 영향을 미친다. 체계적 오류는 일정한 패턴으로 일관성 있게 오류가 발생하여 신뢰도는 높은 반면, 비체계적 오류는 무작위로 오류가 발생하므로 신뢰도가 낮다. 신뢰도가 높다고 해서 반드시 타당도가 높은 것은 아니지만 신뢰도가 낮은 측정도구는 타당도를 보장하지 못한다. 따라서 비체계적 오류로 인해 신뢰도 문제를 야기하는 것은 타당도에도 문제가 있음을 의미한다.

# 3. 척도

## 1) 척도의 개념

### (1) 척도의 의의

광의의 의미는 측정을 위한 도구를 말한다. 사회복지조사에서는 우울, 자기만족도, 소외감, 소진과 같은 추상적인 개념을 조작화하여 숫자를 부여하는데, 이를 측정이라 하고, 측정을 위한 도구를 척도라고 한다. 그리고 협의의 의미는 하나의 개념을 측정하는 데 필요한 복수 문항 또는 지표를 말한다.

### (2) 척도구성 과정

척도를 작성하는 과정은 다음과 같다. 이론적 개념에서 출발하여 다음과 같은 단계별 과정을 거쳐 구성된다(초의수, 2019).

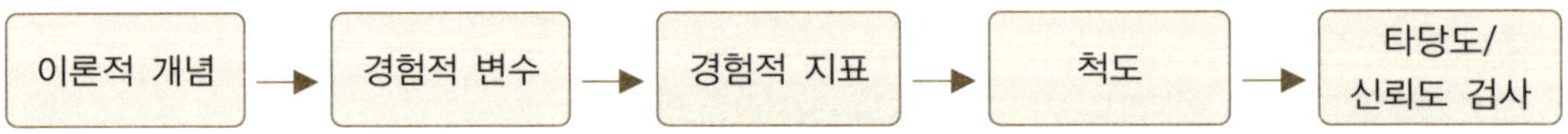


[그림 6-2] 척도구성 과정

첫째, 문제에 관한 속성을 인지하고, 이것을 표현하는 이론적 개념을 구성한다.

둘째, 이론적 개념의 내용을 특정화해 경험적 관찰이 가능한 변수로 전환한다.

셋째, 변수(개념)의 속성을 파악하기 위한 경험적 지표를 선정한다.

넷째, 선정된 지표를 활용하여 지수와 척도를 구성한다.

다섯째, 지수와 척도가 제대로 구성되었는지 타당도와 신뢰도 검사를 한다.

## 2) 척도화의 유형

척도화는 특정 개념을 측정 가능한 형태로 수치화하거나 기호화하는 과정을 의미한다. 척도화 방법에는 명목척도화, 서열척도화, 등간척도화가 있다.

### (1) 명목척도화

명목적 수준에서 이루어지는 것을 말한다. 즉, 각 범주를 구분하기 위해 숫자나 기호를 사용하지만, 이 숫자에는 서열이나 수량적 의미가 전혀 없다. 각 범주는 동질성과 상호배타성, 포괄성을 가지고 문항을 구성한다.

> **예시**
> 당신의 종교는 무엇입니까?
> ① 불교　　② 기독교　　③ 천주교　　④ 기타

### (2) 서열척도화

측정된 값들의 상대적인 크기나 순서, 서열 등을 나타내도록 숫자를 부여하는 것이다. 서열척도에서는 순서나 서열을 알 수 있지만, 값 사이의 차이를 정확하게 알 수 없고, 각 순서 간의 간격이 동일하지 않을 수 있다. 서열척도에는 평정척도, 총화평정척도, 리커트척도, 거트만척도가 있다.

① 평정척도(rating scale)

측정 대상의 어떤 특정 속성을 하나의 연속적인 범위로 배열하여, 일정한 기준에 따라 해당 속성에 수치를 할당하거나 몇 가지 범주로 나누어 구성한 척도이다. 이를 통해 응답자의 의견, 태도, 선호도 등을 평가하고, 주관적인 평가를 수치화하여 분석할 수 있다. 이 척도는 간단한 수치나 범주를 선택하는 방식이기 때문에 응답 과정이 직관적이고 시간이 적게 걸린다는 장점이 있는 반면, 응답자들이 일관된 방식으로 척도를 해석하지 않을 가능성이 있다는 단점이 있다. 예컨대, 중간값을 선호하거나, 사회적 기대에 부응하는 답변을 선택하는 경향이 있을 수 있다. 이러한 응답 편향은 데이터의 신뢰도를 감소시킬 수 있다. 평정척도에는 도표식 평정척도와 범주식 평정척도, 숫자-언어식 평정척도 그리고 평점방식 평정척도가 있다.

- 도표식 평정척도: 일직선상에 눈금을 그어 매우 만족, 만족, 보통, 불만족, 매우 불만족과 같은 형태의 설명을 달고, 응답자는 본인이 느끼는 정도를 주관적으로 선택하는 방식이다.
- 범주식 평정척도: 범주화된 선택지를 제공하여 응답자가 자신의 만족도나 태도에 해당하는 범주 중 하나를 선택하는 방식이다. 일반적으로 만족도 조사에서 많이 사용된다.
- 숫자-언어식 평정척도: 속성의 강도에 따라 순차적으로 숫자 1부터 5까지에 각각 "매우 불만족", "불만족", "보통", "만족", "매우 만족"으로 대응시키는 방법이다. 숫자와 언어가 함께 배치되어 있어 응답자가 자신의 평가를 좀 더 직관적으로 선택할 수 있도록 한다.
- 평점방식 평정척도: 일직선상의 양극에 숫자를 부여하고, 응답자가 그 사이에서 자신의 의견을 표현하는 지점을 선택하는 방식이다. 보통 0에서 시작하여 100까지의 범위를 사용하기도 하지만, 점수 범위는 연구의 목적에

따라 다양하게 설정될 수 있다.

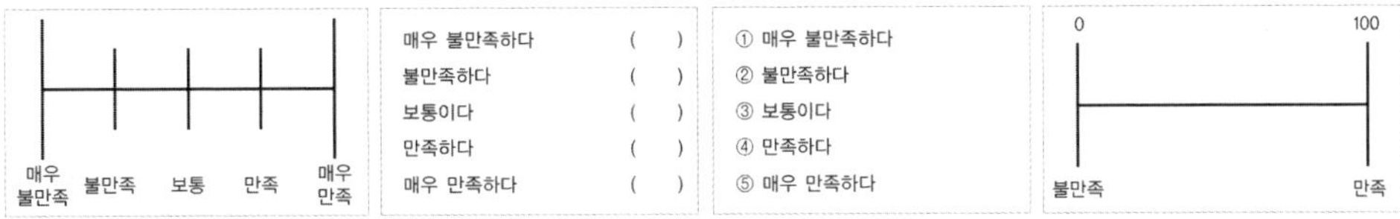


[도표식] [범주식] [숫자-언어식] [평정방식]

### ② 총화평정척도(summated rating scale)

여러 문항에 대한 응답 점수를 합산하여 하나의 총합 점수로 표현하는 방식이다. 총화라는 의미는 합산한다는 의미를 가진다.

〈표 6-2〉 **총화평정척도(베일리의 출산에 대한 태도)**

| 번호 | 질문 내용 | 응답 | |
|---|---|---|---|
| | | 동의 | 비동의 |
| 1 | 결혼하는 주된 이유 가운데 하나는 아이를 갖는 것이다. | 1 | 0 |
| 2 | 아이가 하나면 형제가 없어 외롭게 성장하기 때문에 아이를 하나만 갖는 것은 잘못이다. | 1 | 0 |
| 3 | 아이를 출산하는 것은 여자로서 가질 수 있는 가장 심오한 경험이다. | 1 | 0 |
| 4 | 동성의 아이들만을 갖는 것보다 다른 성의 아이를 적어도 하나 갖는 것이 좋다. | 1 | 0 |
| 5 | 아이를 갖지 않은 여자는 완전한 성취감을 결코 가질 수 없다. | 1 | 0 |
| 6 | 남자는 아이의 아버지가 될 때까지는 진정한 남자가 아니다. | 1 | 0 |
| 7 | 임신에 이르지 않는 성적 행위는 도덕적으로 잘못된 것이다. | 1 | 0 |
| 8 | 결혼하지 않거나, 또는 아이가 없는 부부는 아마 동성애자일 것이다. | 1 | 0 |
| 9 | 여자의 첫째 역할 책임은 모성이고, 어머니로서의 역할을 방해하지 않을 경우에만 직업을 갖는 것이 옳다. | 1 | 0 |
| 10 | 아이가 없는 부부는 가엾다. | 1 | 0 |

### ③ 리커트척도(Likert Scale)

리커트척도는 1932년에 레스 리커트(Rensis Likert)가 처음 개발한 것으로 태도, 감정, 의견을 측정하는 데 매우 유용하며, 설문조사에서 많이 사용되는 측정 도구이다. 총화평정 척도의 단점을 개선하기 위해 응답범주를 다양화한 형태이다. 응답자들이 특정 진술에 대해 어느 정도로 동의하거나 동의하지 않는지를 일정한 척도로 평가할 수 있는데, 응답자에게 제공되는 문항은 주로 긍정적이거나 부정적인 내용을 담고 있으며, 응답자는 '매우 그렇다'에서 '전혀 그렇지 않다'에 이르는 범주 중에 자신이 생각하는 것을 선택하는 방식이다. 보통 5점 척도로 5개의 범주로 구성되며, 응답한 점수를 더하거나 평균을 구해 응답자의 태도를 분석한다.

• 리커트척도의 기본적인 절차

**〈표 6-3〉 리커트척도의 절차**

| 단계 | 주제 | 주요 내용 |
|---|---|---|
| 1단계 | 항목 설정 | 측정하고자 하는 항목을 설정한다. (예: 고객만족도) |
| 2단계 | 진술문 작성 | 응답자가 자신의 동의 수준을 나타낼 수 있도록 긍정적 또는 부정적 진술문(문항)을 작성한나. (예: 이 제품에 만족하십니까?) |
| 3단계 | 응답범주 작성 | 각 문항에 대해 '전혀 만족하지 않음: 1' ... '매우 만족함: 5'의 정도를 나타내는 범주를 작성한다. |
| 4단계 | 응답자평가 및 응답 수집 | 응답자에게 자신의 의견에 부합하는 범주 하나를 선택하도록 한다. |
| 5단계 | 점수 합산 | 응답자가 각 문항에 대해 부여한 점수를 합산하여 총점을 계산하거나 평균을 구한다. 보통 긍정적인 응답은 높게, 부정적인 응답은 낮게 점수를 매긴다. |
| 6단계 | 문항 분석 | 설문 응답 데이터를 바탕으로 문항 간 내적 일관성 또는 각 문항에 대한 응답과 총점과의 일관성을 분석하여 설문의 신뢰도와 타당성을 평가한다. |
| 7단계 | 총점 산출 | 척도문항으로 타당하다고 판명된 문항의 총점을 구해 측정치를 구한다. |

출처: 강종수(2021).

• 리커트척도의 특징

– 응답자가 쉽게 이해하고 답변할 수 있으며, 감정이나 태도를 수량화하여

분석하기 용이하여 설문조사에 가장 보편적으로 사용된다.

- 각 응답 범주는 서열적으로 나열되어 있다. 예컨대, '매우 그렇다'에서 '전혀 그렇지 않다'까지 서열화된 범주로 구성된다.
- 내적 일관성 검증을 통해 신뢰도가 낮은 문항을 삭제할 수 있다.
- 대부분의 리커트척도는 중립적인 응답을 포함하여 응답자가 '보통' 또는 '중립'을 선택할 수 있도록 하여 응답자는 긍정적, 부정적 반응 외에도 중립적인 태도를 표현할 수 있다. 이로 인해 응답자들이 극단적인 선택을 피하는 응답 편향 가능성이 높다.

〈표 6-4〉 **리커트척도(로젠버그 자존감 척도)**

| 검사 항목 | | 전혀 그렇지 않다 | 대체로 그렇지 않다 | 보통 이다 | 대체로 그렇다 | 항상 그렇다 |
|---|---|---|---|---|---|---|
| 1 | 나는 내가 다른 사람들처럼 가치 있는 사람이라고 생각한다. | ① | ② | ③ | ④ | ⑤ |
| 2 | 나는 좋은 성품을 가졌다고 생각한다. | ① | ② | ③ | ④ | ⑤ |
| 3 | 나는 대체로 실패한 사람이라는 느낌이 든다. | ① | ② | ③ | ④ | ⑤ |
| 4 | 나는 대부분의 다른 사람들과 같이 일을 잘 할 수가 있다. | ① | ② | ③ | ④ | ⑤ |
| 5 | 나는 자랑할 것이 별로 없다. | ① | ② | ③ | ④ | ⑤ |
| 6 | 나는 내 자신에 대하여 대체로 만족한다. | ① | ② | ③ | ④ | ⑤ |
| 7 | 나는 내 자신을 좀 더 존경할 수 있으면 좋겠다. | ① | ② | ③ | ④ | ⑤ |
| 8 | 나는 내 자신에 대하여 긍정적인 태도를 가지고 있다. | ① | ② | ③ | ④ | ⑤ |
| 9 | 나는 가끔 내 자신이 쓸모가 없는 사람이라는 느낌이 든다. | ① | ② | ③ | ④ | ⑤ |
| 10 | 나는 때때로 내가 좋지 않은 사람이라고 생각한다. | ① | ② | ③ | ④ | ⑤ |

* 3, 5, 7, 9, 10번 문항은 역방향으로 진술된 문항이므로 역점수를 배점함

④ 거트만척도(Guttman scale)

사회과학에서 개인의 태도나 의견을 서열성에 기반해 계층적으로 배열하여 측정하는 방식이다.

• 거트만척도의 특징

- 계층성(누적성): 응답자가 상위 문항에 동의할 경우, 그보다 낮은 하위 문항에도 동의한다고 가정한다. 즉, 문항들이 계층적으로 배열되며, 더 높은 수준의 동의를 요구하는 문항에 동의하면 하위 문항들도 포함하여 동의하게 된다. 이는 문항들이 서열적으로 구성된 구조를 가졌음을 의미한다.
- 이분법적 응답: 보통 '동의/비동의'와 같은 이분법적 응답 방식을 사용한다.
- 단일차원성: 거트만척도에 사용된 문항들은 하나의 공통된 개념을 측정한다고 가정한다. 각 문항은 동일한 주제의 다른 수준을 반영하며, 설문 문항들이 한 차원에서 응답자의 태도를 순서대로 측정한다.

• 재생가능성 계수(CR, coefficient of reproducibility)

$$\text{재생계수}(CR) = 1 - \frac{\text{오류응답의수}}{\text{문항수} \times \text{대상자수}}$$

거트만척도는 명제들 간의 계층적 관계를 명확하게 보여주어, 응답자의 태도가 어떻게 누적적으로 발전하는지 파악할 수 있다는 것이 장점인 반면, 모든 응답자가 문항에 누적적으로 동의하지 않으면 타당한 설계가 어렵다. 아래 표에서 4단계와 5단계에서는 찬성이라고 응답하고, 1단계와 2단계에서는 반대라고 응답을 했다면 응답자가 누적적으로 응답을 했다고 볼 수 없다. 이처럼 거트만척도의 단일차원성과 누적성을 검증하는 지표를 재생계수라 한다. 재생계수가 1이면 척도는 완벽하게 구성되어 있으며, 상위 문항에 동의하면 하위 문항에도 반드시 동의하는 누적적 패턴을 보인다. 만약 재생계수가 0.90보다 낮아지면, 누적성이 제대로 작동하지 않는 응답 패턴이 많이 나타나기 때문에 척도 구성에 문제가 있다고 볼 수 있다.

〈표 6-5〉 **거트만척도의 예**

| 단계 | 문 항 | 찬성 | 반대 |
|---|---|---|---|
| 1단계 | 우리 시에 쓰레기 소각장이 들어오는 것에 대하여 | | |
| 2단계 | 우리 구에 쓰레기 소각장이 들어오는 것에 대하여 | | |
| 3단계 | 우리 동에 쓰레기 소각장이 들어오는 것에 대하여 | | |
| 4단계 | 우리 집 근처에 쓰레기 소각장이 들어오는 것에 대하여 | | |
| 5단계 | 우리 집 앞에 쓰레기 소각장이 들어오는 것에 대하여 | | |

### ⑤ 보가더스의 사회적 거리척도

보가더스척도(Bogardus Scale)는 사회과학에서 거트만척도에 기초해서 특정 집단에 대한 개인의 사회적 거리, 즉 특정 사회적·인종적·민족적 집단과의 관계에 대해 사람들이 얼마나 가까운 관계를 수용할 수 있는지를 평가하는 척도이다. 따라서 주로 편견이나 차별을 측정하는 데 유용하며, 거트만척도와 마찬가지로 계층적 응답구조를 가지며, 서열척도에 해당한다. 즉 응답자가 특정 집단과 얼마나 가까운 사회적 관계를 맺을 수 있는지를 단계적으로 물어보는데, 이때 가장 가까운 관계부터 가장 먼 관계까지 계층적으로 구성된 문항을 사용한다.

〈표 6-6〉 보가더스의 사회적 거리척도의 예

| 관계 맺을 의향 | 영국인 | 미국인 | 중국인 | 일본인 | 기타 |
|---|---|---|---|---|---|
| ① 결혼할 수 있다. | | | | | |
| ② 친구가 될 수 있다. | | | | | |
| ③ 같은 동네에서 살 수 있다 | | | | | |
| ④ 같은 직장에서 일할 수 있다. | | | | | |
| ⑤ 같은 나라에서 살 수 있다. | | | | | |
| ⑥ 방문객으로만 받아들인다. | | | | | |
| ⑦ 우리나라에서 추방한다. | | | | | |

⑥ 의미분화척도(어의차척도, semantic differential scale: SD)

미국의 심리학자 찰스 어스굿(Charles E. Osgood)이 개발한 것으로, 일직선으로 도표화된 척도의 양극단에 상반되는 형용사 쌍을 사용하여 특정 개념이나 대상을 사람들이 어떻게 느끼는지 간접적으로 측정하는 방식이다. 척도는 일반적으로 5점 또는 7점으로 구성되며, 응답자는 극단적인 형용사 사이의 값 중에서 자신의 생각과 일치하는 것을 선택한다. 의미분화척도는 주로 세 가지 주요 차원으로 측정한다.

- 평가성: 좋다 ~ 나쁘다, 아름답다 ~ 밉다 등
- 잠재성: 강하다 ~ 약하다, 크다 ~ 작다 등
- 활동성: 활발하다 ~ 느리다, 적극적이다 ~ 소극적이다 등

의미분화척도는 한 대상에 대해 여러 측면(평가성, 잠재성, 활동성 등)을 동시에 평가하고 비교할 수 있다는 장점이 있지만, 응답자가 각 형용사 쌍을 어떻게 해석하는지는 다를 수 있으며, 그 결과가 주관적일 수 있다. 또한 적절한 형용사 쌍을 선택하지 않으면 측정하려는 개념을 정확하게 반영하지 못하는 것도 한계점이다.

※ 노인에 대한 귀하의 이미지를 표시해 주세요.

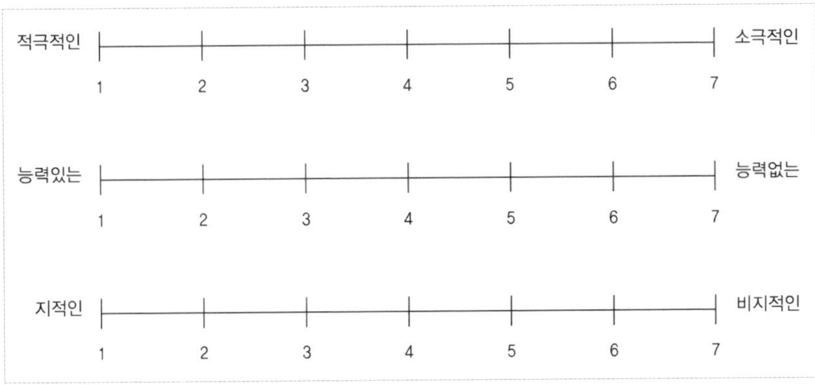


[그림 6-3] **의미분화척도 예시**

### (3) 써스톤척도(Thurstone Scale)

써스톤척도(Thurstone Scale)는 루이스 써스톤(Louis Thurstone)이 1928년에 개발한 심리 측정 도구로, 특정 주제에 대해 사람들이 얼마나 긍정적 또는 부정적인 반응을 보이는지 등간척도(interval scale)를 사용하여 문항의 상대적인 강도를 평가한다. 등간척도는 측정된 값들 간의 차이가 일정한 간격을 갖는 척도로, 수치 간의 간격이 동일하게 유지된다는 특징을 갖는다. 써스톤척도는 문항별로 태도나 의견의 강도를 정교하게 측정할 수 있어서 응답자의 선택을 더 정확하게 반영할 수 있다. 따라서 타당성이 높다는 장점이 있는 반면, 등간격성이 비현실적이고 문항을 만들고 점수를 부여하는 과정에서 많은 시간과 노력이 소요된다. 또한 전문가가 문항에 점수를 매기는 주관성이 개입될 수 있어, 진술문 평가에 편향이 발생할 가능성이 존재하는 단점이 있다.

〈표 6-7〉 써스톤척도 예: 온라인 교육에 대한 태도

| 문항 | 척도치(1~11점) | 동의 |
|---|---|---|
| 1. 온라인 교육은 전통적인 교육을 완전히 대체할 수 없다. | 2 | |
| 2. 온라인 교육은 학습 시간을 유연하게 만들어 준다. | 4 | |
| 3. 온라인 교육은 강의 질이 낮아서 학습에 비효율적이다. | 6 | |
| 4. 온라인 교육은 전통적인 교육보다 학습 비용이 저렴하다. | 3 | |
| 5. 온라인 교육은 학생들의 참여를 방해한다. | 8 | |

① 척도치: 전문가 집단이 각 문항의 태도 강도를 1에서 11까지 점수로 평가한다. 낮은 점수는 약한 태도를, 높은 점수는 강한 태도를 의미한다.
② 응답자는 각 문항을 읽고, 자신이 동의하는 문항에만 동의란에 체크한다.
③ 응답자가 동의한 문항들의 평균을 구한다. 평균은 응답자의 태도 점수라고 간주한다.

예컨대, 응답자가 "온라인 교육은 학습 시간을 유연하게 만들어 준다(4점)"와 "온라인 교육은 전통적인 교육보다 학습 비용이 저렴하다(3점)"에 동의했다면, 점수는 평균(3.5점)이 된다.

위의 예시를 바탕으로 써스톤척도의 사용절차를 정리하면 다음과 같다.

〈표 6-8〉 써스톤척도의 사용절차

| 단계 | 주제 | 주요 내용 |
|---|---|---|
| 1단계 | 진술문(문항) 생성 | 다수의 진술문(문항)을 개발한다. |
| 2단계 | 전문가 평가 | 각 진술문(문항)을 전문가들이 평가하여, 해당 진술문(문항)이 어느 정도로 긍정적 또는 부정적인지를 판단하고 척도치를 부여한다. |
| 3단계 | 응답자 선택 | 응답자들은 제공된 여러 진술문(문항) 중 자신이 가장 동의하는 진술(문항)을 선택한다. |
| 4단계 | 점수 산출 | 응답자가 선택한 진술문에 미리 할당된 점수를 통해, 해당 응답자의 태도나 의견을 평가한다. |

### (4) 소시오메트리

소시오메트리(Sociometry)는 집단 내 개인들 간의 사회적 관계를 측정하고 분석하는 방법으로, 정신과 의사인 야콥 모레노(Jacob L. Moreno)가 개발하였다. 소시오메트리는 집단 내에서 개인들이 서로에 대해 어떻게 느끼고 있는지, 특히 누가 누구를 선호하거나 회피하는지를 파악하는 데 중점을 둔다. 이를 통해 그룹 내의 사회적 역학 관계, 즉 인기, 소외, 리더십, 하위 관계 등을 분석하여 집단의 파당이나 세력의 정도를 측정할 수 있고, 집단의 공식적·비공식적 관계와 같은 구조를 알 수 있다. 또한 행렬의 평균값을 계산하여 집단 내의 전반적인 관계를 파악하거나, 행렬의 고유값을 계산하여 집단 내의 중심인물을 파악할 수 있다. 소시오메트리는 소시오메트릭 행렬(Sociometric Matrix), 소시오그램(Sociogram), 선택지위지수(CS: Choice Status Index) 등을 활용하여 분석한다. 소시오메트릭 행렬(Sociometric Matrix 또는 Sociometrix)은 집단 내 개인 간의 선호(1)와 무관심(0), 비선호(−1) 관계를 표 형식으로 기록하는데, 각 행과 열은 집단 구성원에 해당하며, 각 셀에는 특정 인물이 다른 인물을 선호하는지 비선호하는지에 대한 정보를 기록한다. 이때 조사 대상자의 배열에 있어 순서 또는 등위는 고려하지 않는다. 소시오메트릭 행렬은 먼저 대상 집단을 선정한 후 집단 내 개인 간의 선호도를 파악할 수 있는 질문을 작성한다. 질문은 구성원 간의 관계를 파악할 수 있도록 특정 상황이나 활동을 기반으로 해야 한다. 그 후 개별면담이나 집합조사를 통해 질문에 대한 응답을 수집하여 소시오메트릭 행렬을 완성한다. 소시오메트릭 행렬을 시각적으로 분석하기 위해 다양한 선을 이용하여 그래프로 나타낸 것이 소시오그램이다. 또한 구성원의 선택지위지수의 공식은 다음과 같다.

| 선택지위지수(CS) = 개인의 선택된 수/(구성원 수−1) |
|---|

〈표 6-9〉 소시오메트릭 행렬

| | A | B | C | D | E | F | G |
|---|---|---|---|---|---|---|---|
| A | | 1 | 1 | | | | |
| B | 1 | | 1 | | | | |
| C | 1 | 1 | | | | | -1 |
| D | 1 | 1 | | | 1 | | |
| E | | 1 | | -1 | | -1 | |
| F | | 1 | | | -1 | | -1 |
| G | | 1 | 1 | | | -1 | |
| 선택계 | 3 | 6 | 3 | -1 | 0 | -2 | -2 |
| CS | .50 | 1.00 | .67 | -.17 | 0.00 | -.33 | -.33 |

출처: 강종수(2021) 재구성.

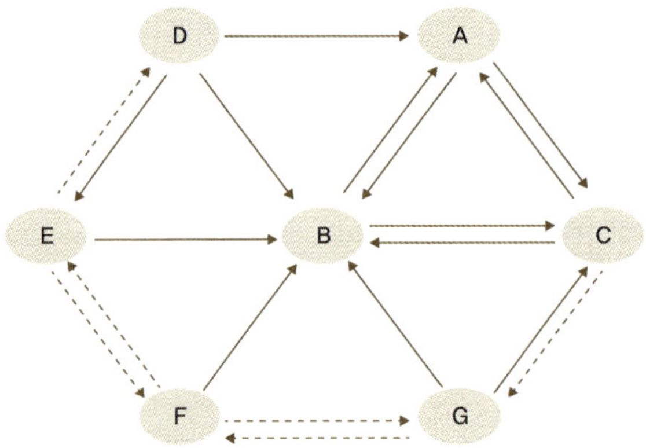


[그림 6-4] 소시오그램

〈표 6-9〉 소시오메트릭 행렬에서 A의 경우, B와 C를 선택하고 B, C, D로부터 선택을 받은 것을 알 수 있다. 따라서 A의 선택지위지수(CS)는 3/(7-1)=0.5이다. 또한 [그림 6-4] 소시오그램을 통해서 A, B, C의 하위집단이 형성되었음을 확인할 수 있다. B는 모든 구성원이 호감(실선) 화살표를 보내고 있으므로 집단 내에서 중심적인 인물일 가능성이 높다. 또한 F와 G의 경우 비호감 화살표(점선)만 향하고 있어 이 둘은 따돌림 대상자로 이해할 수 있다.

이와 같이 소시오메트리는 적용범위가 넓고, 비교적 경제적이며, 단순성과 신축성이 좋으며, 계량화가 가능한 반면, 조사대상에 대한 체계적인 논리 검토가 결여되어 있고, 측정기준과 자료 처리에 소홀한 경향이 있으며, 집단의 크기에 제약이 따른다는 단점이 있다.

**소시오메트리 질문 예시**

1. 당신의 직장 동료들 가운데서 당신은 누구를 가장 좋아(싫어)하십니까?
2. 당신이 사무실에서 함께 일하고 싶은 사람은 누구입니까?
3. 당신의 직장 동료들 가운데 당신의 고충을 상의하고 싶은 사람은 누구입니까?
4. 가장 친하게 지내고 싶지 않은 친구는 누구인가요?
5. 같은 팀으로 프로젝트를 하고 싶은 친구는 누구입니까?
6. 점심시간에 같이 시간을 보내고 싶은 친구는 누구입니까?

## 요점정리

- 측정(measurement)은 연구자가 관심을 가지고 있는 현상이나 대상, 개념에 대하여 일정한 규칙에 따라 숫자를 부여하는 과정이며, 추상적인 개념을 측정 가능한 수준으로 구체화하는 과정이다.
- 척도에는 명목척도, 서열척도, 등간척도, 비율척도 4가지 수준이 있다.
- 신뢰도는 측정 도구가 얼마나 일관성 있게 측정하는가에 대한 것이며, 신뢰도를 검증하는 방법에는 검사-재검사법, 대안법, 반분법, 크론바하의 알파계수 등이 있다.
- 측정의 타당도는 연구자가 측정하고자 하는 개념을 얼마나 정확하게 측정하는가에 대한 것이며, 타당도를 평가하는 방법에는 내용타당도, 기준타당도, 구성타당도의 세 유형이 있다.
- 측정 시에 표본오차와 비표본 오차가 발생할 수 있다.
- 척도는 연구자가 측정하고자 하는 개념을 측정하기 위한 도구로, 여러 개의 문항 또는 지표로 구성되어 있다. 대표적인 척도로는 평정척도, 총화평정척도, 리커트척도, 거트만척도, 보가더스척도, 의미분화척도, 써스톤척도 등이 있다.

## 사회복지사 1급 기출문제

1. 측정의 신뢰도와 타당도에 관한 설명으로 옳은 것은?

① 신뢰도는 일관성으로 표현될 수 있는 개념이다.

② 측정도구의 문항 수가 적을수록 신뢰도는 높아진다.

③ 검사-재검사 방법은 타당도를 측정하는 방법이다.

④ 편향(bias)은 측정의 비체계적 오류와 관련된다.

⑤ 측정도구의 신뢰도가 높아지면 타당도도 높아진다.

**정답** ① | ② 측정도구의 문항수가 많을수록 신뢰도가 높아진다. ③ 검사-재검사법은 신뢰도를 평가하는 방법이다. ④ 편향은 체계적 오류에 속한다. ⑤ 측정도구의 신뢰도가 높아진다고 타당도가 높아지는 건 아니다. 다시 말해, 신뢰도는 타당도의 필요조건이지만 충분조건은 아니다.

2. 다음 변수의 측정수준을 고려하여 변수의 유형을 순서대로 나열한 것은?

- 장애유형-정신장애, 지체장애 등
- 장애등록 후 기간-개월 수
- 장애등록연령-나이
- 장애인의 건강 정도-상, 중, 하

① 비율변수, 비율변수, 서열변수, 명목변수

② 명목변수, 비율변수, 비율변수, 서열변수

③ 명목변수, 등간변수, 명목변수, 서열변수

④ 등간변수, 비율변수, 서열변수, 비율변수

⑤ 명목변수, 비율변수, 비율변수, 명목변수

**정답** ② | 장애유형은 아무 의미 없이 단지 장애유형을 구분하기 위한 것이므로 명목변수이며, 개월 수와 나이는 사칙연산이 가능하므로 비율변수이다. 건강 정도는 상, 중, 하의 서열이 가능하므로 서열변수가 된다.

3. 다음에서 설명하고 있는 타당도는?

| 측정되는 개념이 속한 이론체계 내에서 다른 개념들과 논리적으로 어느 정도 관련성을 갖고 있는지를 경험적으로 검증하는 가장 수준이 높은 타당도 |
|---|

① 액면타당도
② 기준타당도
③ 동시타당도
④ 구성타당도
⑤ 예측타당도

**정답 ④** | 구성타당도는 동일한 개념, 이론적으로 연관성이 높은 것으로 예상되는 개념들을 측정하는 방법이다.

4. 측정 시 나타날 수 있는 체계적 오류에 관한 설명으로 옳지 않은 것은?

① 코딩 왜곡은 체계적 오류를 발생시킨다.
② 익명의 응답은 체계적 오류를 최소화한다.
③ 편견 없는 단어는 체계적 오류를 최소화한다.
④ 척도구성 과정의 실수는 체계적 오류를 발생시킨다.
⑤ 비관여적 관찰은 체계적 오류를 최소화한다.

**정답 ①** | 체계적 오류는 특정 대상의 특성이나 집단에 따라 일정한 패턴으로 일관성 있게 발생하는 오류이다.

5. 측정에 관한 설명으로 옳지 않은 것은?

① 일정한 규칙에 따라 측정대상에 값을 부여하는 과정이다.
② 이론적 모델과 사건이나 현상을 연결하는 방법이다.
③ 사건이나 현상을 세분화하고 통계적 분석에 활용할 수 있는 정보를 제공한다.
④ 측정도구의 신뢰도를 높이기 위해서는 설문문항 수가 적을수록 좋다.
⑤ 측정의 수준에 따라 명목, 서열, 등간, 비율의 4가지 유형으로 분류한다.

**정답 ④** | 설문문항을 늘릴수록 신뢰도가 높아지는 것이 일반적이다.

6. 척도에 관한 설명으로 옳은 것을 모두 고른 것은?

ㄱ. 명목척도는 응답범주의 서열이 없는 척도이다.
ㄴ. 비율척도의 대표적인 유형은 리커트척도이다.
ㄷ. 비율척도는 절대 0점이 존재하는 척도이다.
ㄹ. 서열척도는 변수의 속성에 따라 일정한 범주로 분류한다.

① ㄱ, ㄴ ② ㄴ, ㄹ ③ ㄷ, ㄹ ④ ㄱ, ㄴ, ㄷ ⑤ ㄱ, ㄷ, ㄹ

**정답 ⑤** | 리커트척도는 서열척도에 해당된다.

7. 다음 사례에서 측정하고자 하는 타당도로 옳은 것은?

연구자는 새로 개발한 우울척도 A의 타당도를 확인하기 위하여 자아존중감척도 B와의 상관계수를 산출하였다. 그 결과, A와 B의 상관관계가 매우 낮은 것을 확인하였다.

① 동시타당도(concurrent validity) ② 판별타당도(discriminant validity)
③ 내용타당도(content validity) ④ 수렴타당도(convergent validity)
⑤ 예측타당도(predictive validity)

**정답 ②** | 다른 척도와의 상관관계가 낮은 것을 통해서 두 척도간 판별타당도가 있음을 확인한다.

8. 신뢰도를 측정하는 방법으로 옳은 것은?

ㄱ. 재검사법 ㄴ. 대안법
ㄷ. 반분법 ㄹ. 내적일관성분석법

① ㄴ ② ㄱ, ㄷ ③ ㄴ, ㄹ ④ ㄱ, ㄷ, ㄹ ⑤ ㄱ, ㄴ, ㄷ, ㄹ

**정답 ⑤** | 4가지 방법 모두 척도의 신뢰도를 확인하기 위한 방법이다.

CHAPTER 07

# 표본추출(표집)

1. 표집의 개념과 의의
2. 표집과정 및 표집방법
3. 확률표집
4. 비확률표집
5. 적정표본의 크기와 표집오차

Chapter

# 07 표본추출(표집)

**학습목표**

- 표집의 개념과 관련 용어를 이해한다.
- 확률표집방법과 주요 방법을 이해한다.
- 비확률표집방법과 주요 방법을 이해한다.
- 표본의 크기와 오차에 대해 이해한다.

포본추출에 대하여 학습하기 위에서는 기본적인 용어에 대한 이해가 필요하다. 우선 모집단은 연구자가 조사하려는 조사대상 전체를 의미하고, 표본은 실제 조사를 위해서 모집단으로부터 선택된 일부 대상이다. 표본추출은 모집단으로부터 표본을 추출하는 과정이다. 사회복지조사에 있어서 모집단 전체를 대상으로 조사하는 것을 전수조사라고 하고, 표본추출을 통해서 표본을 대상으로 조사하는 것을 표본조사라고 한다.

## 1. 표집의 개념과 의의

표본은 연구대상으로부터 선택된 일부를 의미하는 것이며, 표집은 연구대상

중에서 자료를 수집할 일부 대상을 표본으로 선택하는 과정이다. 조사결과의 일반화를 위해서는 표본의 대표성이 중요하다.

표집의 단위는 표본으로 추출되는 요소들의 단위이며, 관찰단위는 자료를 직접 수집하는 요소이다. 모집단은 연구대상이 되는 전체 집단을 의미하며, 모집단이 가지고 있는 특성과 속성을 수치로 나타낸 값을 모수라고 한다. 또한, 표본의 특성을 수치로 나타낸 값을 통계치라고 한다. 표본의 값 통계치로 모집단의 특성인 모수를 추정한다.

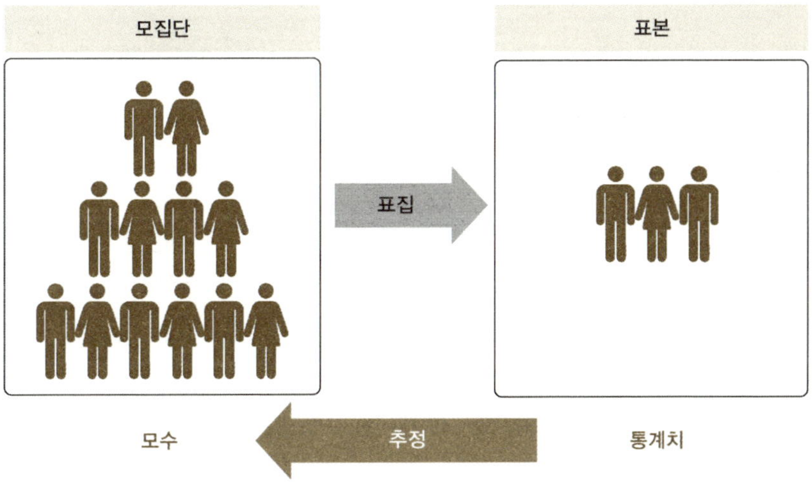


표집의 장점은 모집단을 대표할 수 있는 소수의 대상에서만 측정을 하게 되므로 시간과 비용을 크게 줄이면서도 비교적 정확한 결과를 얻을 수 있다는 데 있다. 또한, 모집단이 무한히 많다거나 모집단의 정확한 파악이 불가능한 경우와 같이 전수조사가 불가능한 경우에 적합하며, 경우에 따라서는 전수조사보다 더 정확한 자료를 구할 수 있다. 표본이 모집단의 대표성을 갖도록 추출된다면 소수의 대상에 대하여 측정을 하여 표본오차를 줄여 전체적인 측정오차를 감소시킬 수 있다.

반면에 표집은 모집단을 대표할 수 있는 대표성 있는 표본 선정이 대단히 어려운 문제가 있다. 모집단 자체가 작은 경우에는 표본조사가 무의미하고, 복잡한 표본설계의 경우 시간이 많이 들고 오차가 많이 발생할 수 있다.

## 2. 표집과정 및 표집방법

### 1) 표집과정

표집은 모집단 확정에서부터 시작된다. 모집단은 연구자가 관심을 가지고 조사하려는 대상 전체인 모집단을 구체적으로 확정해야 한다. 예컨대, 전체 노인을 대상으로 주거문제에 대한 조사를 시행할 경우 노인전체가 모집단이다.

둘째, 표집틀을 선정한다. 표집틀은 조사대상 전체의 목록이다. 예컨대, 노인전체가 모집단일 경우 전체 노인 주민등록명부가 표집틀이 된다.

셋째, 표집방법을 결정한다. 표집방법은 모집단을 가장 잘 대표할 수 있는 표본을 추출하는 표집방법을 선택하는 데 확률표집과 비확률표집으로 구분된다.

넷째, 표본크기를 결정한다. 표본크기가 클수록 표집오차가 작아져 정확성은 높지만, 시간과 비용이 많이 소요된다. 따라서 대표성을 확보하면서도 경제적으로 효율성이 높은 표본크기를 결정하는 것이 매우 중요하다.

다섯째, 표집을 실시한다. 즉, 실제표집을 실시해 자료를 수집한다.

표집의 과정은 다음과 같다.

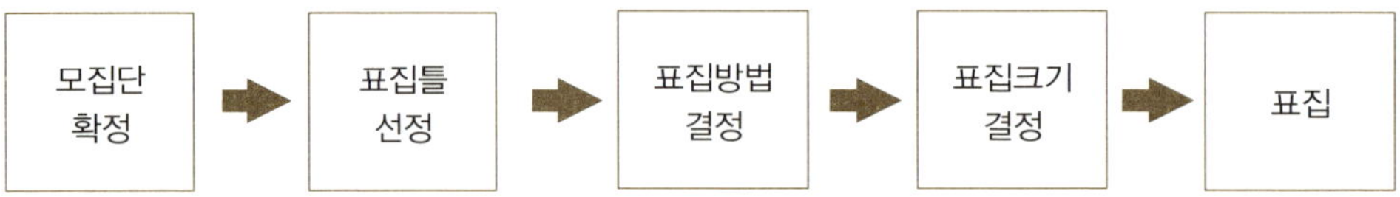

## 2) 표집방법

표본편향은 관심 있는 모집단을 대표하지 못하고 잘못된 결론을 얻게 만드는 원인으로 작용한다. 따라서 표본편향을 줄이기 위해서는 표집방법이 중요하다. 표집방법은 확률표집과 비확률표집으로 구분된다. 확률표집은 연구 대상이 표본으로 뽑힐 확률이 알려져 있고, 모집단 추정에 있어서 무작위를 기본으로 하여 편의(BIAS)를 제거할 수 있으므로 모집단을 더 정확히 추정할 수 있고 일반화가 가능한 방법이다. 확률표집방법은 체계적(계통적) 표집, 집락(군집) 표집이 있다.

비확률표집은 모집단에 대한 정보를 보유하지 못해 연구자의 주관적 판단에 의해 표본을 추출하는 방법이다. 비확률표집방법으로는 편의(우연)표집, 유의(판단)표집이 있다.

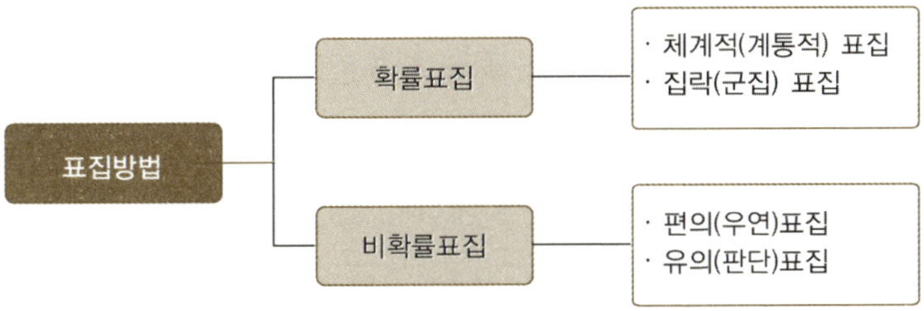


확률표집은 정확한 표집틀이 필요하며 표본의 대표성이 높으며, 모집단의 규모와 성격이 명확히 규정된 경우 활용한다. 확률표집은 모집단 표집틀의 표집단위가 표본으로 선정될 확률을 알 수 있고, 모두가 추출될 기회를 동일하게 갖고 있으며, 각 단위가 무작위로 추출되는 표집방법이다.

반면에 비확률 표집은 표집틀이 없어도 되며 대표성을 보장하기 어렵고, 모집단의 규모와 성격이 불명확하거나 확인이 불가능한 경우 활용한다. 비확률표집은 모집단 표집단위 추출 확률을 명확히 규정할 수 없고, 각 단위가 표본으로 추출될 확률도 다르다.

〈표 7-1〉 표집유형 비교

| 기준 | 확률표집방법 | 비확률표집방법 |
|---|---|---|
| 표본으로 추출될 확률 | 확률이 동등하고 알려져 있음 | 동등하지 않고 알려져 있지 않음 |
| 표집 | 무작위 표집 | 인위적 표집 |
| 표집틀 | 정확한 표집틀 필요 | 없어도 무방 |
| 표본 대표성 | 높음 | 대표성 보장할 수 없음 |
| 모수치 추정가능성 | 편향 없음(가능) | 편향 발생(불가능) |
| 오차 추정가능성 | 가능 | 불가능 |
| 소요시간과 비용 | 많이 소요 | 절약 |
| 모집단의 규모와 성격 | 명확 | 불명확 |
| 일반화 | 가능 | 어려움 |

## 3. 확률표집

### 1) 단순무작위표집

단순무작위표집은 확률표집의 가장 기본적인 형태로 모집단을 구성하는 각 요소가 표본으로 선택될 확률을 동등하게 부여하여 표본을 선정하는 방법이다. 즉, 모집단의 크기가 N이고 표본의 크기가 n이면 각 구성요소가 표본에 뽑힐 확률은 n/N이다. 예컨대, 아래와 같이 10개의 모집단에서 3개의 표본을 무작위로 추출하는데 모든 개체들이 표본으로 선택될 확률은 3/10으로 같다.

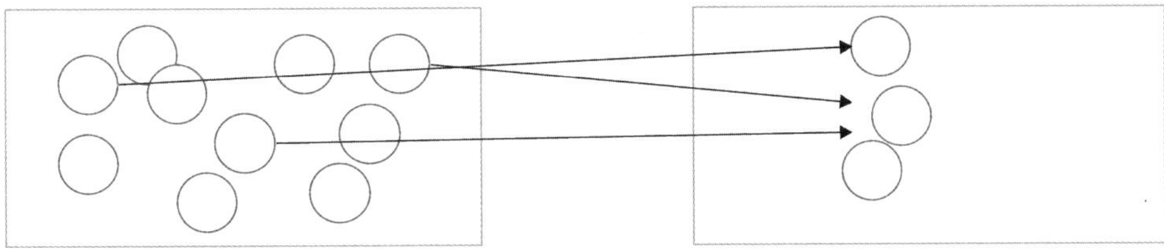

[모집단] [표본]

표집의 실행 절차는 다음과 같다.

① 모집단의 전체 구성요소를 파악하여 리스트를 작성한다.
② 모집단에 있는 각 사례들에 고유번호 또는 일련번호를 매긴다.
③ 표본크기를 결정하고, 계획된 표본규모에 도달될 때까지 무작위로 번호들을 선정한다.

장점은 모집단에 사전지식이 불필요하고, 추출된 표본이 모집단을 잘 대표하며, 표본오차 계산이 용이하다는 것이다. 단점은 모집단에 대한 지식 사용이 불가능하고, 동일한 크기의 표본이라면 층화표집에 비해 오차가 크며 비교적 표본규모가 커야 한다는 것이다. 한편, 표본리스트 작성이 어려워 불안한 리스트에 의한 표집은 결과적으로 비확률표집이 된다.

단순무작위표집법으로는 난수표, 제비뽑기, 컴퓨터를 이용한 난수 추출 방법 등이 있다.

### 2) 체계적(계통적) 표집

체계적 표집은 모집단을 구성하는 구성요소들이 자연적 순서나 일정한 질서에 따라 배열된 리스트에서 매 n번째 요소를 추출해 표본을 만드는 방법이다.

체계적 표집은 표집틀에 부여된 일련번호에서 일정한 표집간격을 두고 번호를 추출한다. 체계적 표집에서 모집단은 비계통적 무작위배열이어야 하고, 첫 번째 요소는 무작위로 선정한다.

장점은 쉽고 간편하고, 모집단이 클 때 효과적이며, 표본의 대표성이 높다는 것이다. 단점은 모집단 배열에 주기성과 특정 경향을 보일 때 편견개입으로 대표성이 저해될 수 있다는 것이다.

아래 그림에서 12개의 모집단에서 4명의 표본을 선정하려고 한다면, 이때 각각의 모집단에 순서(1~12)를 부여했고, 첫 번째 표본을 3번째 사람으로 선정했기 때문에 일정한 간격으로 6번째, 9번째, 12번째 사람을 표본으로 선정하게 된다.

### 3) 층화표집

층화표집은 모집단을 일정한 기준에 따라 2개 이상의 동질적인 층으로 구분하고 각 층별로 단순무작위표집하는 방법이다. 층화표집조사에서는 조사결과에 영향을 미칠 수 있는 변수를 기준으로 상호배타적인 소집단으로 구분한 후, 각 소집단별로 추출할 표본수를 정하고 각 소집단에서 정해진 수만큼의 표본을 무작위로 추출한다.

층화표집에서는 모든 표집단위는 하나의 층에 속해야 하고, 층화기준은 조사목적과 관련이 있어야 한다. 각 층 내에서 표집 시에는 반드시 무작위표집을 실시한다.

예컨대 A학교에는 3학년의 학생 수가 1,2학년의 2배라고 가정할 때, 층화추출을 활용하여 모집단의 특성인 학년별로 층을 나누고, 각 집단 내에서 모집단의 크기와 비례하게 표본을 뽑아 1학년 1명, 2학년 1명, 3학년 2명을 추출하게 된다.

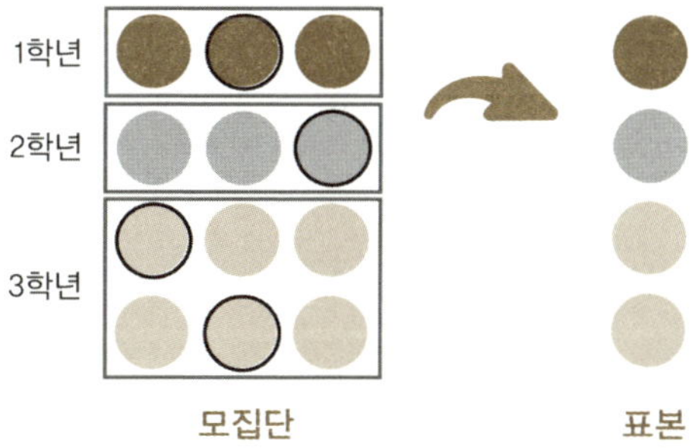


층화표집의 종류는 다음과 같이 구분된다. 비례층화표집은 모집단 크기에 비례하여 각 층에서 추출되는 표본크기를 할당하여 추출하는 방법이다. 비비례층화표집은 각 층에 동일한 수로 표집하거나 상이한 가중치를 주어서 추출하는 가중 표집방법이다. 최적 분할 비비례층화표집은 동질적인 층에서는 적게, 이질적인 층에서는 많게 표본을 선정하는 방법이다.

층화표집의 장점은 중요집단을 모두 포함하며, 대표성을 높일 수 있고 모집단의 각 층화집단의 특수성을 알 수 있다는 것이다. 단점은 모집단에 대한 지식이 필요하고, 층화에 근거가 되는 리스트가 필요하다는 점이다. 한편, 비비례층화표집에서 모집단의 대표치를 구하려면 특별한 조작이 필요하다.

### 4) 집락(군집)표집

집락표집은 모집단을 여러 개의 군집으로 나누고 그 중에서 무작위로 몇 개를 표본으로 선정한 후에 일정한 수의 요소를 표본으로 추출하는 방식이다. 표집단위가 개인이나 요소가 아니라 집단이다. 넓은 지역에서 좁은 지역단위로 범위를 좁혀가면서 단계적으로 지역을 선정할 때 주로 사용하기 때문에 지역표집이라고도 한다. 예컨대, 전국 시도에서 몇 개 시도를 추출하고 그 시도에 소속된 시군구를 다시 추출한다. 또한 추출된 시군구에서 다시 읍면동을 추출한다.

또 다른 예를 살펴보면, A학교 1학년이 1반~4반으로 구성되어 있을 때, 각 반을 하나의 무리인 군집으로 생각하여 1,2,3,4반의 군집을 형성하였고, 군집에서 무작위 추출을 하여 4반을 표본으로 선정하는 것이다.

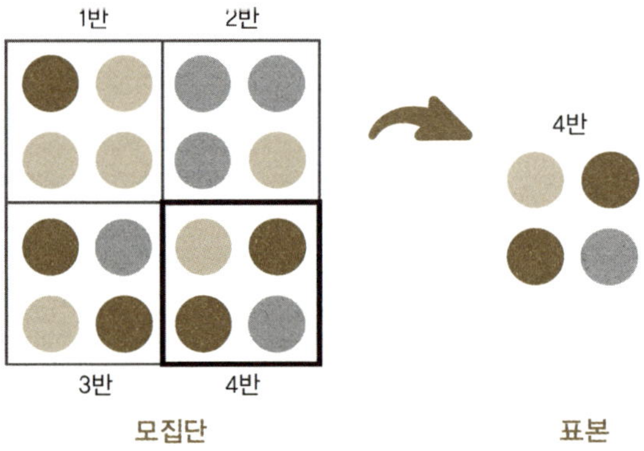


층화표집은 모든 집단에서 표본이 선정되는 반면, 군집표집은 추출된 부분에서만 표본이 선정되는 차이가 있다.

장점은 모집단 리스트가 필요 없고 시간과 비용이 절약되며, 모집단에 대한 사전지식이 불필요하다는 것이다. 단점은 소수 군집만 추출하거나 군집이 동질적이면 오차가 크고, 특정 군집의 과대 또는 과소 위험이 있다는 것이다.

집락표집은 다단계 군집표집과 층화군집표집으로 구분된다. 다단계군집표집은 군집표집을 여러 단계에 걸쳐서 실시하는 것이고, 층화군집표집은 동질적인 층으로 층화표집한 다음에 각 층 내에서 군집을 표집하는 것이다.

이상의 확률표집방법을 비교하면 다음과 같다.

**〈표 7-2〉 확률표집방법 비교**

| 표집방법 | 특징 | 장점 | 단점 |
|---|---|---|---|
| 단순무작위 표집 | 모든 조사대상을 포함하는 모집단 목록(표집틀)에서 무작위로 표본추출 | 방법에 대한 이해와 활용이 용이 | 모집단 목록을 확보하는 것이 어려움 |
| 체계적(계통적) 표집 | 모집단 목록에서 일정한 순서에 따라 매 n번째를 표본으로 추출 | 단순무작위보다 간편하고 대표성이 높음 | 조사대상 분포의 주기성 확인 필요 |
| 층화표집 | 모집단을 동질적인 몇 개의 집단(층)으로 구분하고 각 집단에서 각각 단순무작위로 표본 추출 | 가능한 모든 부분집단이 포함되고 정밀도 증가 | 변수가 많을수록 집단(층) 관련 변수선택이 어렵고 비용이 많이 소요 |
| 집락(군집) 표집 | 모집단을 이질적인 여러 개의 군집(집단)으로 구분하고, 몇 개 군집을 추출한 다음에 해당 군집에 있는 모든 대상을 전수조사 | 표집 적용이 쉽고, 비용 효율적 | 정밀하지 못하고 계산과 결과해석이 어려움 |

# 4. 비확률표집

비확률표집은 모집단이 불분명하고 명확히 확인할 수 없을 때, 모집단의 표집틀을 구할 수 없을 때 등 확률표집방법을 적용할 수 없을 때 사용한다. 비확률표집방법은 주로 질적조사에서 활용한다.

### 1) 편의(우연)표집

편의표집은 조사자가 임의로 확보하기 쉽고 편리하게 닥치는 대로 일정한 표본크기가 될 때까지 표본을 추출하는 방법이다. 예를 들어서 길거리에서 만난 사람을 대상으로 조사를 하는 것이다. 비용과 시간이 가장 효율적이나 표본의 대표성이 떨어지는 방법이다.

표집방법에 따라서는 시간표집, 공간표집, 이용자표집으로 구분되고 자발성 유무에 따라서는 지원자표집, 우연적 표집으로 구분된다.

사회복지조사에 있어서 길거리에서 쉽게 만날 수 있는 시민을 대상으로 조사하는 경우나, 대학 근처에서 지나가는 대학생들을 대상으로 조사하는 것은 모두 편의표집에 해당한다.

### 2) 유의(판단)표집

유의표집은 모집단을 전형적으로 대표하는 것으로 판단되는 사례를 표본으로 선정하는 방식이다. 연구자가 모집단 및 구성요소에 대한 풍부한 사전지식을 가지고 있는 경우에 사용한다. 예를 들어서 장애인에 대하여 조사할 경우 장애인시설에서 장애인에 대해서 잘 알 것으로 생각되는 사람을 추천받는 경우이다.

장점은 쉽고 편리하고, 조사사례에 관련 있는 요소를 틀림없이 표본으로 선정할 수 있다는 것이다. 단점은 표본의 대표성을 확신할 수 없고, 모집단에 대한 상당한 사전지식이 필요하다는 것이다. 또한, 표본오차 산정이 어렵다.

조사자가 지역을 조사함에 있어서 지역에 대해서 잘 알고 있는 상태에서 지역에 대한 정보를 많이 가지고 있는 지역유력 인사, 사회복지전담공무원, 이장 등 지역사회와 주민의 삶을 가장 잘 알 것 같은 사람을 조사하는 것이 유의표집에 해당된다.

### 3) 할당표집

할당표집은 추출된 표본이 모집단을 잘 대표할 수 있도록 미리 모집단의 속성을 반영한 할당표에 따라 각 범주에 할당된 표본 수를 임의표집하는 방법이다.

비확률표집 중에서 가장 정교한 방법으로 확률표집방법의 층화표집과 유사하지만, 최종적인 표본 선정을 연구자가 아닌 현장조사자가 임의 표집한다는 점에서 다르다. 즉, 할당표집은 모집단을 소집단으로 나누며 각 소집단에서 표본을 추출한다는 점에서 층화표집과 같지만, 각 집단에서 정해진 수만큼 표본을 추출할 때 층화표집은 무작위로 표본을 추출하지만 할당표집은 작위적으로 추출한다.

예컨대, 어느 대학에서 학생 서비스 만족도를 조사하고자 한다면 기존의 자료에 의거하여 각 학과별, 학년별, 성별 구성비율을 알아본 다음, 그 비율에 따라 표본을 학과별, 학년별, 성별로 할당하는 방법이다.

### 4) 눈덩이표집

눈덩이를 굴리듯이 연구에 필요한 특성을 갖춘 소수의 표본을 찾고, 그 표본을 통해서 다른 사람을 소개받아 점차로 표본 수를 늘려가는 표집방법이다.

특수한 모집단의 구성원을 전부 파악하지 못할 때 적합하다. 예컨대, 약물중독, 성매매, 도박 등과 같이 일탈적인 대상을 연구하거나 노숙인, 이주노동자, 불법이민자 등 모집단의 구성원을 찾기 어려운 대상을 연구하는 경우에 사용한다.

눈덩이 표집은 질적조사에서 가장 많이 활용되며, 특정 모집단을 구성하는 사람들을 확인하고 찾기 어려운 경우에 사용된다.

이상의 비확률표집방법의 특징과 장단점은 다음과 같다.

〈표 7-3〉 비확률표집방법 비교

| 표집방법 | 특징 | 장점 | 단점 |
|---|---|---|---|
| 편의표집 | 연구자가 쉽게 이용 가능한 대상을 표집 | 비용과 시간절약 | 표집에 편의가 발생하고, 표본의 대표성 없음 |
| 유의(판단) 표집 | 연구자가 판단에 따라 일정기준에 적합한 사례를 표집 | 낮은 비용과 편의성, 시간 소비가 없음 | 일반화와 연구결과 신뢰가 어려움 |
| 할당표집 | 모집단을 사전에 설정된 범주(집단)별로 할당한 다음에 편의표집 | 표본을 특정한 특성에 의해 통제 | 표집에 편의가 발생할 수 있고, 대표성을 보장할 수 없음 |
| 눈덩이표집 | 연구자가 임의로 선정한 첫 표본으로부터 추천받아 표집하는 과정을 반복함 | 모집단 표집틀이 없는 경우에도 사용 | 많은 시간이 소요되고 일반화와 계량화의 어려움이 있음 |

## 5. 적정표본의 크기와 표집오차

### 1) 표본신뢰도

표본신뢰도 95%의 의미는 표본의 신뢰도를 의미한다. 즉, 이 표본을 믿을 수 있는 정도가 95%이고, 반면에 믿지 못할 정도가 5%라는 의미이다. 이는 달리 말하면 같은 조사를 100번 하면 5번 정도는 다른 결과가 나올 수 있다는 것을 의미한다.

허용오차는 표집에 의하여 발생하는 표집오차를 의미한다. 즉, 표집대상으로부터 얻은 표본값이 모집단을 반영하는 데 있어서 허용오차를 ± 3%로 설정할 필요가 있다.

예를 들어서 어떤 여론조사에서 대통령의 지지율이 50%였다고 하면 이는 통계치에 해당된다. 표집오차로 인해서 실제 모수와는 차이가 있을 수 있으며 이를 허용오차라고 한다. 만일 오차범위가 ±3%로 나타났다면 실제 대통령의 지지율은 50%에서 3%를 더하거나 뺀 47%에서 53%사이에서 나타날 가능성이 크다.

## 2) 표본크기와 표집오차

### (1) 표본크기와 표집오차의 관계

표집오차는 모집단의 값과 표본의 값 간의 차이를 말한다. 즉, 표본조사는 모집단 전체를 대상으로 조사하는 것이 아니라 모집단의 일부를 표본으로 추출하여 조사하기 때문에 표본을 대상으로 조사한 결과는 실제 모집단의 특성과 다른 경우가 있다. 이처럼 표본의 통계치와 모집단 모수사이의 차이가 나는 정도를 표집오차라고 한다.

한편, 표본크기가 클수록 표집오차는 적어지며, 표본크기가 적을수록 표집오차는 증가한다. 또한, 신뢰수준을 높게 잡으면 표집오차가 커진다.

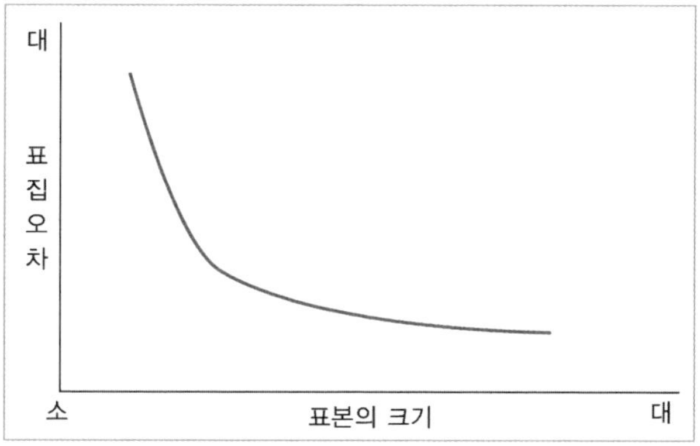


### (2) 표본크기의 이론적 방법

표본의 크기를 결정하는 방법은 신뢰구간 접근법과 가설검증 접근법이 있다.

첫째, 신뢰구간 접근법은 모집단의 분산이 알려져 있는 경우 사용한다. 표본의 크기가 조사자가 선택하는 신뢰수준에 따라 달라지는데, 신뢰수준이 높으면 표본의 크기도 커져야 한다. 즉, 신뢰수준을 90%에서 95%로 상향 조정하려면 표본의 수도 늘려야 한다는 것이다.

둘째, 가설검증 접근법은 표본의 크기가 조사문제나 조사가설의 내용에 따라 달라진다. 조사연구 하고자 하는 변수가 많으면, 각 변수의 카테고리별로 충분히 다양한 케이스를 확보하기 위해 더 많은 표본 추출이 필요하다는 것이다.

### (3) 표본크기의 고려사항

표본의 크기를 결정하기 위해서는 ① 모집단의 성격, ② 조사연구의 목적과 방법, ③ 시간과 비용, ④ 표집방법과 카테고리 수 등이 고려되어야 한다.

## 요점정리

- 표본은 연구대상으로 부터 선택된 일부를 의미하는 것으로 표집은 연구대상 중에서 자료를 수집할 일부 대상을 표본으로 선택하는 과정이다
- 표집과정은 모집단 확정 → 표집틀 선정 → 표집방법 결정 → 표본크기의 결정 → 표집의 순이다.
- 표집방법은 확률표집과 비확률표집으로 구분된다. 확률표집은 연구 대상이 표본으로 뽑힐 확률이 알려져 있고 편의(BIAS)를 제거할 수 있으므로 모집단을 더 정확히 추정할 수 있고 일반화가 가능한 방법이다. 비확률표집은 모집단에 대한 정보를 보유하지 못해 연구자의 주관적 판단에 의해 표본을 추출하는 방법이다.
- 확률표집법으로는 단순무작위표집, 체계적(계통적) 표집, 층화표집, 집락(군집)표집이 있다.
- 비확률표집법으로는 편의(우연)표집, 유의(판단)표집, 할당표집, 눈덩이표집이 있다.
- 표집오차는 모집단의 값과 표본의 값 간의 차이를 말한다. 표본 크기가 클수록 표집오차는 적어지며, 신뢰수준을 높게 잡으면 표집오차가 커진다.
- 표본의 크기를 결정하기 위해서는 모집단의 성격, 조사연구의 목적과 방법, 시간과 비용, 표집방법과 카테고리 수 등이 고려되어야 한다.

## 사회복지사 1급 기출문제

1. 다음에 해당하는 표집방법은?

> 빈곤노인을 위한 새로운 사회복지서비스 개발을 위해 사회복지관의 노인 사례관리담당자에게 의뢰하여 자신의 욕구를 잘 표현할 수 있는 빈곤노인을 조사 대상으로 선정하였다.

① 층화표집　② 할당표집
③ 의도적 표집　④ 우발적 표집
⑤ 체계적 표집

**정답 ③** | 연구자 또는 전문가의 판단으로 조사의 목적과 의도에 맞는 대상을 표본으로 선정하는 방법으로 판단표집법, 의도적 표집법이라고도 한다.

2. 확률표집에 관한 설명으로 옳지 않은 것은?

① 무작위추출방식으로 표본을 추출한다.
② 의식적이거나 무의식적인 편향(bias)을 방지할 수 있다.
③ 모집단의 규모와 특성을 알 때 사용할 수 있다.
④ 표집오차를 추정할 수 있다.
⑤ 질적연구에서 주로 사용된다.

**정답 ⑤** | 질적연구는 비확률표집을 주로 사용한다.

3. 표본크기에 관한 설명으로 옳지 않은 것은?

① 표본의 크기가 클수록 시간과 비용이 많이 든다.
② 신뢰수준을 높이려면 표본의 크기도 커져야 한다.
③ 표본의 크기가 증가하면 표집오차(sampling error)도 커진다.
④ 모집단이 이질적인 경우에는 표본의 크기를 늘려야 한다.
⑤ 같은 표본추출방법을 사용한다면 표본의 크기가 클수록 대표성은 커진다.

**정답 ③** | 표본의 크기가 커지면 표집오차는 감소하게 된다.

4. 질적조사에서 일반적으로 사용되는 표본추출방법으로 옳지 않은 것은?

① 이론적(theoretical) 표본추출
② 집락(cluster) 표본추출
③ 눈덩이(snowball) 표본추출
④ 극단적 사례(extreme case) 표본추출
⑤ 최대변이(maximum variation) 표본추출

**정답 ②** | 질적조사에서 하용하는 방법은 주로 비확률표집방법으로 집락표집은 확률표집방법이다.

5. 다음 사례의 표집에 관한 설명으로 옳은 것은?

> 400명의 명단에서 80명의 표본을 선정하는 경우, 그 명단에서 최초의 다섯 사람 중에서 무작위로 한 사람을 뽑는다. 그 후 표집간격 만큼을 더한 번호에 해당하는 사람을 표본으로 선택한다.

① 단순무작위 표집이다.
② 표집틀이 있어야 한다.
③ 모집단의 배열에 일정한 주기성을 가지고 있어야 한다.
④ 비확률표집법을 사용하였다.
⑤ 모집단에 대한 대표성이 부족하다.

**정답 ②** | 체계적 표집방법에 해당하는 내용으로 표집틀이 있어야 표집이 가능하다.

6. 표집에 관한 설명으로 옳은 것은?

① 할당표집(quota sampling)은 무작위 표집을 전제로 한다.
② 유의표집(purposive sampling)은 확률표집이다.
③ 눈덩이표집(snowball sampling)은 모집단의 규모를 알아야만 사용할 수 있다.
④ 단순무작위표집(simple random sampling)은 모집단으로부터 표본으로 추출될 확률을 알 수 있다.
⑤ 임의표집(convenience sampling)은 모집단의 대표성이 높은 표본을 추출한다.

**정답 ④** | 단순무작위표집은 확률표집방법으로 표본이 추출될 확률을 알 수 있다.

7. 다음 조사에서 연구대상을 배정한 방법은?

> 사회복지사협회에서 회보 발송 여부에 따라 회비 납부율에 차이가 있는지 알아보고자 한다. 이를 위해 전체 회원을 연령과 성별로 구성된 할당행렬의 각 칸에 배치하고, 절반에게는 회보를 보내고 나머지 절반은 회보를 보내지 않았다.

① 무작위표집(random sampling)
② 할당표집(quota sampling)
③ 매칭(matching)
④ 소시오매트릭스(sociomatrix)
⑤ 다중특질-다중방법(MultiTrait-MultiMethod)

**정답 ③** | 집단의 특성을 가능한 동일하게 맞추기 위하여 연령, 성별로 매칭하는 방법을 사용하고 있는 예이다.

CHAPTER 08

# 자료수집법

1. 자료의 종류와 수집방법
2. 설문지법
3. 관찰법
4. 면접법
5. 내용분석법
6. 문헌조사법

Chapter

# 08 자료수집법

학습목표

- 자료의 종류와 수집방법을 이해할 수 있다.
- 자료수집방법 중 설문지법을 이해할 수 있다.
- 관찰법을 이해할 수 있다.
- 내용분석법을 이해할 수 있다.
- 문헌조사법을 이해할 수 있다.

## 1. 자료의 종류와 수집방법

### 1) 자료의 종류

연구를 목적으로 수집하고 분석하는 자료는 자료의 성격과 연구의 목적, 수집 방법에 따라 일반적으로 1차 자료와 2차 자료로 나눌 수 있다.

#### (1) 1차 자료(primary data)

1차 자료는 연구를 위하여 연구자가 직접 수집한 원자료를 말한다. 따라서 연구자가 원하는 구체적인 정보와 맥락을 반영할 수 있고, 정확성과 신뢰성, 타당성 등을 평가할 수 있다. 반면, 수집하는 데 시간과 비용이 많이 소요될 수 있다. 그러므로 1차 자료를 수집하기 전에 연구에 활용할 수 있는 2차 자료가 있는지 먼저 확인을 한 후 필요한 경우에 1차 자료를 수집하는 것이 효율적이다.

### (2) 2차 자료(secondary data)

기존에 존재하는 자료로, 연구자가 직접 수집하는 1차 자료를 제외한 모든 자료를 의미한다. 학술 논문, 정부나 각종 조사기관의 통계자료, 간행물, 신문이나 잡지 등에 발표되는 자료 등이 여기에 해당한다. 2차 자료는 수집 시간과 비용을 절감할 수 있고, 비관여적이며, 장기간의 변화 추이를 분석하는 데 유용하다. 하지만 연구자가 원하는 자료를 찾기 어려울 수 있고, 중요한 자료가 천재지변 등의 이유로 훼손될 가능성이 있으며, 기존 데이터가 현재 시점의 상황과 차이가 있을 수 있고, 원자료에서 누락된 변수의 결측값을 복구할 수 없다(단, 통계기법을 이용해 결측값을 대체할 수 있다)는 단점이 있다.

〈표 8-1〉 **1차 자료와 2차 자료의 비교**

| 구분 | 1차 자료 | 2차 자료 |
|---|---|---|
| 수집 목적 | 연구 목적에 적합한 정보를 확보 | 기존의 데이터를 활용하여 시간과 비용을 절약하고, 추가 정보나 배경 지식을 보완 |
| 수집과정 | 연구자가 직접 수집하는 자료로 노력이 많이 듦 | 기존 자료를 이용하는 것으로 문헌조사나 데이터베이스 검색을 통해 비교적 쉽게 접근 |
| 수집비용 | 비용이 많이 소요 | 비용이 적게 소요 |
| 수집기간 | 수집 기간이 비교적 긴 편 | 수집 기간이 짧음 |
| 자료 종류 | 설문, 면접, 관찰, 실험 등 | 학술 논문, 정부 보고서, 기존 통계 데이터 등의 기성자료 |

## 2) 수집방법 선택 시 고려사항

자료수집방법은 다양한 요인을 고려하여 선택할 수 있는데, 주로 현지 상황

여건, 자료수집방법의 타당도와 신뢰도, 자료수집 비용 등을 기준으로 결정할 수 있다.

### (1) 현지 상황 여건

#### ① 시간적 특성

시간적 여유가 충분한 경우라면 관찰법이나 면접법이 적합하며, 시간적 여유가 부족한 경우에는 설문지법이 유리하다. 2차 자료는 기존의 자료를 사용하므로 가장 적은 시간이 소요된다. 시간적 여유에 따라 관찰법, 면접법, 설문지법, 2차 자료 순으로 적용할 수 있다.

#### ② 자료수집 환경

자료수집 환경이 복잡할수록 연구자가 직접 현장을 경험하고 실시간으로 데이터를 수집할 수 있는 관찰법과 연구자가 직접 질문을 통해 심층적인 데이터를 수집할 수 있는 면접법이 유리하다. 반면, 설문지법은 구조화된 형식으로 많은 양의 데이터를 효율적으로 수집할 수 있지만, 복잡한 맥락을 반영하거나 심층적인 정보를 얻는 데는 제한적이다. 2차 자료는 복잡한 상황의 세부적인 맥락을 반영하거나 새로운 데이터를 생성하는 데는 한계가 있다. 따라서 자료수집 환경의 복잡성이 높을수록 관찰법, 면접법, 설문지법, 2차 자료 순으로 적용할 수 있다.

#### ③ 모집단의 규모

2차 자료는 모집단이 크더라도 광범위한 데이터를 빠르고 쉽게 확보할 수 있으며, 설문지법은 모집단이 클 경우에도 비교적 많은 데이터를 체계적으로 수집할 수 있어 효율적이다. 반면, 연구자가 직접 모집단의 일부를 만나 심층적으로 자료를 수집하는 방법인 면접법과 모집단을 직접 관찰하여 데이터를 수집하는 관찰법은 모집단의 크기가 커질수록 적용하기에 한계가 있을 수밖에 없다. 따라서 모집단의 크기가 클수록 2차 자료의 활용이 가장 적합하며, 그 다음으로 설문지법, 면접법, 관찰법 순으로 적합하다.

#### ④ 조사대상자 분포

조사대상자가 공간적으로 넓게 분포되어 있는 경우, 조사대상자의 공간적 분포와 무관하게 활용할 수 있는 2차 자료의 사용이 가장 유리하다. 또한 설문지법은 조사대상자가 넓은 지역에 분포하더라도 우편, 이메일, 온라인 설문 등의 비대면 방식으로 설문을 배포하여 대규모 데이터를 확보할 수 있다. 반면, 면접법과 관찰법은 조사대상자를 직접 대면하는 방식이므로 조사대상자의 분포가 제한적일 때 사용할 수 있다. 따라서 조사대상자가 넓게 분포된 경우, 2차 자료의 활용이 가장 적합하며, 다음으로 설문지법, 면접법, 관찰법 순으로 적용할 수 있다.

#### ⑤ 조사대상자 참여 동기

조사대상자의 참여 동기가 높을 경우, 연구자는 면접법을 통해 심층적이고 질 높은 자료를 수집할 수 있다. 반면 관찰법은 응답자에게 능동적인 참여를 요구하지 않고, 연구자가 자연스럽게 이루어지는 행동이나 상호작용을 기록함으로써 자료를 확보할 수 있어 참여 동기가 낮은 응답자들에게 부담을 주지 않으면서도 연구자가 원하는 정보를 비언어적 행동, 환경적 요인 등을 통해 간접적으로 얻을 수 있다.

#### (2) 신뢰도와 타당도에 따른 자료수집방법

타당도는 자료가 연구 목적에 맞게 실제로 측정하고자 하는 것을 제대로 측정하고 있는지를 의미하며, 신뢰도는 자료가 일관되게 재현가능하고, 반복적인 측정에서도 유사한 결과를 내는지를 의미한다. 관찰법이나 면접법은 타당도는 높지만 신뢰도가 낮고, 설문지나 2차 자료는 신뢰도가 높은 반면 타당도는 낮다.

#### (3) 자료수집 비용

관찰법은 현장에서의 장기간 자료수집을 해야 하는 이유로 가장 많은 비용이 소요된다. 다음으로 면접법, 설문지법, 2차 자료 순이다. 즉 2차 자료를 사용하는 것이 가장 저렴하다. 하지만 자료수집방법을 결정할 때에는 연구목적에 부합한지를 먼저 고려해야 한다. 비용이 저렴하다는 이유만으로 자료수집방법을 결정하게 되면 연구자체가 의미없는 결과를 도출할 수 있으므로 연구목적을 고려한 효율적인 자료수집 방법을 결정하는 것이 바람직하다.

## 2. 설문지법

### 1) 의의

#### (1) 의의

모집단의 특성을 파악하기 위해 적정 수의 표본을 추출하여 설문조사 방법을 통해 데이터를 수집하는 것을 서베이조사 또는 설문지법이라고 한다. 연구자가 연구목적에 맞게 미리 구성한 질문지를 통해 조사대상자들의 답변을 체계적으로 수집하여 분석한다. 설문지는 대규모 인원으로부터 빠르고 효율적으로 표준화된 데이터를 수집하는 데 유용하며, 주로 태도, 의견, 행동, 특성 등을 조사하기 위해 사용된다.

### (2) 장·단점

#### ① 장점

- 상대적으로 시간과 비용이 적게 든다.
- 대규모의 응답자로부터 신속하게 자료를 수집할 수 있다.
- 설문에 대한 익명성이 보장되어 응답자가 솔직하게 답변을 제공할 가능성이 높다.
- 응답 항목이 표준화되어 있어 자료 분석 및 해석이 용이하다.
- 응답자가 직접 읽고 답하는 방식이므로 면접자로 인한 편의(bias)가 없다.
- 응답자가 충분한 시간을 가지고, 응답에 신중을 기할 수 있다.
- 설문지를 통해서만 접근이 가능한 응답자(재소자 등)에게 적용이 가능하다.
- 지리적으로 널리 퍼져 있는 응답자에게 저렴한 비용으로 접근할 수 있다.

#### ② 단점

- 응답자가 질문의 의미를 잘못 이해할 수 있다.
- 답변을 성실히 하지 않거나 일관성 없는 답변을 할 위험이 있다.
- 응답자가 스스로 답을 작성하므로 응답의 깊이와 질이 떨어질 수 있다.
- 복잡한 주제나 미묘한 감정을 다루기에는 제한적이다.
- 무응답률이 높아, 비용이 증가되고 연구가 지연될 수 있다.
- 익명성으로 인해 표본으로 추출된 응답자가 응답했는지 여부를 확인할 수 없다.

- 언어적 행동만 조사할 수 있다.
- 무응답에 대한 추가 설명이 불가능하다.

## 2) 설문지법의 종류

### (1) 우편조사법

설문지를 만들어 응답자에게 우편으로 발송하고, 응답자가 작성한 후 우편으로 회신하는 형태의 조사방법이다.

#### ① 우편조사법의 장점

- 비교적 적은 노력과 비용으로 광범위한 지역과 대상에게 자료 수집이 가능하다.
- 조사자로 인한 편의(bias)가 없다.
- 본인이 편한 시간과 장소에서 설문을 작성할 수 있어 성실한 답변을 기대할 수 있다.
- 익명성이 보장되어 개인적이거나 민감한 주제에 솔직하게 응답할 수 있다.
- 재소자와 같이 면접조사가 어려운 대상에게 접근이 쉽다.
- 모든 응답자에게 동시에 우편을 발송하여 회수하기 때문에 면접법보다 시간이 절약된다.
- 표준화된 어법을 사용하므로 응답 결과의 비교가 용이하다.

#### ② 우편조사법의 단점

- 응답자가 설문을 작성하지 않거나 작성 후 회신하지 않는 경우가 많아 회수율이 낮다. 일반적으로 면접조사는 95%까지 회수가 가능한데, 우편조사는 10~25% 정도만 회수되고 있다.

- 설문지를 우편으로 보내고 회신하는 과정에서 분실되거나 손상될 위험이 있다.
- 발송과 회신 과정에 시간이 걸려 신속한 자료 수집이 어렵다.
- 응답자 본인이 응답했는지 여부를 확인할 수 없다.
- 응답자가 질문을 이해하지 못해 잘못 응답하는 것으로 인해, 타당성에 문제를 야기할 수 있다.
- 언어적 행동만 조사할 수 있다.
- 응답 내용이 명확하지 않은 경우 추가 질문하기가 어렵다.

③ 우편조사의 회수율 높이는 기법

- 기프티콘, 상품권, 소액의 현금 등과 같이 적절한 보상 제공하여, 설문 응답에 대한 동기를 부여한다.
- 설문 문항을 간단하고 명확하게 작성하여 응답자가 부담 없이 설문에 참여할 수 있도록 한다.
- 회신 주소와 우표를 부착한 봉투를 동봉하여, 응답자의 번거로움을 덜어주고 응답자가 비용을 부담하지 않도록 한다.
- 설문지와 안내문에 친근한 문구를 사용하여 설문에 대해 긍정적인 인식을 갖도록 유도한다. 예컨대, 응답자의 이름을 넣거나, 설문의 목적과 의미를 친근하게 설명하는 방식으로 안내문을 구성한다.
- '귀하의 의견이 연구에 큰 도움이 된다'는 문구를 넣어 설문 참여의 가치를 강조하고, 응답자가 아주 중요한 기여를 하는 것임을 강조한다.
- 연구주관자나 후원자의 이름을 명시한다. 특히 정부기관이나 대학 등에서 진행하는 연구인 경우 응답자에게 동기를 부여할 수 있다.
- 시각적으로 깔끔하고 보기 좋게 설문지를 디자인하여 응답자의 관심을 끌 수 있도록 한다.

- 휴가철이나 연휴 기간, 명절에는 설문지에 신경을 덜 쓰게 되므로 이때는 피해서 발송하도록 한다.
- 설문 발송 후에 회신이 되지 않은 응답자에게 후속 안내를 통해 회신을 독려한다.

#### ④ 설문지 회신에 대한 후속 안내

- 1차 후속 서신 발송: 보통 일주일에서 10일 사이에 우편엽서를 이용해 발송한다.
- 2차 후속 서신 발송: 3주 후에 회신이 되지 않은 응답자에게 후속 서신과 함께 질문지를 재발송한다.
- 3차 후속 서신 발송: 6주 후 마지막으로 3차 후속 서신을 발송한다.

### (2) 면접조사법

면접자가 피면접자와 직접 대면하여 면접자가 설문지에 있는 내용을 토대로 질문하고 피면접자의 응답을 기록하는 방법이다.

#### ① 면접조사법의 장점

- 응답자가 제공한 답변에 대해 더 깊이 이해하거나, 표면적인 응답 너머의 숨겨진 정보와 의미를 수집할 수 있는 심층규명(프로빙, probing)이 가능하다.
- 면접자가 직접 질문하는 형태이므로 피면접자로부터 정확한 답을 얻을 수 있다.
- 필요에 따라 재질문이나 추가질문이 가능하다.
- 회수율이 높다.
- 비언어적 행위를 직접 관찰하여 응답의 타당도를 확보할 수 있다.

- 면접 환경을 통제할 수 있다.
- 대리 응답 가능성이 낮고, 제3자의 영향을 배제할 수 있다.
- 읽고 쓰는 능력이 부족한 사람들에게 유용하다.
- 질문지의 모든 문항에 응답했는지 확인하여 완성도를 높일 수 있다.

**심층규명(probing)**
면접이나 설문조사 과정에서 응답자의 답변을 보다 깊이 이해하거나, 추가적인 정보를 이끌어내기 위해 사용되는 기법이다. 이는 응답자의 초기 답변이 불명확하거나 피상적인 경우, 질문을 더 깊게 파고들어 심층적인 자료를 얻는 데 활용된다. 즉, 응답자의 답변 의미를 명확하게 하거나 더 구체적인 정보를 얻기 위해 활용될 수 있으며, 단순한 답변을 넘어 숨겨진 감정, 태도, 신념 등을 파악하기 위한 심층적 탐색을 위해서도 필요하다. 부정확하거나 모호한 답변을 수정하거나 명확하게 하도록 도와서 응답의 신뢰도를 향상시키는 역할도 한다. 또한 예상하지 못한 정보를 도출하거나, 응답자가 처음에는 언급하지 않았던 사항을 이끌어내는 데에도 필요하다. 개방형 질문에 대한 답을 끌어낼 때에도 활용할 수 있다.

**② 면접조사법의 단점**

- 면접자에 대한 훈련과 감독이 필요하며, 자료의 정리를 위하여 많은 비용과 시간이 소요된다.
- 비구조화 면접의 경우 면접자의 주관이 개입될 가능성이 있다.
- 면접자가 응답의 내용을 잘 이해하지 못하여 오기할 가능성이 있다.
- 답변에 신중을 기할 수 있는 충분한 시간이 주어지지 않는다.
- 응답자의 익명성이 보장되지 않아, 민감한 질문에 대한 답변이 어렵다.
- 특수층의 사람(노숙자, 재소자, 약물중독자 등)에 대한 접근성이 떨어진다.
- 응답자가 피곤해하거나 다른 요인들 때문에 면접에 집중하지 못할 수 있다.
- 응답자가 여러 지역에 위치하는 경우 사용하기 어렵다.

〈표 8-2〉 우편조사와 면접조사 비교

| 문장 | 우편설문(자기기입식) | 면접설문 |
|---|---|---|
| 1. 응답의 결측치를 최소화한다. | | O |
| 2. 개방형 질문에 더 유리하다. | | O |
| 3. 자료 입력이 더 편리하다. | O | |
| 4. 조사 대상 1인당 비용이 더 저렴하다. | O | |
| 5. 응답률이 더 높다. | | O |
| 6. 추가질문이 어렵다. | O | |
| 7. 원거리 응답자에게 더 적합하다. | O | |
| 8. 어린이나 노인에게 더 적합하다. | | O |
| 9. 비언어적 행위의 관찰이 가능하다. | | O |
| 10. 대리 응답 가능성이 낮다. | | O |
| 11. 질문 과정에서의 유연성이 낮다. | O | |
| 12. 응답 환경을 구조화하기 어렵다. | O | |
| 13. 응답 환경 통제가 용이하다. | | O |
| 14. 심층규명이 증대된다. | | O |
| 15. 복잡한 쟁점을 다룰 때 효과적이다. | | O |
| 16. 민감한 문제를 다루기 유리하다. | O | |
| 17. 시간이 덜 걸린다. | O | |

출처: 생각의 마을(2020) 재구성.

### (3) 전화조사법

표준화된 설문지를 이용하여 조사자가 전화를 통해 응답자로부터 자료를 수집하는 방법이다. 과거에는 전화번호부에서 전화번호를 무작위로 추출하는 방법을 사용했으나, 요즘은 RDD(Random Digit Dialing, 무작위 전화걸기) 방식을 사용한다. 주로 긴급하게 조사를 실시하거나 질문내용이 짧을 때 유용하다.

#### ① 전화조사법의 장점

- 짧은 시간 안에 많은 응답자를 대상으로 조사할 수 있다.
- 대면조사보다 준비와 응답 수집이 간편하여 시간과 비용이 절감된다.

- 응답자의 위치에 관계없이 접근할 수 있어, 넓은 지역에 분포한 응답자에게 유리하다.
- 얼굴을 맞대지 않기 때문에 민감한 질문에도 비교적 솔직하게 답변할 가능성이 높다.
- 응답자가 전화를 받으면 곧바로 응답을 시작할 수 있어, 우편조사보다 회수율이 높다.

② 전화조사법의 단점

- 전화기가 없는 대상자에게 접근이 어렵다.
- 피면접자가 마음대로 전화를 끊어버리는 것에 대한 통제가 어렵다.
- 복잡하거나 지나치게 민감한 사적인 질문은 어렵다.
- 선정된 표본이 응답하는지 확인할 수 없다.
- 비언어적인 자료수집이 어렵다.
- 다양하고 심도 있는 질문이 어렵다.

### (4) 집단조사법

다수의 응답자를 한 장소에 모아 놓고, 응답요령을 알려준 후 질문하고 설문을 진행하는 방법이다.

① 집단조사법의 장점

- 여러 응답자로부터 단시간에 자료를 수집할 수 있어 시간이 절약된다.
- 조사자가 현장에서 응답자를 직접 관리할 수 있어 응답률과 회수율이 높다.
- 응답자가 질문을 이해하지 못할 경우, 곧바로 설명 가능하다.

② 집단조사법의 단점

- 다른 사람의 응답에 영향을 받아 자신의 답변을 왜곡할 수 있다.
- 조사 장소를 대여하거나 피면접자에게 교통비를 지불해야 하는 등 비용이 많이 든다.

### (5) 배포조사법

연구자가 특정 장소(학교, 직장, 세미나 등)에서 설문지를 나눠주거나, 직접 응답자에게 전달하여 응답자로부터 설문지를 작성하도록 하고 추후 연구자가 직접 설문지를 회수하는 방식이다. 설문지를 배포할 때 회수 기한과 장소를 정해두는 것이 좋다.

① 배포조사법의 장점

- 응답자에게 스스로 설문을 작성할 시간을 주기 때문에 신중하게 응답을 할 수 있다.
- 배포 장소가 일정한 경우, 설문지 배포와 회수가 효율적이다.
- 비용과 시간이 절약된다.

② 배포조사법의 단점

- 응답자가 설문을 완료하지 않거나 회수 기한을 놓칠 경우 회수율이 저하될 수 있다.
- 연구자가 실시간으로 응답 과정을 확인하지 못하므로 무성의한 응답이 있을 수 있다.
- 신속한 데이터 수집이 어렵다.
- 추가질문 또는 심층규명이 어렵다.

### (6) 온라인 조사(인터넷조사)

인터넷을 통해 설문조사를 실시하는 방법으로, 온라인 설문지나 디지털 플랫폼을 활용해 응답자로부터 자료를 수집하는 방식이다. 시간이나 비용면에서 가장 경제적이고 절차가 간편하며, 시각 보조 자료를 활용하기에 용이하다. 물리적 자료 준비나 이동 없이 온라인 설문 플랫폼을 통해 빠르고 저비용으로 조사를 수행할 수 있어, 대규모 설문조사에 특히 효과적이다. 온라인 조사에는 설문지를 전자우편(이메일)으로 작성하여 다수의 사용자에게 발송하고 응답자가 완성된 질문지를 다시 전송해 주는 전자우편 서베이(이메일)와 웹 사이트상에서 직접 설문에 응답할 수 있게 하는 웹사이트 서베이가 있다.

#### ① 온라인 조사의 장점

- SNS, 이메일, 커뮤니티 링크를 통해 짧은 시간 안에 많은 응답자를 대상으로 효율적인 자료 수집이 가능하다.
- 응답자의 시간에 맞춰 설문에 참여할 수 있어 응답자 자율성과 편의성이 보장된다.
- 모바일, 태블릿, PC 등 여러 기기에서 접근이 가능해 설문 응답이 편리하다.
- 조사 결과가 실시간으로 수집·분석될 수 있어 신속한 데이터 관리와 피드백이 가능하다.
- 표본수가 많아져도 추가 비용이 없다.
- 24시간 조사가 가능하다.
- 고수입 집단이나 고도의 기술전문가 집단에 쉽게 접근할 수 있다.

#### ② 온라인 조사의 단점

- 인터넷과 디지털 기기에 대한 접근성이 떨어지는 대상에게 사용이 어렵다.

- 표본의 대표성을 확보하는 데 어려움이 있다.
- 무성의한 답변이나 중복 응답이 발생할 위험이 있다.
- 온라인으로 수집된 데이터이므로 개인정보 유출의 위험이 있다.
- 질문이 복잡하거나 다의적인 경우 응답 오류가 발생할 가능성이 크다.
- 이미 설문에 응답한 사람이 재응답하는 경우 오류가 발생할 수 있다.
- 인터넷조사 참여를 권유하는 메일을 스팸 메일로 인식할 수 있다.

〈표 8-3〉 주요 설문조사 유형 비교

| 기준 | 우편조사 | 면접조사 | 전화조사 | 온라인조사 |
|---|---|---|---|---|
| 표본의 교육수준 | 높음 | 낮음 | 낮음 | 높음 |
| 질문 형태 | 폐쇄형 질문 | 복잡한 질문,<br>개방형 질문 | 단순한 질문,<br>폐쇄형 질문 | 폐쇄형 질문 |
| 응답률 | 낮은 편 | 높음 | 보통 | 낮은 편 |
| 시간 | 많은 시간 소요 | 보통 | 매우 빠름 | 빠른 편 |
| 비용 | 많은 비용 소요 | 많은 비용 소요 | 적은 비용 소요 | 적은 비용 소요 |
| 다양성 | 낮음 | 높음 | 보통 | 보통 |

## 3) 설문지의 구성요소와 작성과정

### (1) 설문지 구성요소

설문지가 구조화된 자료수집 도구로서 의미를 가지려면, 표준화된 형식을 갖추어야 한다. 이를 위해 설문표지, 응답자에 대한 협조 요청, 식별자료, 지시사항, 필요한 정보를 얻기 위한 문항, 응답자 분류를 위한 자료와 같은 요소가 필요하다.

#### ① 설문 표지

설문지 표지(cover letter)는 응답자가 설문지를 맨 처음 접하게 되는 얼굴과도 같아서 표지에 따라 응답률이 달라질 수도 있다. 즉, 표지는 설문지의 성격과 신뢰도를 전달하며, 응답자가 설문에 진지하게 참여할 수 있도록 유도하는 역할을 한다. 따라서 표지의 구성은 간단하면서도 핵심 내용을 명확하게 전달할 수 있어야 한다. 일반적으로 설문표지에 포함되어야 하는 사항은 다음과 같다.

- 조사목적, 조사기관의 정보, 응답자 보호 방침 등을 포함하여 응답자가 신뢰감을 가질 수 있도록 작성한다.
- 연구자의 소속과 설문 관련 문의나 도움이 필요할 경우 연락할 수 있는 연락처(이메일, 전화번호 등), 이름을 밝혀 둔다.
- 응답자의 개인정보보호와 비밀보장에 대해 주지시킨다.
- 응답 시 솔직하게 응답하도록 언급한다.
- 설문에 소요될 예상시간 및 분량을 제시한다.
- 우편조사인 경우, 회수 마감일을 명확하게 적어 둔다.
- 안내문의 앞과 끝에 정중한 감사의 표시를 한다.

위에서 나열한 항목 외에 설문 목적, 참여 대상, 비밀 보장 등의 중요한 부분은 눈에 잘 띄도록 강조하고, 응답자가 쉽게 이해할 수 있도록 전문 용어는 최소화하고, 간단한 표현을 사용하여 처음 접하는 설문지 표지에서 참여 동기를 높이도록 한다.

**설문 표지 예시**

설문 제목

안녕하십니까?
저희 설문에 관심을 가져주셔서 감사합니다. 본 설문은 [설문조사 목적]을 위해 실시하는

> 것으로, 총 0면으로 00분 정도 소요될 예정입니다. 질문에는 정답이 없으므로 귀하의 생각이나 느낌을 사실대로, 빠진 문항이 없도록 응답해 주실 것을 당부드립니다.
> 수집된 정보는 연구목적에 한하여 사용되며, 다른 목적에는 일절 사용되지 않습니다.
> 바쁘신 중에 시간을 내어 설문에 응해주셔서 진심으로 감사드립니다.
>
> 본 설문지와 관련해서 궁금한 사항이 있으시면 아래 연락처로 연락주시면 성심성의껏 답변해드리겠습니다.
>
> 2000년 00월 00일
> OO대학교 OO학과 교수 OOO
> 전화번호: [010-1234-5678]
> 이메일: [example@example.com]

② 식별자료

식별자료는 응답자를 구분하거나 특정 그룹으로 분류하기 위해 필요한 기본 정보를 수집하는 항목으로, 설문 결과를 분석할 때 중요한 기준이 된다. 주로 응답자 정보나 조사자의 이름과 면접일시 등을 기록하는데, 개인정보보호 원칙에 따라 필수적인 경우에 한해 최소한으로 수집해야 하며, 민감한 정보는 익명성을 보장할 수 있도록 신중히 다루어야 한다. 보통 식별자료는 설문지의 첫 장에 표시한다.

③ 지시사항

설문지 작성 방법과 주의사항을 안내하는 부분으로, 응답자들이 각 문항을 올바르게 이해하고 답변할 수 있도록 돕는다. 예컨대, “해당하는 응답 하나를 선택하십시오”와 같은 지시사항을 제공해 응답의 일관성을 높인다.

④ 정보를 얻기 위한 문항

설문의 주요 목적을 달성하기 위해 응답자로부터 직접적으로 수집해야 하는 정보와 관련된 질문을 의미한다. 따라서 이 문항들이 설문의 핵심이며, 조사하고자 하는 주제에 대한 구체적인 데이터를 수집하는 데 사용된다. 각 문항들은 설문 목적에 맞춰 신중하게 설계되어야 하는데, 여기에는 사실에 관한 질문, 행동에 관한 질문, 의견이나 태도에 관한 질문, 지식에 관한 질문 등으로 구성할 수 있다.

• 사실에 관한 질문

응답자의 개인적인 사실이나 상황을 묻는 질문으로, 주로 연령, 성별, 결혼상태와 같은 인구통계학적인 질문과 직업, 학력 등의 사회경제적 질문이 있다. 이는 조사 대상 집단을 이해하고, 응답자의 기본 특성을 파악하는 데 도움을 준다. '귀하의 나이는 몇 살입니까?', '현재 거주하시는 지역은 어디입니까?', '귀하의 직업은 무엇입니까?'로 표현할 수 있다.

• 행동에 관한 질문

응답자가 특정한 상황에서 취한 행동이나 행위의 빈도, 방식 등을 묻는 질문으로, 과거에 했던 행동이나 현재의 습관을 파악하기 위해, 또는 응답자의 행동 패턴이나 경향을 분석하기 위해 질문하는 것이다. '지난 한 달 동안 이 서비스를 얼마나 자주 이용하셨습니까?', '주로 어떤 경로를 통해 제품을 구매하십니까?', '평균적으로 하루에 커피를 몇 잔 정도 마시나요?'로 질문을 할 수 있다.

• 의견이나 태도에 관한 질문

응답자가 특정 주제나 상황에 대해 느끼는 감정, 신념, 가치관, 선호도 등을 묻는 질문으로, 이러한 질문을 통해 응답자의 의견을 파악하고, 설문 주제에 대한 긍정적 또는 부정적 태도를 분석할 수 있다. 주로 만족도, 신뢰도, 중요도 등을 평가하는 데 사용할 수 있다. 예컨대, '이 제품의 품질에 얼마나 만족하시나요?(만족도 척도형 질문)', '귀하는 환경 보호가 얼마나 중요하다고 생각하십니까?(중요도 평가 질문)', '본 제품을 다시 구매할 의향이 있으십니까?(선호도 및 구매 의사)' 방식으로 질문할 수 있다.

• 지식에 관한 질문

응답자가 특정 주제나 분야에 대해 얼마나 알고 있는지를 측정하기 위한 질문으로, 응답자의 지식 수준, 정보 이해도를 파악하고자 할 때 주로 사용한다. '친환경 제품에 대해 들어본 적이 있으신가요?', '귀하는 현재 정부가 시행 중인 환경 정책에 대해 얼마나 알고 계십니까?', '건강에 좋은 식습관에 대해 어느 정도 알고 있다고 생각하십니까?'로 표현할 수 있다.

⑤ 응답자의 분류를 위한 자료

특정 응답자 그룹으로 분류하여 설문 결과를 보다 구체적이고 의미 있게 분석하는 데 중점을 둔다. 주로 응답자의 인구통계적 특성(성별, 연령, 직업 등)을 파악하기 위한 질문을 포함하는데, 응답자의 프라이버시가 침해되지 않도록 연구에 필요한 최소한의 정보만 질문한다.

### (2) 설문지 작성과정

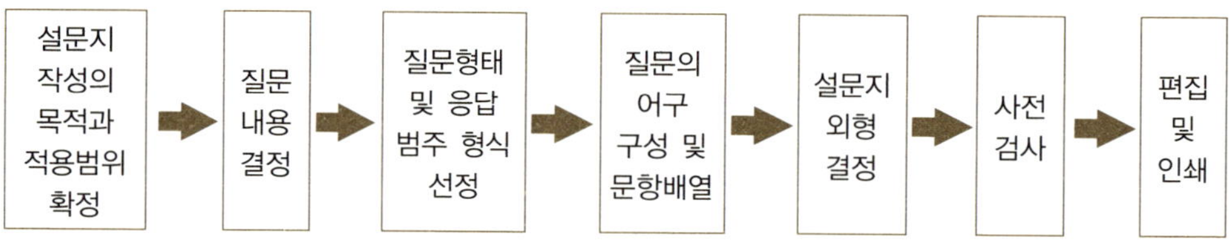


[그림 8-1] 설문지 작성과정

설문지 작성에는 ① 작성의 목적과 적용범위 확정, ② 질문내용결정, ③ 질문형태 및 응답범주 형식 선정, ④ 질문의 어구 구성 및 문항배열, ⑤ 설문지 외형 결정, ⑥ 사전검사, ⑦ 편집 및 완성의 절차를 거친다.

### 4) 설문문항의 작성요령

설문 문항을 효과적으로 작성하기 위해서는 다음 사항에 유의해야 한다.

#### (1) 한 문항에 하나의 질문만 포함한다.

**올바른 예시**
우리 동네에 장애인학교가 필요하다고 생각하십니까?
① 예 ② 아니요

**잘못된 예시**
우리 동네에 장애인학교와 장애인복지관이 필요하다고 생각하십니까?
① 예 ② 아니요

위의 예시 중 〈올바른 예시〉는 하나의 질문을 간단하게 질문하는 것에 비해 〈잘못된 예시〉는 장애인학교와 장애인복지관 두 가지 요소의 필요성에 대해 한꺼번에 묻고 있다. 응답자가 장애인학교와 종합사회복지관에 대한 생각이 다른 경우 응답을 하기가 어렵다.

#### (2) 질문이 모호하지 않도록 구체적인 기준을 제시한다.

**올바른 예시**
지난 국회의원 선거에서 투표하셨습니까?

> **잘못된 예시**
> 지난 선거에서 투표하셨습니까?

위의 〈잘못된 예시〉는 지난 선거라고 표현하고 있어서 어떤 선거를 지칭하는지 명확하지 않다. 또 다른 예를 보면, '당신의 소득은 얼마입니까?', '당신의 지역사회에서 가장 시급한 현안은 무엇이라고 생각합니까?'와 같은 질문은 구체성이 결여되어 있는 문항들이다. 첫 번째의 예시는 월 소득을 말하는지 연 소득을 말하는지가 불분명하고, 두 번째 예시의 지역사회는 거주하고 있는 아파트를 의미하는 것인지, 거주하고 있는 시를 말하는지 알 수 없는 질문이다.

### (3) 전문용어를 피하고 이해하기 쉬운 단어를 사용한다.

응답자의 이해 수준에 적합한 단어를 사용하고, 전문용어를 꼭 사용해야 한다면, 먼저 설명글을 주고 질문한다.

> **예시**
> *용어설명: 님비현상이란 교도소, 화장장과 같이 공공의 이익은 되지만 자기 지역에 설치하는 것을 반대하는 지역 이기주의를 말합니다.
> 당신은 주민들이 쓰레기 소각장 설치를 반대하는 것을 님비 현상*이라고 생각하십니까?
> ① 예　　② 아니요

### (4) 문항의 길이는 가급적 짧은 것이 좋다.

질문이 짧으면, 설문 응답자가 질문을 빠르고 명확하게 이해할 수 있어, 응답의 정확성과 일관성을 높인다. 짧고 간결한 질문으로 응답자가 설문을 끝까지 성실하게 완료할 수 있도록 한다.

### (5) 질문과 설명은 구분한다.

설문 문항 작성 시 질문과 설명을 구분하는 것은 응답자가 질문의 핵심을 쉽게 이해하고 답변할 수 있도록 돕기 위한 중요한 원칙이다. 질문은 응답자가 답해야 할 주된 내용이며, 설명은 질문을 명확히 이해할 수 있도록 부가적인 정보를 제공하는 것이다. 질문과 설명이 섞이면 어디까지가 질문이고 어디까지가 설명인지 혼란을 주어 응답의 질이 떨어질 수 있다.

**올바른 예시**

설명: 품질에는 제품의 내구성, 기능, 디자인이 포함됩니다. 귀하의 경험에 따라 평가해 주세요.

이 제품의 품질에 얼마나 만족하십니까?

**잘못된 예시**

이 제품의 품질에 대해 얼마나 만족하십니까? 품질은 제품의 내구성, 기능, 디자인 등을 포함하며, 귀하의 경험에 따라 평가해 주시기 바랍니다.

〈올바른 예시〉처럼 질문은 간단하고 명확하게 제시하고, 추가적인 설명은 별도로 구분하여 제공하면 응답자가 핵심 질문에 쉽게 집중할 수 있다.

### (6) 질문은 가치중립적이어야 하고 유도질문은 피한다.

유도 질문은 연구자가 특정 답변을 유도하거나 암시하는 표현을 사용하여 연구자의 의도대로 편향된 답을 할 가능성을 높인다. 따라서 응답자가 자신의 의견을 있는 그대로 표현할 수 있도록 중립적인 표현을 사용해야 한다. 아래의 예시들은 모두 유도된 질문들이라고 할 수 있다.

**예시 1**
부모 잃은 불쌍한 아이들을 돌보아주는 아동생활시설이 우리 지역사회에 설립되는 것에 대해 어떻게 생각하십니까?

**예시 2**
사회복지 혜택이 부족해서 생활이 어려워진다는 의견에 동의하시나요?

**예시 3**
정부의 복지 지원이 충분하지 않다고 생각하지 않으십니까?

### (7) 응답자의 능력과 수준을 고려한다.

응답자의 연령, 교육수준, 배경지식 등을 고려하지 않고 문항을 작성하면, 설문을 이해하기 어렵게 되어 응답이 왜곡되거나 설문이 중도에 포기될 가능성이 커진다. 따라서 응답자의 능력 수준에 맞추어 질문을 작성하여 응답자에게 부담을 주지 않고, 설문 목적에 부합하는 정확한 데이터를 얻도록 한다.

**예시**
하루에 몇 리터의물을 마시나요? ________리터

위의 예시대로라면 제대로 답을 할 수 있는 사람이 많지 않을 것이다. “하루에 몇 잔의 물을 마십니까?”라고 질문하는 것이 바람직하다.

### (8) 긍정형의 질문이 좋다.

부정문은 응답자가 혼란스러울 수 있으므로, 긍정문으로 바꾸어 작성하는 것이 좋다. 부정문의 경우 자칫 잘못된 이해를 하여 응답에 왜곡이 있을 수 있다.

**예시**
복지 혜택이 충분하지 않다고 생각하지 않으십니까?
→ 복지혜택이 충분하다고 생각하십니까?

### (9) 응답하기 곤란한 민감한 질문은 피한다.

응답자가 불편하거나 민감하게 느낄 수 있는 질문, 또는 사생활에 지나치게 깊이 관여하는 질문은 피하는 것이 좋다. 이는 응답의 신뢰도를 떨어뜨리고 설문 전체에 대한 참여 의지를 약화시킬 수 있다. 민감한 질문을 구성해야 한다면, 개방형의 질문으로 후반부에 배치하도록 한다.

**예시 1**
귀하의 월 소득은 정확히 얼마입니까? ________ 만 원
↓
귀하의 월 소득은 얼마입니까?
① 100만 원 미만 ② 100만 원 이상 200만 원 미만
③ 200만 원 이상 300만 원 미만 ④ 300만 원 이상 500만 원 미만
⑤ 500만 원 이상

**예시 2**
귀하의 결혼상태는?
① 기혼 ② 미혼 ③ 사별 ④ 재혼 ⑤ 동거 ⑥기타
↓
귀하의 결혼상태는?
① 기혼 ② 미혼 ③ 기타

위의 예시는 매우 부적절한 질문들이다. 이런 질문을 받으면 설문에 응답하고 싶은 마음이 없어질 것이다. 〈예시 1〉은 "귀하의 월 소득은 얼마입니까?"에

대해 객관식으로 응답할 수 있는 범주를 주는 것이 좋으며, 〈예시 2〉는 ① 기혼 ② 미혼 ③ 기타로 하는 것이 바람직하다.

### (10) 객관식 질문이 좋다.

객관식 질문은 응답자가 미리 제시된 선택지 중에서 답변을 고를 수 있도록 하여, 응답 시간이 짧고 응답 과정이 간단해지는 장점이 있다. 또한, 데이터를 일관되게 수집하고 분석하는 데 유리하여 결과를 신속하고 정확하게 처리할 수 있다. 주관식이 필요하다면 최소한의 문항수로 후반부에 배치하도록 한다.

### (11) 문항 수는 최소화, 질문은 간단명료하게 한다.

설문 문항이 많아지면 응답자가 피로감을 느껴 집중력이 떨어지거나 설문을 중도에 포기할 가능성이 크다. 또한 질문이 복잡하거나 불필요한 설명이 들어간 질문은 이해하기 어려워 응답의 정확성을 떨어뜨릴 수 있다. 따라서 질문은 핵심 정보만을 얻을 수 있도록 간단명료하게, 최소한의 문항 수로 구성한다.

### (12) 추상적인 질문보다는 사실적인 질문을 한다.

추상적인 질문은 해석의 여지가 넓어 응답자가 각기 다른 의미로 받아들일 수 있다. 사실적인 질문으로 보다 정확한 정보를 얻을 수 있다.

**예시**

지역사회 내 노인 복지가 잘 이루어지고 있다고 보십니까?

→ 귀하가 거주하는 지역에서는 노인을 위한 복지 프로그램이 충분하다고 느끼십니까?

위의 질문은 노인복지가 잘 이루어진다는 것에 구체성이 결여되어 있다. 따라서 “귀하가 거주하는 지역에서는 노인을 위한 복지 프로그램이 충분하다고 느끼십니까?”로 바꾸는 것이 좋다.

## 5) 질문유형

### (1) 개방형 질문과 폐쇄형 질문

개방형 질문과 폐쇄형 질문은 설문조사에서 가장 일반적으로 사용되는 질문 유형이다. 두 유형은 응답 방식과 수집할 수 있는 데이터의 형태가 다르며, 조사목적에 따라 적절하게 선택해서 사용하도록 한다.

#### ① 개방형 질문(open-ended response question)

흔히 주관식이라고 하는 개방형 질문은 응답자가 주어진 질문에 자유롭게 자신의 의견이나 생각을 서술할 수 있는 질문 형태로, 정해진 선택지 없이 응답자는 자신의 말로 답을 작성한다. 심층적이고 질적인 면접에서 주로 개방형 질문을 사용한다.

**예시**

- 이 복지 프로그램에 대해 개선이 필요한 점은 무엇이라고 생각하십니까?
- 현재 정부의 복지서비스에 대해 어떻게 생각하시는지 말씀해 주세요.
- 복지 서비스를 이용하면서 느낀 어려움이 있다면 설명해 주세요.

**〈표 8-4〉 개방형 질문의 장·단점**

| | |
|---|---|
| 장점 | • 응답자의 개인적인 의견, 감정, 생각을 깊이 있게 파악할 수 있다.<br>• 다양한 정보를 자유롭게 제공할 수 있다.<br>• 융통성을 부여하여 새로운 사실을 알아낼 수 있다.<br>• 조사단위의 수가 적은 조사나 탐색적 조사에 유용하다. |

| | |
|---|---|
| 단점 | • 표현력이 부족한 응답자에게는 서술에 대한 부담을 줄 수 있다.<br>• 응답을 해석할 때에도 표현상의 차이로 응답자의 의도와 다르게 해석할 수 있다.<br>• 자료의 분석과 해석이 어려워 시간이 많이 소요될 수 있다.<br>• 통계적 처리가 어렵다.<br>• 응답을 해석하는 과정에서 편견이 작용할 수 있다.<br>• 개방형 질문이 많으면 응답에 대한 부담으로 응답률이 낮아질 수 있다. |

#### ② 폐쇄형 질문(closed-ended response question)

폐쇄형 질문은 객관식 질문과 같은 것으로, 응답자가 미리 정해진 선택지 중에서 답변을 고르는 형태이다. 연구자는 폐쇄형 질문의 응답 범주를 구성할 때 상호배타성과 포괄성을 담보로 구성하여 응답자가 혼란 없이 자신의 답변을 선택할 수 있도록 한다.

• **상호배타성(중복금지, mutual exclusiveness)**

응답 범주 간 중복이 없고, 하나의 답변만 선택할 수 있도록 서로 배타적으로 구성하여야 한다. 즉 응답자가 하나의 질문에 대해 단 하나의 선택지를 고를 수 있도록 구성한다. 아래의 예시에서 응답자가 30세라면 ②와 ③ 모두 해당한다. 이는 상호배타적이지 않은 경우이다.

**예시**

귀하의 연령대를 선택해 주세요.

① 20세 이하 ② 20세 이상 30세 이하 ③ 30세 이상 40세 이하
④ 40세 이상 50세 이하 ⑤ 50세 이상

↓

귀하의 연령대를 선택해 주세요.

① 20세 미만 ② 20세 이상 30세 미만 ③ 30세 이상 40세 미만
④ 40세 이상 50세 미만 ⑤ 50세 이상

• 포괄성(총망라성, exhaustiveness)

포괄성은 다지선다형 응답에서 응답자의 선택이 가능한 범주를 제공하여야 함을 의미한다. 선택의 항목이 빠지지 않도록 사전조사 때 충분히 검토하여야 하며, 여의치 않은 경우는 기타 범주를 주어 응답자가 응답할 수 있도록 한다. 선택지가 포괄적으로 구성되지 않으면 응답자가 자신의 상황에 맞는 답변을 찾지 못하게 되고, 이는 결과적으로 설문 응답의 신뢰성을 떨어뜨릴 수 있다.

**예시**

귀하의 종교는 무엇입니까?

① 불교 ② 기독교 ③ 천주교 ④ 이슬람교

↓

귀하의 종교는 무엇입니까?

① 불교 ② 기독교 ③ 천주교 ④ 이슬람교 ⑤ 기타

위의 예시에서, 응답자가 '무교'라면, 선택할 수 있는 범주가 없다. 이런 질문이 포괄적이지 않은 질문이다. 이런 경우 ⑤ 기타 범주를 주어 나머지에 해당하는 사람들도 응답할 수 있도록 하여 포괄적인 질문이 되도록 해야 한다.

**〈표 8-5〉 폐쇄형 질문의 장·단점**

| | |
|---|---|
| 장점 | • 응답이 편리하다.<br>• 선택 범주가 제공되어 응답률이 높다.<br>• 구조화되어 있어 민감한 문제에 대한 질문에 유리하다.<br>• 신속한 자료 처리가 가능하다.<br>• 측정에 통일성을 기할 수 있다.<br>• 응답의 해석이 쉽다. |
| 단점 | • 응답을 범주로 묶어 중요한 자료를 버리게 된다.<br>• 범주 안에서 선택해야 하므로 선택지가 없을 수 있다.<br>• 선택지 중 내 생각과 다른 것을 선택하여 응답자의 편의가 개입될 수 있다.<br>• 적절한 범주 구성이 어려울 수 있다. |

### (2) 직접질문과 간접질문

#### ① 직접질문

응답자에게 원하는 정보를 직접적으로 묻는 질문으로, 솔직하고 간결하게 핵심 사항을 묻는 형태이다. 응답자가 질문의 의도를 명확히 파악할 수 있어 빠르고 정확하게 답할 수 있다. 따라서 사실적이고 단순한 정보 수집에 유용하다. 반면, 예민하거나 민감한 주제에 대해 질문할 때는 응답자가 불편함을 느껴 솔직한 답변을 피할 수 있다. "귀하의 월 소득은 얼마입니까?", "이 서비스에 얼마나 만족하십니까?" 등이 그 예가 된다.

#### ② 간접질문

간접질문은 응답자에게 직접적으로 묻기 어렵거나 응답자가 응답을 회피하는 경우 사용할 수 있는 방법이다. 간접질문은 전혀 다른 질문을 하여 그 질문에 대한 반응으로 필요한 정보를 얻을 수 있는데, 응답자의 솔직한 반응을 이끌어내기 위해 사용하는 방법에는 투사법, 오류 선택법, 정보 검사법, 토의 완성법, 연상법 등이 있다(강종수, 2021).

- 투사법

정확한 응답에 대한 장애 요인을 피하기 위해 피조사자에게 자극을 주어 우회적으로 응답을 얻어내는 방법이다. "다른 사람들이 이 정책에 대해 어떻게 생각한다고 보시나요?" 이와 같은 질문은 응답자가 자신의 생각을 '다른 사람들'의 의견에 투사하여 솔직한 의견을 간접적으로 표현할 수 있다.

- 오류선택법

어떤 질문에 대해 틀린 답을 여러 개 제시해 놓고 그것을 선택하게 함으로써 응답자의 태도를 알아보는 방법이다. "사람들이 복지 수급자들을 부정적으로 보는 이유는 그들이 더 노력하지 않는다고 생각하기 때문이라고 보시나요, 아니면 복지 혜택이 과도하다고 생각하기 때문이라고 보시나요?"라는 질문을 통해 복지 수급자에 대한 응답자의 태도를 간접적으로 유추할 수 있다.

• 정보검사법

어떤 주제에 대해 특정인이 지닌 정보의 양과 종류가 그 개인의 태도나 행동을 결정한다고 보고 그 개인이 가진 정보를 파악해 응답자의 태도를 알아보는 방법이다. 예컨대, "현재 우리나라의 법률에서 남녀 간 성평등을 위해 어떤 정책이 시행되고 있는지 알고 계신가요?"라는 질문으로 응답자의 성평등에 대한 인식과 태도를 유추할 수 있다.

• 토의완성법

응답자에게 문장이나 스토리 등의 미완성품을 제시해 놓고 그것을 완성하게 하여 응답자의 태도나 의견을 유추하는 방법이다. 예를 들어, "노인 복지를 위해 가장 필요한 것은 (　　　　)이다"는 형식이다.

• 연상법

응답자에게 어떤 대상을 보여주거나 자극을 주었을 때 가장 먼저 연상되는 것을 응답으로 표현하게 하는 방법이다. 예컨대, "복지라는 단어를 들으면 가장 먼저 어떤 단어가 떠오르시나요?"라는 질문을 통해 응답자는 복지로 연상되는 자신의 감정이나 태도를 표현할 수 있다.

### (3) 해당자 부수질문(수반형 질문, 개연성 질문, contingency questions)

해당자 부수질문은 설문 문항 중 특정 응답을 선택한 사람에게만 추가로 묻는 폐쇄형 질문이다. 즉, 한 주제의 응답에 따라 부가질문을 연결해서 사용하는 질문이다. 주 질문에 대한 답변에 따라 추가적인 세부 정보를 수집할 수 있도록 설계된 질문유형이다. 수반형 질문이 많아지면 응답자는 피로감을 많이 느낄 수 있어 응답률이 떨어질 수 있다. 그러므로 수반형 질문을 연속적으로 제시할 때에는 응답자가 쉽게 이해할 수 있도록 시각적으로 적절하게 문항을 배치해야 한다.

예시

1. 귀하는 자원봉사 활동에 참여한 경험이 있습니까?

① 예 ② 아니오

↓

1-1. 어떤 종류의 지원봉사에 참여하셨나요?

## 6) 응답범주의 형식

질문에 응답하는 형식에는 찬부/이분형, 다항선택형, 서열형, 평정형, 의미분화형 질문 등이 있다.

### (1) 찬부/이분형 질문(dichotomy question)

다항 선택형 중 가장 극단적인 형태로, 두 가지 선택지 중 하나를 선택하도록 하는 이분법적 폐쇄형 질문이다. 이 유형은 보통 찬성/반대, 예/아니오, 있다/없다, 좋다/싫다 등 양자택일하는 방식이다.

> **예시**
> 귀하는 새로 발표된 복지정책에 찬성하십니까?
> ① 예 ② 아니오

### (2) 다항 선택형 질문(multiple choice question)

응답자가 미리 정해진 여러 개의 선택지 중 하나 혹은 그 이상을 선택하도록 하는 질문 유형으로, 폐쇄형 질문의 한 형태이다. 다항선택형 질문을 구성할 때에는 선택지 간 중복(상호배타성)이 없도록 하고, 모든 가능한 답변을 포함(포괄성)하여 응답자가 자신에게 맞는 선택지를 고를 수 있도록 구성한다.

> **예시**
> 귀하가 가장 선호하는 복지 프로그램은 무엇입니까?
> ① 아동복지 프로그램 ② 노인복지 프로그램 ③ 장애인복지 프로그램
> ④ 청년복지 프로그램 ⑤ 기타

### (3) 서열형 질문(ranking question)

응답자가 주어진 여러 항목을 중요도, 선호도, 우선순위 등의 기준에 따라 순서대로 배열하도록 하는 질문 형태이다. 선택항목이 많으면 응답자의 판단이 어려워지므로 5개 이내로 제한한다.

> **예시**
> 아래의 자원봉사 활동 중에서 가장 선호하는 활동에 우선순위를 표시하세요.
> (1=가장 선호, 3=보통, 5=가장 선호하지 않음)
>
> 환경보호( ) 교육봉사( ) 동물보호( ) 지역사회 봉사( ) 의료봉사( )

### (4) 평정형 질문(rating question)

응답자가 제시된 항목을 일정한 척도(scale)에 따라 평가하도록 하는 질문 형태로, 하나의 문항에 대해 강도를 평가하는 것이다. 주로 만족도, 중요도, 빈도 등에서 사용하며, 리커트척도(Likert Scale)가 대표적이다.

> **예시**
> 이 서비스를 다른 사람에게 추천할 의향이 있습니까?
> ① 매우 있다 ② 있다 ③ 보통이다 ④ 없다 ⑤ 전혀 없다

### (5) 의미분화형 질문(semantic differential question)

응답자가 주어진 대조적인 의미를 가진 두 단어(어의) 사이에서 자신의 입장이나 의견에 가까운 위치를 선택하도록 하는 질문형식이다. 이는 특정 대상에 대한 감정, 태도, 평가 등을 양극적인 척도로 측정하는 방식으로, 응답자의 미묘한 느낌이나 태도를 세밀하게 파악하는 데 유용하다. 주로 5점 척도 또는 7점 척도로 구성한 후 응답자가 선택하도록 한다.

> **예시**
> 이 서비스에 대한 귀하의 평가를 아래 척도에서 선택해 주세요.
> 좋다 1.......2......3.......4........5........6.......7 나쁘다

### (6) 행렬식 질문

둘 이상의 문항으로 구성된 질문이 공통된 응답 범주를 가질 때 이를 행렬 형태로 결합하여 세로에는 문항을 가로에는 응답범주를 배치하는 질문방식이다. 질문지를 효율적으로 사용할 수 있고 응답하는 데 걸리는 시간을 줄여주는

장점이 있지만, 유사한 형태의 질문 문항이 배치되어 있어 응답자가 각 문항에 대해 깊이 생각하기보다는 일괄적으로 응답할 가능성이 높은 단점이 있다.

예시

| 문항 | 전혀 그렇지 않다 | 때때로 그렇다 | 자주 그렇다 | 항상 그렇다 |
|---|---|---|---|---|
| 1. 인터넷 사용으로 건강이 이전보다 나빠진 것 같다. | 1 | 2 | 3 | 4 |
| 2. 인터넷을 너무 사용해서 머리가 아프다. | 1 | 2 | 3 | 4 |
| 3. 인터넷을 하다가 계획한 일들을 제대로 못한 적이 있다. | 1 | 2 | 3 | 4 |

### (7) 개방형(open-end question)

응답자가 자유롭게 자신의 의견이나 생각을 표현할 수 있도록 하는 질문형식으로, 정해진 선택지나 제한 없이 응답자가 솔직하고 구체적인 답변을 할 수 있다. 따라서 심층적인 의견이나 아이디어를 수집할 때 효과적이며, 예비적 조사나 탐색적 조사에 유용하다. 반면, 답변이 다양하고 주관적이기 때문에 정량적 분석이 어렵고, 많은 시간이 소요될 수 있다.

예시
이 서비스를 개선하기 위해 어떤 점이 보완되어야 한다고 생각하십니까?
(　　　　　　　　　　　　　　　　　　　　)

## 7) 문항배열

문항은 논리적 흐름에 따라 배열하여 응답자가 자연스럽게 응답을 이어갈 수 있도록 구성한다. 문항을 배열하는 일반적인 원칙은 다음과 같다.

### (1) 응답하기 쉽고 일반적이며 흥미유발형 질문은 앞에 배치한다.

응답자가 부담을 느끼지 않고 쉽게 질문에 답할 수 있도록 하여 설문에 대한 긍정적인 첫인상 줄 수 있다. 또한, 설문 초반에 흥미를 유발하는 질문이 배치되면 응답자의 참여 의욕이 높아지고, 전체 설문에 성실하게 응답하도록 유도할 수 있다.

### (2) 중요한 질문은 앞에 배치한다.

설문에서 핵심적으로 알고자 하는 정보에 대해 응답자가 보다 신선한 집중력으로 답할 수 있으며, 중도 포기로 인해 중요한 질문이 응답되지 않는 상황을 방지할 수 있다.

### (3) 어렵고 민감한 질문, 개방형 질문은 뒤에 배치한다.

응답자가 설문에 대한 신뢰를 형성한 후 민감하거나 생각을 요하는 질문에 답하도록 하여, 설문 완성도를 높이고 응답의 정확성을 향상시킬 수 있다. 설문 초반에 어려운 질문이나 민감한 질문이 나오면 응답자가 중도에 설문을 포기할 가능성이 높아지므로 예민한 질문은 설문 후반부에 배치하여 설문 중단을 줄인다.

### (4) 고정반응이 발생하지 않도록 배열한다.

고정반응이란, 응답자가 설문지의 흐름이나 선택지 배열을 예상하고 무의식적으로 동일한 위치나 패턴을 따라 답변하는 경향을 말한다. 고정반응이 발생하면 설문의 신뢰가 저하될 수 있으므로 각 질문의 선택지 배열을 다양하게 하여 특정 위치나 패턴을 고정적으로 선택하지 않도록 한다.

### (5) 논리적 흐름에 따라 배열한다.

논리적인 흐름을 따라 질문을 배열하면 응답자가 설문 내용을 이해하기 쉽고, 설문에 더 몰입할 수 있다. 반대로, 비슷한 주제나 맥락을 고려하지 않고 배열하면 응답자가 혼란을 느낄 수 있으며, 설문에 대한 집중력과 응답에 일관성이 떨어질 수 있다. 이를 위해 일반적인 질문을 먼저하고 구체적인 질문을 나중에 하는 방법을 사용할 수 있고, 시간적 순서에 따라 배열한다거나 유사 주제끼리 묶어서 질문하는 방법을 취할 수 있다.

## 8) 설문지 사전검사

사전검사(pre-test)는 본조사에 앞서 일정한 사람을 대상으로 설문지를 테스트하여 설문지의 문제점을 파악하고 수정하는 과정이다. 사전검사를 진행할 때는 본조사와 최대한 유사하게 진행하여야 한다. 즉, 본조사의 표본과 유사한 대상에게 시행하며, 사전검사의 표본 수는 일정하게 정해진 것은 없으나 통상 20~50명이 적절하다. 조사방법도 본조사에서 우편조사법으로 진행한다면, 사전검사 또한 우편으로 설문조사를 실시하도록 한다.

사전검사를 통해 점검할 수 있는 사항은 다음과 같다(생각의 마을, 2020).

- 질문지의 언어 구성에 있어 모호하거나 부적절한 것, 중복된 것이나 누락된 것이 있는지
- 응답 내용 간에 모순되는 것이 있는지
- 응답이 한쪽으로 치우치지는 않는지
- 질문순서가 바뀌었을 때 응답에 실질적 변화가 일어나는지
- 무응답이나 기타 응답이 많은 문항이 있는지
- 배열 순서, 형식, 내용과 같은 것이 적합하고 적절한지

**사전조사와 예비조사의 비교**

- 사전조사는 설문지의 질문과 구성의 적절성을 확인하고, 문제점을 사전에 수정하기 위해 진행하는 것으로, 설문지 작성 후 본조사를 실시하기 전에 진행한다. 전체 조사 대상자 중 소수의 표본을 대상으로 진행되며, 주로 설문 문항의 명확성, 응답흐름, 이해도, 소요 시간 등을 확인하여 설문지의 완성도를 향상시키는 데 초점을 둔다.
- 예비조사는 본 조사를 위한 기초자료를 수집하고, 예상 결과를 파악하여 조사계획을 수립하기 위한 것으로 조사방법의 타당성, 예상 응답 경향, 조사계획조정에 초점을 둔다. 따라서 예비조사는 설문지를 작성하기 전에 실시하게 된다.

## 3. 관찰법

### 1) 의의

관찰법(observation method)은 연구자가 대상이나 현상을 직접 관찰하여 자료를 수집하는 조사 기법으로, 응답자의 행동, 반응, 환경 등 객관적인 정보를 얻을 수 있다. 관찰법은 양적조사와는 다르게 연구자가 현장에서 직접 대상을 관찰하고 세밀하게 기록함으로써, 현상의 깊이 있는 이해와 맥락적 해석을 추구하게 되므로 질적연구로 분류한다.

### 2) 관찰법의 장점과 단점

#### (1) 장점

① 어린이, 장애인, 동물 등과 같이 언어표현이 어려운 대상의 행동이나 반응을 파악할 수 있다.

② 대상의 행동이나 반응을 직접 관찰하고 기록하기 때문에 객관적이고 실

질적인 자료를 확보할 수 있다.

③ 응답자의 의도나 기억 오류가 개입되지 않아 데이터의 신뢰성이 높아진다.

④ 자연적 상태에서 장기간에 걸친 관찰이 이루어지므로 종단적 분석이 가능하다.

⑤ 관찰을 통해 행동이 발생하는 상황과 환경을 함께 파악할 수 있어, 연구대상의 행동을 맥락적으로 이해할 수 있다.

⑥ 현장에서 연구자가 직접 관찰하면서 동시에 여러 변수를 통제하고 기록할 수 있어, 다양한 요소들이 상호작용하는 방식을 분석할 수 있다.

⑦ 대상의 무의식적 행동을 측정할 수 있다.

⑧ 면접이나 설문조사에 비협조적인 대상에 대한 자료수집이 가능하다.

### (2) 단점

① 자연적 상황에서 관찰이 이루어지므로 외생변수에 대한 통제가 어렵다.

② 표정, 몸짓, 감정의 미세한 변화와 같은 정성적인 정보에 대한 계량화가 어렵다.

③ 관찰에 대한 관찰자의 주관이 개입될 수 있다.

④ 관찰대상자가 관찰당하고 있다는 것을 알게 되면 평소와 다르게 행동할 수 있다.

⑤ 시간과 비용의 부담이 크다.

⑥ 관찰하고자 하는 현장으로의 진입이 어려울 수 있다.

⑦ 관찰을 통해 얻은 결과를 일반화하기 어렵다.

## 3) 관찰법의 유형

관찰은 통제 또는 구조화, 체계화 여부에 따라 조직적(체계적) 관찰과 비조직적(비체계적) 관찰로, 상황 설정이 인공적인가에 따라 자연적 관찰과 인위적 관찰로 구분할 수 있다. 관찰시점에 따라서 직접 관찰과 간접 관찰로 나눌 수 있으며, 응답자가 관찰사실을 알고 있는지에 따라 공개적 관찰과 비공개적 관찰로 구분할 수 있다. 관찰도구에 따라서도 인간관찰과 기계관찰로 구분할 수 있다.

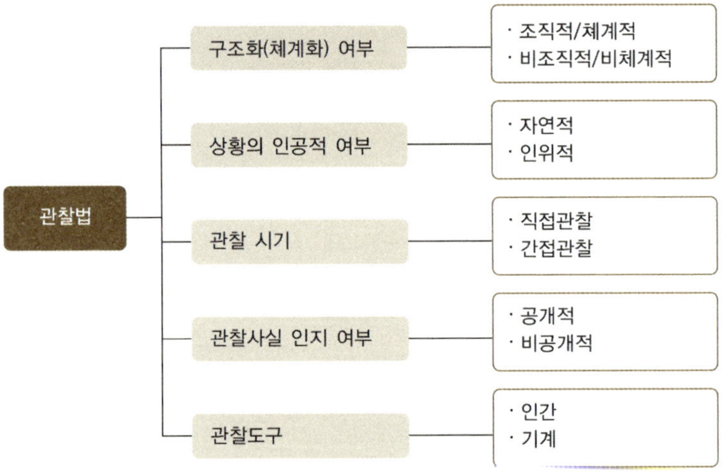


**[그림 8-2] 관찰법의 종류**

### (1) 조직적 관찰과 비조직적 관찰

#### ① 조직적 관찰

관찰하기 전에 구체적인 계획과 기준을 세우고, 이에 따라 체계적으로 자료를 수집하는 방법이다. 관찰대상이 분명하고 관찰방법이 표준화되어 있으며, 사전에 관찰항목, 방법, 시간, 장소 등이 명확히 정의되어 있다.

#### ② 비조직적 관찰

사전에 정해진 관찰기준 없이 자유롭게 대상의 행동을 관찰하고 기록하는 방법이다.

### (2) 자연적 관찰과 인위적 관찰

#### ① 자연적 관찰

연구자가 대상의 자연스러운 환경에서 발생하는 행동을 관찰하는 방법으로, 관찰자는 대상이 생활하는 자연환경을 그대로 유지하면서, 대상자의 행동을 방해하지 않고 관찰하고 기록한다. 연구자가 원하는 행동이 일어나기까지 기다려야 하는 단점이 있다.

#### ② 인위적 관찰

연구자가 상황을 인위적으로 조성하고 통제하여 관찰을 진행하는 방법으로, 실험실이나 특정 환경에서 일정한 변수를 통제한 상태에서 대상을 관찰하고 기록하게 된다.

### (3) 직접 관찰과 간접 관찰

#### ① 직접 관찰

연구자가 현장에서 대상자의 행동을 직접 관찰하여 행동이 일어나는 것을 기록하는 방법이다.

#### ② 간접 관찰

대상의 행동 흔적이나 물리적 변화를 분석하여 행동의 특성과 패턴을 파악하는 방법으로, 관찰자가 직접 대상의 행동을 실시간으로 목격하지 않아도, 행동의 결과로 남겨진 흔적을 통해 정보를 얻을 수 있다. 예컨대, 도서관 서가에서 책이 마모된 정도나, 손자국 등을 통해 어떤 책을 자주 열람했는지 파악할 수 있다.

### (4) 공개적 관찰과 비공개적 관찰

#### ① 공개적 관찰

관찰 대상이 관찰 사실을 알고 참여하는 방식으로 윤리적 문제는 적지만, 행동의 자연스러움이 감소할 수 있다.

#### ② 비공개적 관찰

관찰 대상이 관찰 사실을 모르는 상태에서 관찰이 이루어지는 것으로, 대상의 자연스러운 행동을 관찰할 수 있지만, 윤리적 논란이 발생할 수 있다.

### (5) 인간의 관찰과 기계적 관찰

#### ① 인간의 관찰

관찰자가 직접 관찰을 수행하고, 행동, 반응, 사건 등을 기록하거나 분석하는 방법이다.

#### ② 기계적 관찰

동작 영상카메라, 녹음기, 센서, 오디미터, 동공카메라, 퓨필로미터, 사이코갈바노미터 등의 기계를 이용하여 데이터를 수집하는 방법이다.

## 4) 관찰의 방법

### (1) 관찰 절차

관찰을 위한 절차는 6단계로 설정할 수 있다. ① 관찰을 통해 얻고자 하는 정보와 연구의 방향을 구체화하는 연구목적을 설정한다. ② 누가 관찰을 수행할 것인지에 대한 것으로, 연구자가 직접 관찰을 할 것인지, 다른 사람을 관찰자로 둘 것인지를 결정하게 된다. ③ 관찰할 내용을 구체적으로 정의하게 되는데, 무엇을 관찰할 것인지, 어떤 행동이나 반응을 중점적으로 볼 것인지를 설정하여 관찰하고자 하는 내용을 명확하게 설정한다. ④ 관찰할 대상을 결정하게 되는데, 연구 목적에 부합하는 대상을 선정하고, 대상의 특성(연령, 성별, 그룹 등)을 고려한다. ⑤ 관찰을 수행할 시기와 장소를 정한다. 언제, 어디서 관찰이 이루어질지 계획하여, 대상의 자연스러운 행동을 관찰할 수 있는 최적의 환경을 설정한다. ⑥ 어떤 방법으로 관찰할지, 기록은 어떤 도구를 사용할지에 대하여 결정한다.

[그림 8-3] **관찰 절차**

### (2) 관찰단위 및 목록

#### ① 관찰단위

설화 형식 서술은 관찰자가 특정 상황이나 행동을 이야기 형식으로 기술하는 방식으로, 세부적인 작은 단위보다는 전체 상황을 포괄적으로 설명할 수 있는 큰 단위가 필요하다. 이를 통해 관찰 내용이 풍부하고 맥락적으로 전달된다. 등급 척도에 맞춰 평가하는 경우에도 큰 단위를 사용하여, 관찰자가 여러 행동을 통합적으로 판단해 등급을 매길 수 있다. 반면 범주체계를 적용하는 경우에는 분석 단위를 보다 세분화하여 사용한다.

#### ② 관찰목록

관찰자가 사전에 정해 놓은 관찰 항목의 리스트로 연구자가 기록해야 할 행동이나 상황을 구체적으로 정의한 목록이다. 이러한 관찰목록을 통해 관찰자가 모든 항목을 체계적으로 기록할 수 있어 자료 수집의 일관성을 높일 수 있다. 예컨대, 학생의 수업 태도에 대한 관찰목록으로 손을 들고 질문하기, 교사와 시선 맞추기, 필기도구 사용하기, 친구와 대화하기 등으로 설정할 수 있다. 관찰목록은 관찰대상이나 연구목적에 따라 다르게 구성된다.

### (3) 관찰의 기록

#### ① 기록의 시점

관찰 내용을 언제 기록하는지에 따라 관찰 자료의 생생함과 정확성이 달라진다. 따라서 관찰이 끝난 직후에 현장에서 기록하는 것이 일반적이다. 시간이 지나면서 세부 정보나 특정 행동을 잊어버릴 가능성이 있으므로 최대한 빨리 기록해야 하지만 촬영기나 녹음기 등의 기구를 이용했다면, 관찰 기간이 지난 후 기구에 담겨있는 자료를 추출하여 기록한다.

#### ② 기록자의 관점과 해석

기록자의 관점을 행위자에 둘 것인지, 행위의 상대방에게 둘 것인지, 아니면, 제3자에게 둘지에 따라 관찰과정에서 행동의 해석과 기록에 각각 다른 영향을 미칠 수 있다. 일반적으로 객관성을 보장하기 위해서 제3자의 관점을 취하게 되는데, 이는 관찰자가 특정 행동을 감정이나 해석 없이 사실적으로 기록하는 것을 목표로 하여, 관찰자의 주관이 개입될 가능성을 최소화한다.

#### ③ 기록의 내용

관찰 기록의 내용은 일반적으로 관찰개요, 관찰기록, 총평으로 구성이 되며, 이 구성을 통해 관찰의 전체적인 흐름을 명확히 하면서, 세부 사항과 종합적인 평가를 체계적으로 기록할 수 있다.

### 5) 관찰의 신뢰도와 타당도

#### (1) 신뢰도와 타당도에 영향을 미치는 요인

① 관찰대상

관찰대상 요인은 관찰되는 대상 자체의 특성으로 인해 신뢰도와 타당도에 영향을 미치는 것이다. 관찰대상의 행동이 일관되지 않고 변동이 심하면 신뢰도가 낮아지며, 관찰대상이 관찰상황에서 평소와 다르게 행동하거나, 연구자의 존재를 인식하여 행동을 의식적으로 조절하는 경우라면, 관찰결과가 실제 행동을 반영하지 못해 타당도가 낮아질 수 있다.

② 관찰도구

관찰 도구가 일관성 있게 작동하지 않거나, 관찰기준이 불분명한 경우에는 신뢰도가 낮아지며, 관찰 도구가 관찰 대상의 행동을 제대로 포착하지 못하면 타당도가 떨어진다.

③ 관찰자

관찰을 수행하는 연구자의 특성이나 관찰방식이 신뢰도와 타당도에 영향을 미치는 것이다. 관찰자가 일관성 있게 기록하지 못하거나, 같은 행동을 다르게 평가하면 신뢰도가 낮아지고, 관찰자의 개인적인 편향, 선입견, 고정관념 등이 관찰결과에 반영되면 타당도가 낮아진다.

#### (2) 관찰의 신뢰도와 타당도를 높이기 위한 전략

• 관찰자의 선발과 훈련에 신중을 기한다.

- 하나의 관찰대상을 복수의 관찰자가 동시에 관찰하여 관찰자 개인의 편견이나 누락을 방지한다.
- 관찰 사실과 해석을 명확하게 구분한다.
- 관찰 상황 또는 행위에 대한 의문이 있는 경우 피관찰자에게 직접 설명을 듣는다.
- 관찰자가 관찰한 모든 사항을 기록하게 하여 객관성을 유지하도록 한다.
- 관찰조사 이외의 다른 자료수집 방법을 병행한다.

## 4. 면접법

### 1) 면접법의 의의

면접법(interview method)은 연구자가 대상자와 직접 대면하여 질문과 응답을 주고받는 방식으로, 대상자의 의견, 경험, 태도, 감정 등 깊이 있는 정보를 얻는 데 효과적이며, 관찰이나 설문조사로는 얻기 어려운 정성적 자료를 수집하는 데 유용하다. 그러한 이유로 주로 사회과학 및 인문학 분야에서 많이 활용되는 방법이다. 연구자와 대상자가 직접 대면하여 상호작용하는 방식이므로, 질문에 대해 깊이 있는 응답을 유도하고 추가 질문을 통해 이해를 확장할 수 있다.

### 2) 면접법의 장·단점

#### (1) 장점

① 상황에 따라 질문을 유연하게 조정할 수 있다. 대상자의 응답에 따라 추

가 질문을 하거나 질문의 방향을 바꿀 수 있어, 응답자의 생각을 더 잘 이해할 수 있다.

② 연구자와 대상자가 상호작용하는 과정에서 정보를 얻기 때문에, 대상자의 감정이나 반응을 즉각적으로 파악하고 이에 따라 질문을 조정할 수 있다. 비언어적 표현(표정, 몸짓)도 관찰할 수 있어 응답의 맥락을 이해하는 데 도움이 된다.

③ 단순한 질문-응답을 넘어서 대상자의 경험, 사고방식, 동기 등을 깊이 있게 탐색할 수 있다. 따라서 특정 주제에 대한 심층적인 이해를 제공한다.

④ 구조화된 질문 외에도 비구조화된 형식이 가능하여, 대상자의 생각을 자유롭게 이끌어낼 수 있다. 그러나 질문이 구조화 되지 못할 경우, 연구자가 질문 방식을 조정하면서 일정한 일관성을 유지하는 것이 중요하다.

⑤ 면접은 연구자가 직접 대상자와 대면하기 때문에 응답률이 높으며, 대상자가 더 성실하게 응답할 가능성이 크다. 연구자가 질문을 직접 설명하거나 오해를 바로잡을 수 있어, 설문조사에 비해 정확한 응답을 얻을 수 있다.

⑥ 면접 환경에 대한 통제가 용이하며, 질문지법 보다 대리 응답가능성이 낮고, 제3자의 영향을 배제할 수 있다.

⑦ 표본의 폭을 넓힐 수 있다. 예컨대, 어린이나, 문맹자와 같은 대상에게도 적용이 가능하다.

### (2) 단점

① 대상자와 개별적으로 대면하여 진행하기 때문에, 자료수집에 많은 시간과 비용이 소요된다. 여러 명의 대상자를 대상으로 면접을 진행하는 경우, 연구 과정이 길어지고 비용이 증가할 수 있다.

② 면접 과정에서 연구자의 편향이나 주관이 개입될 가능성이 크다. 특히 비

구조화 면접에서는 질문 방식이 달라질 수 있어 일관성 있게 데이터를 수집하기 어렵고, 연구자가 해석하는 과정에서 오류가 생길 수 있다.

③ 면접은 연구자와 면대면으로 진행하기 때문에 연구대상자가 사회적 바람직성 편향에 의해 자신의 응답을 긍정적으로 꾸미거나 왜곡할 수 있다. 이는 응답의 진정성을 떨어뜨리는 요인이 될 수 있다.

④ 면접은 개별 대면 방식으로 진행되기 때문에, 일반적으로 대규모 표본을 조사하기 어렵고 소규모 표본에 국한하여 연구를 진행하게 된다. 이로 인해 연구결과의 대표성과 일반화 가능성에 한계를 줄 수 있다.

⑤ 면접법은 유연성이 있다는 것이 큰 장점이지만, 이로 인해 비표준화 문제가 발생할 수 있다. 질문의 내용과 순서가 대상자마다 다르게 적용되면 비교 가능성이 떨어질 수 있어, 자료 분석에 어려움이 생길 수 있다.

⑥ 대상자가 접근하기 어려운 상황이나 위치에 있을 경우 접근이 어렵다.

⑦ 여러 명의 면접자가 조사에 참여할 경우, 각 면접자가 동일한 절차와 기준을 따르도록 감독하기가 어려울 수 있다. 이로 인해 면접자에 따라 질문 방식이나 응답 기록 방식이 달라질 가능성이 있어, 자료의 일관성이 떨어질 수 있다.

⑧ 면접법은 응답자가 연구자와 직접 대면하게 되므로 익명성을 보장하기 어렵다. 이로 인해 개인적이거나 민감한 질문에 대해 응답자가 솔직하게 답하기 힘들 수 있다.

⑨ 면접법에서는 즉각적인 응답을 요구하는 경우가 많아, 응답자가 충분히 생각할 시간이 부족하여 자신의 생각을 신중히 표현하지 못할 수 있다. 이는 응답이 왜곡되거나 부정확해질 가능성이 높다.

### 3) 면접법의 유형

구조화된 정도에 따라 구조화된 면접과 반구조화된 면접, 비구조화된 면접으로 구분할 수 있다.

#### (1) 구조화된 면접(표준화면접)

① 의의

질문 문항과 순서, 내용, 표현 등이 정해져 있는 면접계획표에 따라 면접을 진행한다. 모든 면접조사는 주어진 면접계획표에 따라 응답자들에게 동일하게 적용하므로 면접자가 임의로 질문을 변경하는 것은 최대한 제한한다. 따라서 면접자에 따른 변동이 거의 없으며, 일관된 데이터를 수집하기에 유리하다.

② 장점

- 대부분의 질문은 폐쇄형 질문으로 구성하여 응답내용을 기록하는 것이 용이하다.
- 면접자의 수준이 높지 않아도 활용할 수 있다.
- 표준화된 질문지를 사용함으로 결과의 비교가 편리하다.
- 질문의 언어 구성에서 오는 오류를 최소화할 수 있다.

③ 단점

- 정해진 면접계획표에 따라 질문하기 때문에 응답자의 특성이나 상황에 따른 융통성이 없다.
- 면접자의 자율성이 없어 필요에 따른 추가질문이나 부가질문 등이 가능하지 않다.

### (2) 비구조화된 면접(비표준화 면접)

① 의의

비구조화된 면접은 사전에 구체적인 질문내용, 형식, 순서를 정하지 않고, 면접자의 판단과 상황에 따라 질문의 내용과 진행 방식을 유연하게 조정하는 방식이다. 질문내용이나 방식에 융통성이 있어 구조화된 면접에 비해 타당성이 높은 반면, 일관성이 떨어져 신뢰도는 낮아진다. 비구조화면접은 구조화된 형식이 아니므로 면접자가 재량껏 질문하고 해석하게 되는데, 이로 인해 면접자의 해석에 많은 영향을 받게 된다. 따라서 구조화된 면접보다는 숙련된 면접자가 필요하다. 초기 탐색 연구에서 사용되는 면접이나 기초조사에 사용한다.

② 장점

- 면접자의 융통성이 있다.
- 비언적 행위나 표정 등을 통해 추가적인 정보를 얻을 수 있다.
- 구조화 면접조사에 비해 자료의 신뢰도는 떨어지지만 타당도는 더 높다.

③ 단점

- 면접 결과를 정리하는 데 시간과 비용이 많이 소요된다.
- 면접자의 숙련도와 주관성에 따라 결과가 달라질 수 있다.

### (3) 반구조화된 면접

구조화된 면접과 비구조화된 면접의 장단점을 보완한 방법이라고 할 수 있다. 주요 질문은 정해져 있지만, 필요에 따라 면접자가 융통성 있게 질문을 추가하거나 순서를 조정할 수 있는 혼합형 면접방법이다. 따라서 구조화된 면접보다는 면접자의 높은 숙련도가 필요하다. 반구조화된 면접은 사전에 구체적인 질문 문항을 작성하지 않지만 면접의 목적과 얻고자 하는 정보가 분명한 경우에 주로 사용하는 초점면접과 특정경험 대신 개인의 생활사 전체를 통한 동기·감정을 찾아내기 위해 융통성 있는 질문을 하는 방식으로 비록 일정 정도의 초점은 있으나 응답자가 다른 부분을 언급하고자 하면 이를 수용하는 임상면접이 있다.

〈표 8-6〉 **면접법의 유형 비교**

| 구분 | 구조화 면접 | 비구조화 면접 | 반구조화 면접 |
|---|---|---|---|
| 구조화 정도 | 매우 높음 | 매우 낮음 | 중간 |
| 질문 순서 | 정해져 있음 | 정해져 있지 않음 | 유연하게 조정 가능 |
| 사용 단어 | 정해져 있음 | 면접자가 자유롭게 구성 | 상황 · 맥락에 따라 변동 |
| 추가질문 | 불가능 | 가능 | 가능 |
| 응답일관성 | 매우 높음 | 낮음 | 비교적 높음 |
| 면접자의 숙련도 | 비교적 낮음 | 매우 높음 | 높은 편 |

### 4) 면접 절차

면접 절차는 면접 준비 → 면접자 훈련 → 면접 진행 → 면접 기록 → 면접 종결 → 면접 오류 검토의 단계로 진행되며, 각 단계에서 면접의 신뢰성과 타당성을 확보하기 위한 세부 조치가 필요하다.

#### (1) 면접 준비

예비조사와 사전검사를 실시하여 면접 진행 시에 발생할 수 있는 문제를 미리 파악하고 수정할 수 있게 준비한다. 그런 다음 면접자를 선정하여 면접 시 필요한 내용을 교육시키고, 면접을 실시하기 위한 제반 사항을 체크한다.

### (2) 면접자 훈련

면접자 훈련은 보통 실제 면접에 참여하는 모든 면접자를 대상으로 하는 집단훈련 형태로 실시하는 것이 좋다. 연구 규모가 크고 면접자가 많을 경우, 각 면접자가 동일한 기준과 일관된 방식으로 질문을 진행할 수 있도록 모든 면접자가 훈련에 참여해야 한다. 훈련시간은 표준화면접과 비표준화면접에 따라 차이는 있으나, 일반적으로 3~4시간 정도 실시하도록 한다. 훈련단계는 사전준비, 일반교육, 심화교육, 역할놀이로 진행한다.

#### ① 사전준비

면접을 수행할 면접자들이 면접의 목적, 목표, 대상자에 대한 기본적인 이해를 확보하는 과정이다. 이 단계에서는 면접 평가 기준과 목표에 대한 명확한 설명과 면접 대상자와 관련된 각종 정보 제공, 면접 질문지 및 평가도구 검토, 면접 프로세스와 일정에 대한 안내 등이 포함된다. 면접자들이 훈련 과정에 몰입할 수 있도록 사전에 필요한 정보를 충분히 제공하여 훈련의 효율성을 높이도록 한다.

#### ② 일반교육

면접자들이 기본적인 면접 기술과 지식을 학습하는 과정으로 이 단계에서 포함시켜야 하는 주요 내용으로는 면접의 유형(표준화, 비표준화 면접 등)에 대한 이해와 효과적인 질문 기법과 비언어적 의사소통 방법, 면접 과정에서의 공정성과 일관성 유지의 중요성, 피면접자의 반응에 대한 적절한 대처법 등이 있다. 이 밖에 일정과 보수 등에 대한 안내도 이루어진다.

③ 심화교육

일반교육에서 학습한 내용을 구체적이고 실질적인 면접 상황에 적용할 수 있도록 훈련하는 과정으로, 구체적인 사례를 바탕으로 한 면접 질문 연습, 평가 기준에 따라 답변을 분석하고 평가하는 방법 학습, 복잡한 면접 상황(예: 갈등 상황, 불명확한 답변 등)에 대한 대처 훈련, 일관성 있는 평가를 위한 모의 연습 등이 이루어진다. 이 단계는 면접자의 전문성을 높이고 실제 면접 상황에 유연하게 대응할 수 있도록 심도 있는 연습을 진행한다.

④ 역할놀이

면접자들이 학습한 내용을 실제 면접 상황에 적용해 보는 단계이다. 이 단계에서는 면접자가 실제 면접관 역할을 맡고 다른 훈련자가 지원자 역할을 수행하여, 준비된 질문지를 기반으로 실제 면접 상황처럼 질문과 답변을 주고받는다. 실습 후에는 면접 진행 방식, 질문의 적절성, 평가 일관성 등에 대한 피드백을 제공하고, 반복적인 역할놀이를 통해 면접 기술과 일관된 질문 기술을 강화시킨다. 이처럼 역할놀이는 실전과 같은 경험을 제공하며, 면접자가 자신감을 가지고 면접을 진행할 수 있도록 돕는다.

### (3) 면접의 실행

면접자는 면접훈련을 통해 익힌 면접방법을 숙지하여 면접을 실시한다. 면접 시 면접자가 지켜야 할 지침은 다음과 같다.

① 사전에 준비된 설문지를 바탕으로 모든 지원자에게 동일한 기준과 질문을 적용한다.

② 설문지에 사용된 용어나 어법을 정확하게 사용하여 명확한 질문을 한다.

③ 면접자 보다 응답자가 많은 말을 하도록 한다.

④ 각각의 질문은 천천히 정확하게 읽어주고 이해하지 못하는 질문은 반복해서 읽어준다.

⑤ 추가질문으로 응답자의 답변을 좀 더 깊이 이해하고자 할때는 조심스럽게 질문한다.

⑥ 응답자가 대답하고 있는 중간에 끼어들지 않는다.

⑦ 응답자의 답변에 중립적인 태도를 가진다.

### (4) 면접의 기록

면접 결과의 기록은 면접자의 주관을 배제하고 객관성을 보장하여야 한다. 또한 면접자가 여러 명인 경우 면접자 간에 기록 차이가 발생하지 않도록 최대한 동일한 형식으로 면접결과를 기록한다. 기록의 객관성과 일관성을 유지하기 위해 녹음기나 비디오를 활용하는 것이 기록과정에서 발생할 수 있는 오류를 줄일 수 있다. 면접자가 준수해야 할 면접기록 지침은 다음과 같다.

① 면접을 진행하면서 바로 기록한다.

② 가급적 응답자의 말 그대로 기록하고 응답을 요약 또는 의역, 부연하지 않는다.

③ 캐묻기와 코멘트들도 기록한다.

④ 반복 응답이 있는 경우 생략하지 말고 반복 기록한다.

### (5) 면접의 종결

면접의 마무리 단계로, 면접 대상자에게 명확한 안내를 제공하고 긍정적인 인상을 남기는 중요한 과정이다. 면접이 종료된 이후라도 추가적으로 확인할 사항이나 추가 질문이 있을 수 있으므로 음료수 제공, 소정의 기념품 전달 등으로 감사의 인사를 전하고 좋은 관계를 유지하도록 노력한다. 또한 응답 내용에 대한 비밀보장에 대한 언급을 함으로써 응답자가 안심할 수 있도록 한다.

### (6) 면접의 오류

면접자가 면접 과정에서 공정하고 객관적인 평가를 하지 못해서 발생하는 오류이다. 주요 면접 오류는 다음과 같다.

① **후광 효과:** 면접자가 응답자의 한 가지 긍정적 특성에 지나치게 영향을 받아 다른 부분까지 긍정적으로 평가하는 오류로, 응답자의 외모가 단정하거나 말솜씨가 뛰어나면 업무능력까지 높게 평가하는 경우가 그 예가 된다.

② **악마 효과:** 후광 효과와 반대로 한 가지 부정적 특성이 모든 평가에 부정적인 영향을 미치는 오류로, 지원자가 말을 더듬거나 질문에 답변을 잘못할 경우, 다른 능력도 낮게 평가하는 경우에 해당된다.

③ **상동적 오류:** 면접자가 가지고 있는 특정 집단에 대한 고정관념이 평가에 영향을 미치는 것으로, 나이가 많은 사람은 새로운 기술을 배우기 어려울 것이라는 선입견이 그 예가 된다.

④ **대비 효과:** 매우 뛰어난 응답자가 면접조사를 받은 뒤에 면접조사를 받는 응답자를 앞의 응답자와 비교하여 상대적으로 낮게 평가하는 경우이다.

⑤ **집중 경향의 오류:** 극단적인 평가를 피하고 평균적인 점수를 주어 실질적인 차이가 드러나지 않게 하는 경우이다.

⑥ **관대화 및 엄격화 경향:** 관대화 경향은 면접자가 지나치게 긍정적으로 평가하는 경우이며, 엄격화 경향은 반대로 모든 지원자를 지나치게 낮게 평가하는 경우이다.

이와 같은 면접의 오류를 방지하기 위해 동일한 질문과 평가 기준을 적용하고, 다수의 면접자를 참여시켜서 개인적인 편견을 줄이도록 노력한다. 또한 면접 훈련을 통해 오류를 인지하고 개선하는 방법을 학습하고, 지원자의 답변과 행동을 근거로 평가를 작성한다.

## 5) 면접 기술

### (1) 면접자의 자세

면접자는 중립성과 공평성, 자연스러운 분위기, 진지함과 같은 요소를 중심으로 응답자와의 관계를 형성해야 한다. 면접자는 응답자와의 긍정적인 라포 형성을 통해 응답자로부터 진실되고 심도 있는 응답을 끌어낼 수 있다. 면접자는 다음과 같은 일반적인 태도를 취해야 한다(김경동 외, 2009).

① **중립성:** 의복에서부터 말씨, 표정, 태도, 응답에 대한 반응 등 전반적으로 지나침이 없이 사무적이어야 한다.

② **공평성:** 어떤 종류의 응답자든 그의 지위, 성향, 나이, 성 등 어떤 특성에서 차이가 나더라도 그가 자신감을 갖고 응답하도록 공정하게 대해야 한다.

③ **자연스러움:** 너무 장난끼가 있고 경박스러운 것도 곤란하지만, 그렇다고 지나치게 심각하고 경직된 자세로 임함으로써 상대방에게 위압감을 주고 질리게 해서는 안 된다.

④ **일상회화의 분위기:** 일상의 대화처럼 자연스럽게 끌고 나가야 한다.

⑤ **진지함:** 면접자가 진지하지 않는다면 응답자의 진실한 대답을 기대할 수 없다.

따라서 면접자는 좋은 인상을 가지고, 비교적 활발하고 유쾌한 사람, 일정

수준 이상의 교육을 받은 사람, 발음이 정확하고 표준어를 구사하는 사람, 대처 능력이 있는 사람을 선발하는 것이 좋다.

### (2) 응답자의 호응

면접조사를 성공적으로 수행하기 위해서는 응답자의 호응이 필수적이다. 이를 위해 면접자는 응답자에게 연구의 목적, 중요성, 그리고 당위성을 충분히 설명해야 한다. 이를 통해 응답자가 연구에 참여하는 것이 의미 있고 가치 있는 일임을 느끼도록 하는 것이 중요하다.

이러한 설명과 신뢰를 바탕으로 응답자는 민감하거나 답변하기 꺼려지는 질문에도 솔직하게 응답할 수 있게 된다. 결과적으로 면접자는 정확하고 신뢰할 수 있는 자료를 수집할 수 있게 되어 연구의 성과를 높일 수 있다.

### (3) 면접장소

면접장소는 지원자가 편안하고 안정된 상태에서 응답을 할 수 곳으로 선정하는 것이 필요하다. 동시에 면접자도 공정하고 효율적으로 평가를 진행할 수 있어야 하며, 이를 위해 조용하고 쾌적한 환경, 프라이버시 보호, 그리고 전문적인 분위기를 갖춘 장소가 필요하다. 대표적으로 이용할 수 있는 장소는 조사를 실시하는 기관의 사무실을 들 수 있는데, 이 경우 비용과 시간적인 면에서 효율적이며, 비밀 유지나, 면접 상황을 통제하는 데에도 유리하다. 하지만 사무실의 딱딱한 분위기가 응답자로 하여금 긴장감을 유발할 수 있다. 응답자의 집을 이용할 수도 있는데 이 경우는 응답자가 편안한 분위기에서 면접자의 질문에 응답할 수 있고, 면접자는 가정 분위기나 가족 관계 등을 관찰할 수 있다. 하지만 다른 가족이 있는 경우 비밀보장이나, 다른 가족을 의식해서 응답이 제대로 이루어지지 않을 수 있다. 그 외에 카페나, 공원과 같은 제 3의 장소를 이용할 수도 있다.

### (4) 면접자의 채용 및 교육

면접조사에 있어 면접의 결과는 면접자에 의해 좌우되는 경우가 많다. 따라서 면접을 실시하기 전에 반드시 면접자 훈련을 실시해야 한다. 훈련의 기간이나 강도, 내용 등은 면접조사의 성격에 따라 다르다. 예컨대, 구조화된 면접은 비구조화 면접보다 상대적으로 훈련의 강도가 약하며, 기간이 짧다. 반면, 비구조화 면접은 구조화된 면접보다 훈련 강도가 강하며, 기간도 상대적으로 길다. 또한 정확한 기록을 위해서 장비를 사용할 수 있는데, 면접실시 전에 사용법을 숙지하고, 사전에 연습해야 한다.

### (5) 캐묻기(프로빙, probing)

면접 조사에서 응답자의 답변이 불충분하거나 모호한 경우, 이를 명확하게 하고 필요한 추가 정보를 얻기 위해 사용하는 추가 질문 기법이다. 캐묻기는 응답자가 답변을 충분히 표현하도록 도와주며, 더 정확하고 풍부한 정보를 수집하는 데 중요한 역할을 한다. 캐묻기는 신중하게 접근해야 하며, 계속된 캐묻기는 응답자의 불안감을 초래하여 신뢰관계를 저해할 수 있다.

캐묻기의 방법은 다음과 같다.

#### ① 구체화 질문

응답자의 답변이 모호하거나 불명확할 때 구체적으로 설명하도록 유도한다.

> **예시**
> "그 일을 하셨다고 말씀하셨는데, 구체적으로 어떤 역할을 맡으셨나요?"
> "좀 더 자세히 설명해 주시겠어요?"

### ② 추가 설명 유도

응답이 단편적일 때 더 많은 정보를 제공하도록 요청한다.

> **예시**
> "그 외에도 생각나는 사례가 있을까요?"
> "그 상황에서 또 다른 일이 있었나요?"

### ③ 반복 질문

응답자의 답변 일부를 반복해서 언급해 더 구체적인 답변을 이끌어낸다.

> **예시**
> 응답자: "그때 어려웠어요."
> 면접자: "어떤 점이 가장 어려웠나요?"

### ④ 예시나 범위 제시

응답자가 답변을 떠올리기 어렵거나 범위를 좁힐 필요가 있을 경우 예시나 기준을 제시한다.

> **예시**
> "예를 들어 업무 환경이나 동료와의 관계 중 어떤 부분이 더 영향을 주었나요?"

### ⑤ 침묵 활용

질문 후 잠시 침묵을 유지하여 응답자가 자연스럽게 추가 설명을 할 수 있도록 한다. 침묵은 응답자에게 생각할 시간을 제공하며 더 심층적인 답변을 유도할 수 있다.

### ⑥ 격려와 지지 표현

응답자의 부담을 덜어주고 안정감을 주기위해 긍정적이고 격려하는 태도를 유지한다.

> **예시**
> "말씀해 주신 내용이 매우 도움이 됩니다. 조금 더 설명해 주시겠어요?"
> "말씀해 주셔서 감사합니다. 추가로 다른 부분도 알려주시면 좋겠습니다."

### (6) 면접기술을 높이기 위한 전략

면접조사를 통해 연구자가 원하는 정보를 성공적으로 수집하기 위해서는 어느 한 단계 또는 한 부분만 집중해서는 안 된다. 면접을 시작하는 시점부터 면접자가 고려해야 할 사항은 다음과 같다.

#### ① 면접 시작 단계

- 응답자와의 밝고 친절한 인사로 응답자에게 편안한 인상을 준다.
- 면접자 자신을 소개하고 연구의 신뢰성을 높이기 위해 소속과 역할을 명확하게 전달한다.
- 가벼운 대화나 일상적인 질문으로 긴장을 풀어 자연스러운 분위기를 만든다.
- 연구의 목적, 중요성, 기대되는 결과를 이해하기 쉽게 설명해 응답자의 협조를 이끌어낸다.

#### ② 관심 기울이기

- 응답자와의 눈맞춤을 유지하며 경청하는 자세를 보인다.
- 몸을 응답자 방향으로 살짝 기울여 관심을 표현하고 긍정적인 제스처(고개 끄덕임, 미소 등)를 사용한다.
- 자연스럽고 부드러운 시선 접촉을 통해 신뢰감을 조성한다.
- 편안한 톤과 언어로 응답자가 부담 없이 이야기하도록 유도한다.

• 응답자의 말을 경청하고 있음을 알리기 위해 간헐적으로 긍정적 반응을 보인다.

③ 언어표현에 대해 유의하기

• 불명확하거나 부족한 답변에는 적절한 추가 질문을 한다.
• 응답자가 생각할 시간을 갖도록 대화 속 짧은 침묵을 주어 추가 답변을 유도한다.
• 응답자의 말을 평이하게 요약하거나 바꾸어 말해 이해를 확인하고 공감한다.
• 응답자의 답변에 대한 긍정적 언어표현으로 자신감을 심어준다.
• 진심을 담은 말투로 응답자의 답변이 자연스럽게 이어질 수 있도록 한다.

④ 응답자의 문제 파악하기

• 개인의 경험, 학력, 직업 등 사회적 이력을 통해 응답자의 기본 상황을 파악한다.
• 단일 요인에 집중하지 않고 신체적, 심리적, 사회적, 환경적 측면 등 문제를 다각적으로 조사한다.
• 현재 응답자가 처한 상황이 문제에 어떤 영향을 미치는지 조사하고, 가족, 조직, 주변 환경 등 체계적 관계를 통해 문제의 원인과 맥락을 조사한다.

⑤ 질문하기

• 명확하고 간결한 질문으로 핵심을 전달해 응답자가 부담 없이 답변하도록 유도한다.
• 고정관념이나 개인적 가치관을 배제하고 중립적 입장에서 질문한다.
• 개방형과 폐쇄형 질문을 적절하게 혼합하여 질문한다.
• 지나치게 많은 질문은 응답자의 피로와 불편함을 유발할 수 있으므로 질문

의 양과 깊이를 조절한다.

- 사생활이나 민감한 질문은 조사목적과 필요성을 설명하고 신중하게 다룬다.
- 심층적 정보 탐색을 위해 중립적이고 공감적인 접근을 한다.

## 5. 내용분석법

### 1) 내용분석법(content analysis)의 의의

신문, 서적, TV, 영상과 같은 다양한 커뮤니케이션 자료에 포함된 의미와 패턴을 체계적으로 분석하여 중요한 정보를 도출하는 연구 방법이다. 이 방법은 질적 데이터를 양적 자료로 변환하는 데 유용하여 자료 속에 담긴 특정 주제나 경향성, 표현 빈도 등을 분석할 수 있다.

### 2) 내용분석법의 특징

① 분석대상은 의사전달 내용(메시지)이다.

② 명확히 드러나는 내용뿐만 아니라 내용 속에 숨어 있는 내용도 분석대상이 된다.

③ 문헌연구의 일종이다.

④ 객관성, 체계성, 일반성 등의 과학적 연구방법의 요건을 갖추어야 한다.

- 객관성: 정해진 기준에 따라 분석하여 연구자의 특성이나 편견이 개입되지 않아야 한다.
- 체계성: 적절한 절차와 동일한 방식을 적용하여야 한다.
- 일반성: 연구결과가 전체 집단이나 사회적 현상에 보편적인 해석이 가능해

야 한다.

### 3) 내용분석법의 장·단점

#### (1) 장점

- 기존 자료를 활용하는 것이므로, 시간과 비용이 절감된다.
- 조사가 잘못되었을 경우, 기존자료를 다시 검토할 수 있어 안정성이 보장된다.
- 장기간에 걸친 자료를 분석하여 종단연구가 가능하다.
- 가치나 태도 같은 심리적 변수를 효과적으로 측정할 수 있다.
- 기록물을 대상으로 진행하기 때문에 조사대상자의 반응성이 생기지 않는다.

#### (2) 단점

- 연구자가 필요로 하는 자료를 찾기가 어렵다.
- 연구의 범위가 기록물에 한정되어 제한적이다.
- 부호화 과정에서 오류가 생길 수 있다.
- 기존 자료를 바탕으로 추상적 개념을 측정하고자 하기 때문에 자료의 실질적 타당도를 확보하기 어렵다.

### 4) 내용분석법의 절차

내용분석법의 절차는 연구문제 형성 → 대상 문헌자료의 모집단 규정 → 문헌자료의 표본 선정 → 분석내용의 범주 설정 → 분석단위의 규정 → 계량화의 체계 → 내용 코딩 → 신뢰도와 타당도 검증 → 자료분석의 과정을 거치게 된다. 단계별 내용은 다음과 같다.

### (1) 연구문제 형성

연구의 목적과 문제를 명확히 설정하고, 특히 이 방법을 통해 효율적으로 분석할 수 있는 주제를 선정하는 것이 중요하다.

**내용분석에 적합한 연구문제의 예시**

- 시대별 정치 연설에서 사용된 주요 단어와 수사학적 기법은 어떻게 변화했는가?
- 특정 시기 신문 헤드라인에 나타난 전쟁 관련 언어적 표현의 빈도와 특징은 무엇인가?
- 인공지능에 관한 언론 보도에서 긍정적, 부정적, 중립적 프레임의 분포는 어떠한가?
- 빈곤에 대한 언론의 묘사가 IMF를 전후로 어떻게 달라졌는가?

### (2) 대상 문헌자료의 모집단 규정

연구에서 분석 대상이 되는 전체 문헌자료(모집단)를 말한다. 내용분석에서 모집단을 결정할  때에는 연구주제의 범위와 기간의 두 차원이 고려되어야 한다(예: "2000~2023년 발행된 국내 주요 신문 기사" 또는 "2010년 이후 제작된 한국 드라마")

### (3) 문헌자료의 표본 선정

모집단의 사례 수가 많아서 전체를 분석하기 어려운 경우, 표본을 선정하여 분석할 수 있다. 대표성 있는 표본을 추출하는 것이 중요하며, 표본에서 얻은 결과를 모집단 전체에 일반화할 수 있어야 한다. 표본추출방법은 일반적인 표집방법을 원용한다(예: 특정 신문의 매주 월요일 기사를 무작위로 선택).

### (4) 분석내용의 범주 설정

분석내용의 범주란 내용분석법에서 자료를 체계적으로 분류하고 해석하기 위해 설정하는 주요 주제나 카테고리를 말한다. 범주는 연구목적과 주제에 맞아야 하고, 상호배타적이고 포괄적이며 상호 독립성을 갖춰야 한다.

### (5) 분석단위의 규정

분석 대상의 최소 단위를 규정하는 것으로, 분석작업에서 부호화의 단위가 된다. 분석단위에는 단어, 주제, 인물, 문단과 단락, 항목, 공간 또는 시간 등이 사용된다(강종수, 2021).

- **단어(word):** 최소 분석단위로 구분이 뚜렷하다는 장점이 있으나 표본이 방대하면 양이 많아 다루기 어렵고 맥락의 의미를 알기 힘든 단점이 있다.
- **주제(theme):** 단위의 경계를 정하기 어렵고 더 중요한 주제를 구별하기가 어렵다. 대량의 자료를 다룰 때 유용하고, 선전물이나 태도, 가치 등의 분석에 주로 이용된다.
- **인물(character):** 희곡, 소설, 연극, TV 드라마 등의 자료 분석에 유용하다. 기록단위는 특정한 사람이며, 범주들에 해당하는 사람의 수가 기록된다. (예: TV 드라마에서 의사, 경찰, 변호사 등의 범주에 속하는 인물이 얼마나 등장하는가를 분석단위로 기록할 수 있다.)
- **항목(item):** 어떤 의사소통 전체의 단위를 말한다. (예: 논문 한 편, 책 한 권, 영화 한 편 등)
- **문단(paragraph):** 형태적으로 경계가 분명하여 구분이 쉽다는 장점이 있으나, 한 문단 속에 여러 가지 주제나 내용이 포함될 수 있어서 어느 하나의 범주에 명확하게 속하기 어려운 단점이 있다.
- **공간 또는 시간:** 인쇄물의 지면이나 방송 시간도 분석단위가 된다.

### (6) 계량화의 체계

분석단위가 결정되면 질적 데이터를 수량화하여 분석 가능하도록 체계를 설정 한다. 시간·공간 체계, 출현체계, 빈도체계, 강도체계 중 한 가지를 선택하여 체계적으로 자료를 분석할 수 있어야 한다.

- 시간·공간 체계: 강조되는 정도를 파악하기 위한 것으로 인쇄물의 지면 크기, 할애된 시간 등을 측정하는 것
- 출현체계: 연구자가 분석하고자 하는 내용이 자료에 있는지 없는지를 파악하는 것
- 빈도체계: 분석단위가 자료에 몇 번 출현하는지에 대한 것
- 강도체계: 태도나 가치와 같은 개념을 측정하는 것

### (7) 내용 코딩

계량화 체계에 따라 자료를 체계적으로 분류하고 분석가능한 형태로 변환하는 절차이다. 코딩하는 사람들에 대한 훈련으로 분석의 신뢰도를 높일 수 있다.

### (8) 신뢰도 및 타당도 검증

동일 자료를 다른 연구자가 분석했을 때 같은 결과를 도출하는지에 대한 것이 신뢰도이고, 분석 결과가 이론적 배경과 일치하는지 확인하는 것이 타당도이다. 자료와 코딩 체계가 연구 목적에 적합한지 평가한다.

### (9) 자료분석

코딩된 데이터를 분석하고 결과를 해석하는 단계이다.

# 6. 문헌조사법

## 1) 문헌조사법(literature review)의 의의

기존에 존재하는 문헌자료를 조사하여 연구주제에 필요한 이론적 배경과 정보를 수집하고 분석하는 연구방법이다. 이는 연구자가 직접 자료를 수집하지 않고, 이미 작성된 문헌과 자료를 바탕으로 연구 문제를 탐구하기 때문에 2차 자료 분석이라고 한다. 문헌조사법은 선행 연구, 보고서, 책, 학술 논문 등과 같은 다양한 문헌을 통해 연구 방향을 설정할 수 있다.

## 2) 장·단점

### (1) 장점

- 자료수집을 위한 시간과 노력이 절약된다.
- 조사과정에서의 반응성의 문제가 유발되지 않는다.
- 장기간 변화를 분석·비교할 수 있어서 종단적 분석이 가능하다.
- 다양한 자료를 수집할 수 있다.
- 직접적으로 접근할 수 없는 주제에 대한 접근이 가능하다.

### (2) 단점

- 자료들이 선택적으로 남아있는 경우 샘플링에 편향성이 있을 수 있다.
- 연구 목적에 부합하는 자료를 찾기 어렵다.
- 다양한 문헌의 형식으로 표준화하는 데 어려움이 있다.
- 최신자료의 확보가 어렵다.

### 3) 문헌의 종류

#### (1) 작성자에 따른 분류

작성자가 문헌의 내용에 어떤 관여가 있는가에 따라 1차 문헌과 2차 문헌으로 구분한다. 1차 문헌은 연구자가 직접 작성한 문헌으로, 원자료에 해당한다. 주로 일기와 자서전처럼 경험자가 직접 작성한 자료를 말한다. 2차 문헌은 1차 문헌을 기초로 하여 해석, 요약, 분석한 문헌으로 서적, 리뷰 논문, 백과사전, 연감, 해설서 등을 말한다.

#### (2) 작성목적에 따른 분류

작성목적에 따라 개인적인 글, 조직의 기록, 인쇄된 대중매체가 있다. 개인적인 글에는 편지나 일기, 가계부, 유서, 자서전, 여행기 등이 있으며, 조직의 기록에는 회의록, 인사기록부, 사업계획서, 계약서, 상담일지 등이 있다. 또한, 인쇄된 대중매체에는 책이나 신문, 잡지, 포스터, 정기간행물 등이 있다.

## 요점정리

- 설문지는 가장 널리 이용되는 자료수집법으로, 면접조사법, 전화조사법, 집단조사법, 배포조사법, 우편조사법, 온라인조사법 등이 있다.
- 설문지는 설문표지, 식별자료, 지시사항, 필요한 정보획득을 위한 문항, 응답자 분류를 위한 자료로 구성되며, 작성 순서는 수집자료의 결정, 설문 방법과 질문유형 결정, 문항 개발과 문장구성, 검토 및 수정, 사전검사, 편집 및 완성 순으로 진행된다.
- 관찰법은 연구대상을 통제하지 않고 일정 시간 관찰하는 방법으로, 구조화 여부, 상황, 관찰시점, 관찰사실 인지여부, 관찰도구에 따라 분류한다.
- 자료에는 연구자가 직접 수집한 1차 자료와 기존 자료인 2차 자료가 있다.
- 문헌조사법은 2차 자료 분석으로, 문헌은 작성자와 작성목적에 따라 여러 형태가 있다.
- 내용분석은 각종 기록물의 내용적 특성을 분석하는 기법으로, 연구문제 형성 → 대상 문헌자료의 모집단 규정 → 문헌자료의 표본 선정 → 분석내용의 범주 설정 → 분석단위의 규정 → 계량화의 체계 → 내용 코딩 → 신뢰도와 타당도 검증 → 자료분석의 과정을 거치게 된다.

## 사회복지사 1급 기출문제

1. 설문지 작성에 관한 내용으로 옳지 않은 것은?

① 개연성 질문(contingency questions)은 사고의 흐름에 따라 배치한다.
② 고정반응(response set)을 예방하기 위해 유사질문들을 분리하여 배치한다.
③ 민감한 주제나 주관식 질문은 설문지의 뒷부분에 배치한다.
④ 명목측정을 위한 질문은 단일차원의 원칙을 지켜 내용을 구성한다.
⑤ 신뢰도 측정을 위한 질문들은 가능한 한 서로 가깝게 배치한다.

**정답 ⑤** | 신뢰도 측정을 위한 질문들은 떨어뜨려 놓는다.

2. A대학교는 전체 재학생 중 500명을 선정하여 취업욕구조사를 하고자 한다. 비용 부담이 가장 적고 절차가 간편한 자료수집방법은?

① 우편조사 ② 방문조사 ③ 전화조사
④ 온라인조사 ⑤ 면접조사

**정답 ④** | 온라인 조사는 전세계 다수의 사람들에게 빠르고 저렴한 비용으로 자료를 수집할 수 있다는 장점을 가지고 있다. 문제에서 조사대상이 대학생이기 때문에 인터넷 접근성이 뛰어나며, 인터넷 사용과 관련한 대표성의 문제도 유발하지 않는다.

3. 자료수집에 관한 설명으로 옳지 않은 것은?

① 질문지법은 문서화된 질문지를 사용한다.
② 면접법은 조사대상자에게 질문내용을 구두 전달한다.
③ 관찰법은 유형, 시기, 방법, 추론 정도에 따라 조직적 관찰과 비조직적 관찰로 구분된다.
④ 비관여적 조사는 기존의 기록물이나 역사자료 등을 분석한다.
⑤ 내용분석법은 신문, 책, 일기 등의 직접자료를 수집하고 분석하는 방법이다.

**정답 ⑤** | 내용분석법은 직접자료가 아니라 간접자료를 분석한다.

4. 설문지 작성에 관한 설명으로 옳은 것은?

① 개방형 질문은 응답률을 높이기 위해 주로 설문지의 앞부분에 배치한다.
② 수반형(contingency) 질문이 많아질수록 응답률은 높아진다.
③ 명확한 응답을 얻기 위해 이중(double-barreled)질문을 사용한다.
④ 문항은 응답자의 특성과 무관하게 작성되어야 한다.
⑤ 신뢰도 측정을 위해 짝(pair)으로 된 문항들은 가급적 떨어지게 배치한다.

**정답** ⑤ | ① 개방형 질문은 설문지의 뒷부분에 배치하고, ② 수반형 질문이 많아지면 응답자가 피로감을 느낄 수 있다. ③ 이중질문은 두 가지 이상의 질문을 하나의 질문 안에 포함하는 것으로 응답자에게 혼란을 주게 되며, ④ 문항은 응답자의 특성을 고려하여 작성해야 한다.

5. 다음 중 옳지 않은 것은?

① 우편설문: 원래 표본으로 추출된 응답자가 응답하지 않을 수 있다.
② 실험설계: 개입을 제공하기 전에는 종속변수의 측정이 사실상 불가능하다.
③ 관찰: 비언어적 자료수집이 가능하다.
④ 비반응성 자료수집: 연구대상의 반응성 오류를 피할 수 있다.
⑤ 대인면접설문: 방문 조사원에 의해 보충적인 자료가 수집될 수 있다.

**정답** ② | 사전사후조사를 하는 실험설계방법의 경우 개입을 제공하기 전에 종속변수를 측정한다. 이 경우 일반적으로 실험설계에서는 개입 전에 종속변수에 대해 사전검사를 실시하고, 개입 후 사후검사를 실시하여 두 값을 비교한다. 이를 통해 종속변수의 변화를 확인한다.

6. 관찰을 통한 자료 수집에 관한 설명으로 옳은 것은?

① 피관찰자에 의해 자료가 생성된다.
② 비언어적 상황의 자료 수집이 용이하다.
③ 자료 수집 상황에 대한 통제가 용이하다.
④ 내면적 의식의 파악이 용이하다.
⑤ 수집된 자료를 객관화하는 최적의 방법이다.

**정답** ② | 관찰법은 인간인 관찰자의 감각기관을 이용, 언어적, 비언어적 자료를 수집하는 귀납적인 방법으로 비언어적 상황에 대한 자료수집이 용이하다.

7. 질문 내용 및 방법의 표준화 정도가 낮은 자료수집 유형끼리 바르게 묶인 것은?

| | |
|---|---|
| ㄱ. 스케줄 - 구조화 면접 | ㄴ. 설문지를 이용한 면접조사 |
| ㄷ. 심층면접 | ㄹ. 비구조화 면접 |

① ㄱ, ㄴ ② ㄱ, ㄹ ③ ㄴ, ㄷ ④ ㄴ, ㄹ ⑤ ㄷ, ㄹ

**정답 ⑤** | 심층면접은 구조화된 질문으로 활용하여서는 수행하기 어려우며, 비구조화된 면접은 표준화하기 어렵다.

8 서베이(survey) 조사에 관한 설명으로 옳은 것을 모두 고른 것은?

ㄱ. 전화조사는 무작위 표본추출이 가능하다.
ㄴ. 우편조사는 심층규명이 쉽다.
ㄷ. 배포조사는 응답 환경을 통제하기 쉽다.
ㄹ. 면접조사는 우편조사에 비해 비용이 많이 든다.

① ㄱ,ㄴ ② ㄱ,ㄹ ③ ㄴ, ㄷ ④ ㄱ, ㄷ, ㄹ ⑤ ㄴ, ㄷ, ㄹ

**정답 ②** | 우편조사는 다른 서베이 조사에 비해서 심층적인 내용규명이 어렵고, 배포조사는 설문지를 배포하고 일정기간 이후에 회수하는 방법으로 응답환경 통제가 어렵다.

CHAPTER 09

# 욕구조사와 평가조사

Chapter

# 09 욕구조사와 평가조사

**학습목표**

- 욕구조사와 평가조사의 차이를 이해한다.
- 욕구조사의 의미와 필요성을 이해한다.
- 평가조사의 의미와 종류를 이해한다.

## 1. 욕구조사

### 1) 의의

욕구조사란 클라이언트가 당면한 문제나 필요한 욕구를 확인하기 위해 이루어지는 조사이다. 즉, 욕구조사는 사회복지현장을 포함해 다양한 분야에서 수혜자, 소비자 등의 욕구를 분석 파악하기 위해 진행된다. 이런 집단의 주요 욕구를 계량적으로 측정하기 위한 작업이며 이를 바탕으로 욕구를 충족시킬 수 있는 사회복지서비스나 제도를 마련하기 위해 노력한다. 이러한 욕구조사는 사회복지분야에서는 사회복지 프로그램을 제공하기 전, 반드시 진행하는 과정이다. 예컨대, 낮은 수준의 삶의 질과 이에 대한 사회복지전문가의 투입과 개입 필요성 등에 대하여 정확하게 사정하는 것이다. 즉, 한정된 지역 안에서의 사람들의 욕구 수준을 확인해 내고 이를 수량화하는 것이 욕구조사이다.

욕구조사를 통하여 다음과 같은 측면에 활용할 수 있다. 우선, 욕구조사는 욕구유형을 파악함으로써 어떤 정책대안이나 프로그램이 필요한지 파악한다. 또한, 필요로 하는 서비스나 프로그램의 우선순위 혹은 상대적 중요성을 정한다. 욕구조사를 통하여 프로그램 운영에 필요한 예산할당 기준을 마련하고, 프로그램의 평가에 필요한 기초자료를 마련한다. 지역사회 내 기관들 간의 중복방지 및 협동방안을 강구할 수 있고, 조직 내에서 기관의 정체성을 확인할 수도 있다.

## 2) 필요성

욕구조사는 대상집단의 욕구를 충족하기 위해 진행되며, 사회문제를 해결하고 예방하기 위한 정책대안이나 프로그램을 개발 및 수정하기 위한 목적으로 이루어진다. 또한 욕구조사는 복지서비스를 제공하는 사회복지 기관단체의 운영에 도움이 되는 기초자료로 활용하기 위해서 필요하다.

욕구조사를 통하여 정보의 획득, 객관적 방법, 실증적 방법, 이용자 중심의 비전 및 프로그램 개발, 체계적이고 전문적인 기간 운영 수행, 자원의 효율적인 운영, 환경 변화에 적극적인 대응, 책임성에 대한 평가와 발전의 기초, 정보공유와 네트워크, 홍보와 참여 기회제공이 가능하다.

## 3) 욕구의 개념 및 유형

### (1) 욕구의 개념

욕구는 바람직한 상태와 현재상태의 차이이다. 욕구란 무엇이 부족하여 그것을 필요로 하는 상태이다. 사회복지는 인간의 욕구불만 상태를 해결하거나 충족시켜 주기 위한 사회제도이므로 결핍된 욕구 파악은 매우 중요하다. 사회복지에 있어서 욕구는 사회복지 대상자인 클라이언트에 대한 사회복지서비스 제공뿐만 아니라 사회복지정책을 마련하는 데도 중요하다. 사회구성원 개인이 욕구를 충족할 수 없을 때 사회적으로 욕구가 충족되도록 지원한다.

### (2) 매슬로우(Maslow)의 욕구유형

매슬로우는 욕구를 생리적·신체적 욕구, 안전의 욕구, 소속과 애정에 대한 욕구(사회적 욕구), 존경의 욕구(자아존중의 욕구), 자아실현의 욕구로 구분한다.

매슬로우는 인간의 욕구는 강한 것에서부터 약한 것으로, 위계를 가진 보편적이고 선천적인 동기에 의해 유발되며, 그 강도에 따라서 위계적·계층적으로 배열된다고 보았다.

〈표 9-1〉 매슬로우의 욕구 단계와 주요내용

| 욕구단계 | 내용 |
|---|---|
| 자아실현의 욕구 | • 가장 상위 차원의 욕구로 4가지 욕구가 충족된 후 일어남<br>• 인간의 잠재적인 능력에 대한 실현의 욕구 |
| 자아존중의 욕구 | • 다른 사람으로부터 인정받고, 존중받고 싶어하는 욕구<br>• 충족되면 자신감이 생기지만 결핍되면 열등감이 생기는 욕구 |
| 소속과 애정에 대한 욕구 | • 정서적인 만족을 얻고 싶어 하는 욕구<br>• 집단에 소속되어 관계를 맺고, 사랑받고 싶어하는 욕구<br>• 타인과의 애정관계를 형성하고 싶어하는 욕구 |
| 안전에 대한 욕구 | • 물리적, 심리적 위협으로부터 벗어나려는 욕구<br>• 확실하고 조직화되고, 예측할 수 있는 환경에서 살고 싶은 욕구 |
| 생리적·신체적 욕구 | • 인간의 가장 기본적이고 필수적인 욕구<br>• 의식주와 관련된 생존의 욕구 |

### (3) 브래드쇼(Bradshow)의 욕구유형

브래드쇼는 욕구를 정하는 데 가장 중요한 문제는 "누가 욕구의 기준을 정하는가?"에 있다고 보고, 욕구유형을 욕구인식의 기준에 따라 규범적 욕구, 인지적 욕구, 표출적 욕구, 비교적(상대적) 욕구 4가지로 분류하였다.

욕구진단에서 규범적 욕구는 전문가의 판단에 의해서 진단이 이루어진다. 즉, 전문가가 주어진 상황에서 욕구라고 정의해서 바람직한 수준이 정해지고 개인이나 집단이 바람직한 수준에 미치지 못하면 욕구가 있는 것이다.

인지적 욕구는 사람들이 욕구로 생각하는 것으로 감지된 욕구, 감촉적 욕구, 체감적 욕구이다. 이는 사람들에게 특정 서비스가 필요하다고 느끼는지를 물음으로써 측정되는 욕구이다.

표출적 욕구는 욕구가 행동으로 표출되어 드러난 것으로 표현된 욕구, 서비스 수요에 기초한 욕구이다. 이는 사람들이 어떠한 서비스가 필요하다고 느끼면서 욕구가 충족되길 요청하거나 요구하는 행동을 하는 경우의 욕구에 해당된다.

상대적 욕구는 다른 사람이나 타 지역과 비교해서 정해지는 욕구이다. 상대적 욕구는 서비스 대상자들을 연구하여 얻어진 욕구로 만약 비슷한 상황에서 어떤 사람들은 복지대상자이고 다른 사람들은 아닐 경우 후자는 상대적 욕구가 있는 것이다.

욕구별 진단과 처방은 다음과 같다

**〈표 9-2〉 브래드쇼의 욕구유형과 진단, 처방**

| 욕구단계 | 진단 | 처방 |
|---|---|---|
| 규범적 욕구<br>(normative need) | 전문가 판단으로 충족되지 않은 욕구 진단 | 전문가 판단으로 최선의 서비스 제공 |
| 인지적욕구<br>(felt need) | 잠재적 클라이언트가 문제와 욕구를 진단 | 욕구를 갖는 당사자가 필요하다고 생각하는 서비스 |
| 표출적 욕구<br>(expressed need) | 잠재적 클라이언트가 직접 자신의 문제를 진단 | 수요로 나타난 서비스 |
| 상대적 욕구<br>(comparative need) | 전문가나 사회가 각종 사회지표의 비교로 진단 | 서비스 이용률 비교로 유사한 서비스 필요성 인정 |

### 4) 욕구조사의 내용과 종류

#### (1) 수혜자 중심 욕구조사

수혜자 조사는 아동이나 청소년, 노인, 장애인 같이 특정 인구집단을 위하여 서비스나 프로그램을 제공하는 기관에 의하여 실시되는 조사이다.

특정 인구집단을 규정하고 그 집단 내에서 빈번히 발생하는 문제를 발견하고, 이러한 문제를 해결하기 위하여 필요한 서비스 수준을 산정한다.

#### (2) 서비스 중심 욕구조사

서비스 중심 욕구조사는 특정서비스를 제공하는 기관에서 실시하는 조사이다. 먼저 특정 문제를 해결할 수 있는 서비스 기술을 보유하고 있다는 전제로 한다. 예컨대, 의료서비스를 가진 기관이 이러한 서비스를 제공할 대상을 상대로 표적 인구를 설정하고 이들로부터 필요한 서비스의 수준을 산정하는 방식이다.

#### (3) 지역사회 중심 욕구조사

지역사회중심 욕구조사는 수혜자중심 욕구조사와 서비스 중심 욕구조사를 통합한 방식이다. 지역사회 전반의 문제를 확인하여 문제해결의 우선순위를 파악한 후에 서비스 대상과 수준을 파악하는 조사이다.

### 5) 자료수집방법

욕구조사를 위한 자료수집 방법은 크게 직접적 방법과 간접적 방법으로 구분된다. 직접적인 자료수집은 조사자가 설문조사나 면담 등으로 직접 1차 자료를 수집하는 것이고, 간접적 방법은 사회지표나 행정자료와 같은 2차 자료를 수집하는 방법으로 구분된다. 욕구조사를 위한 다양한 자료수집방법은 다음과 같다.

### (1) 공개토론회

공개토론회는 지역사회 내 주민들이 함께 모여서 주민 욕구에 대해 자유롭게 의견을 교환하고 상호작용을 할 수 있는 토론회를 통해 욕구를 조사하는 방법이다. 이는 공개적인 모임을 개최하여 지역사회욕구나 문제를 파악한다. 공개토론회는 광범위하고 자유로운 욕구를 파악하는 데 용이하고 비용과 시간측면에서 효율적이지만, 참석자의 대표성 문제가 제기될 수 있고, 이익집단의 참여와 특정 이슈 부각으로 토론회 운영이 어려울 수 있는 단점이 있다.

### (2) 주요 정보제공자 조사

주요정보제공자 조사는 지역사회문제에 대해 직접적으로 잘 알고 있다고 생각되는 주요 정보제공자들로부터 의견을 수집한다. 구체적으로 기관의 서비스 제공자, 인접 직종의 전문직 종사자, 지역 내의 사회복지 단체의 대표자, 공직자 등 지역사회 전반의 문제에 대해 잘 알고 있는 것으로 인정되는 사람을 조사하는 것이다.

지역의 전반적인 문제를 쉽게 파악하고 전문가의 시각을 반영할 수 있는 장점은 있지만, 주요 정보제공자 선정의 문제와 전문가의 의견이 실제욕구와 다를 수 있는 한계가 있다.

### (3) 사회지표조사

사회지표조사는 지역이나 대상집단의 생활 상태나 문제에 관한 공공기록문서와 보고서에 기록된 각종 사회지표를 바탕으로 욕구를 분석한다. 사회지표

분석은 자료수집과 분석이 용이하고 객관적 자료로서 신뢰성이 있지만, 사회지표를 벗어난 욕구는 확인하기 어렵고 지표작성 기준이 기관마다 다를 수 있어 자료의 연계성 있는 분석과 비교가 곤란한 경우가 많다.

### (4) 서베이조사

서베이조사는 설문지, 면접, 전화 등을 이용하여 조사대상으로 하여금 연구주제와 관련된 질문에 답하게 함으로써 체계적이고 계획적으로 실증적 자료를 수집, 분석하는 조사방법이다. 서베이조사를 수행하는 연구자는 사회조사의 원리나 방법에 익숙해야 한다.

서베이조사는 광범위한 지역주민 의견수렴과 욕구정도를 파악하는 데 적합하지만 시간과 비용이 많이 들고 충분한 조사대상 확보가 어려울 수 있다는 문제가 있다.

### (5) 델파이조사

델파이조사는 어떤 문제에 대해 전문가들의 합의점을 찾는 방식으로, 개인의 의견을 집단적 통계분석으로 처리하는 방식이다. 델파이 방법은 전문가 패널이 면대면 토의를 하지 않고도 의사 결정에 대해 합의할 수 있다는 기본 전제를 갖는다. 전문가들이 한자리에 모이지 않으며 응답을 무기명으로 한다는 특징을 가진다.

대면을 통한 의사결정의 부작용을 피할 수 있고, 전문가 합의에 의해서 욕구를 파악할 수 있는 장점이 있지만, 반복되는 설문조사로 시간과 비용이 많이 들 수 있고, 전문가들 간에 합의된 의견이 욕구가 아닐 수 있다.

델파이조사는 다음과 같은 방식으로 조사가 이루어진다.

- 조사하고자 하는 영역의 전문가로 델파이 패널(Delphi panel)을 선정하고, 이들을 대상으로 관련 쟁점이나 예측하려는 문제에 대해 개방형 설문조사를 진행한다.
- 개방형 설문조사 결과를 구조화하여 설문 문항을 만들고, 이에 대한 패널 의견을 수렴한다.
- 구조화된 설문조사 결과가 나오면, 그 결과와 동일한 구조화된 설문 문항을 다시 패널에게 보낸다. 응답 분포와 다른 전문가의 의견을 통해 자신의 의견을 수정할 기회를 부여한다.
- 이런 과정이 반복되는 동안 패널은 자기 판단을 수정보완하며, 연구자는 패널 의견이 어느 정도로 수렴되는지 확인하고 이를 해석한다.
- 반복적인 과정을 통하여 의견이 수렴되면 델파이조사를 마무리한다.

### (6) 서비스제공자(프로그램 운영자) 조사

프로그램 운영자나 제공자로부터 욕구에 관한 조사를 실시한다. 널리 알려져 있지는 않지만 사회적으로 받아들여지기 어려운 집단의 욕구나 문제를 파악하기에 용이하다. 하지만 실제 표적집단이 인식하는 욕구와는 다를 수 있다.

### (7) 2차 자료 분석(행정자료분석)

2차 자료 분석은 인테이크 자료, 면접기록표, 업무일지, 대기자 명단 등을 활용하여 빈번한 사회문제, 문제의 경향, 서비스 수요 등 욕구를 파악한다. 자료수집과 분석이 용이하고 시간과 비용이 적게 소요되는 장점이 있는 반면에 간접적 측정으로 정확한 욕구로 보기 어렵고 자료의 특성에 따라서 제한적인 욕구만 확인할 수 있다.

### (8) 초점집단조사(포커스그룹 면접, 심층면접)

초점집단조사는 조사대상 집단 중에서 중요한 정보를 얻을 수 있는 사람을 추출하여 집중적으로 면접조사하는 방식이다. 초점집단조사는 어떤 문제나 관심 또는 욕구를 가장 잘 나타낼 수 있는 소수의 사람들(12~15명 정도)을 한곳에 모아 어떤 문제에 대한 의견을 개진하고 의견을 심도 있게 듣는 방법이다.

집단역동성을 활용해 욕구조사를 충실히 할 수 있는 장점이 있지만, 참여자 선정의 대표성, 진행자의 능력과 자질에 대한 높은 의존성이 단점이다.

### (9) 관찰법

관찰법은 대상자의 행동이나 사회현상을 직접 관찰하는 방법과 사람들에게 자신과 타인의 행동에 대해 질문하여 직접 들어서 알아내는 방법이 있다.

### (10) 직접경험법

조사자가 직접 대상자의 생활 속에 참여하여 조사하는 방법이다. 직접경험법은 직접 경험을 통해 문제를 해결하거나, 더 나은 기술을 익히는 방법이다. 직접경험을 통해 얻은 정보는 현장의 시각에서 바라본 것이기 때문에 신뢰할 수 있다.

### (11) 명목집단기법

소수의 그룹이 공동의 문제와 질문에 대해 각각 나름대로 제안이나 해결책을 제시하고 이를 공유한다. 명목집단기법은 해결해야하는 욕구나 문제에 대한 공유된 이해를 형성 또는 조장하기 위하여 사용하는 기법이다. 명목집단에는 클라이언트, 주요 정보제공자, 서비스제공자, 해당 분야 전문가들이 참여할 수 있고 이들은 욕구확인과 욕구충족을 위한 적합한 방법에 대한 의견을 제안한다.

주요한 욕구조사의 특징과 장단점은 다음과 같다.

〈표 9-3〉 **욕구조사의 방법**

| 조사유형 | 특징 | 주요자료원 | 장점 | 단점 |
|---|---|---|---|---|
| 공개토론회 | 일시에 광범위한 주민의 다양한 의견 수렴 | 참여주민 | 비용과 시간에서 효율적 | 소수자(이익집단)의 의견에 편향될 우려가 있으며, 참여자 대표성에 문제 |
| 주요 정보 제공자 조사 | 주요 정보제공자의 견해 | 전문가 | 문제의 원인과 대안 파악<br>조사대상자 확보 용이 | 조사대상의 편향이 우려되며, 직접적인 주민욕구 조사에는 한계 |
| 사회지표 조사 | 인구총조사 같은 사회지표 자료 이용 | 각종 사회지표 | 신속하고 저렴<br>변화추이 파악 가능 | 조사목적에 완전히 일치하는 사회지표를 파악하는 것에 한계 |
| 서베이조사 | 지역주민을 대상으로 직접적 설문조사 | 지역주민 | 광범위한 주민의 직접적인 욕구 파악 | 조사비용과 시간이 많이 소요될 수 있고, 표본의 대표성과 측정의 정확성을 확보하는 것이 어려움 |
| 델파이 조사 | 전문가집단을 대상으로 합의에 의한 욕구 파악 | 전문가 | 전문가 합의에 의한 욕구 파악 | 반복적 조사로 인한 비용과 시간이 많이 소요될 수 있으며, 실제 주민욕구와 차이가 존재할 수 있음 |
| 서비스 제공자 조사 | 서비스 제공 기관을 통한 욕구조사 | 서비스 기관 | 전문가의 견해 반영 | 공급자 중심의 조사로 수요자 욕구 파악에는 한계 |
| 2차 자료 분석 | 기존자료 분석을 통한 간접적 측정 | 2차 자료 | 자료수집과 분석 용이<br>신속하고 저렴 | 이용 가능한 자료가 제한적으로 실제 욕구 파악에는 한계 |

출처: 강종수(2022).

# 2. 평가조사

## 1) 의의

평가조사란 어떤 개입이나 프로그램의 개선 또는 계속 수행 여부를 결정짓기 위해 개별적인 개입기술이나 프로그램이 그 목표하는 바를 어느 정도 달성하였는지를 측정하는 조사이다. 즉, 프로그램의 효과성, 효율성, 적절성, 만족도 등을 조사방법론을 적용해 측정하는 응용조사이다. 평가조사의 특징은 다음과 같다.

- 효과성, 효율성, 노력성 등을 기준으로 진행결과를 체계적으로 분석하는 것이다.
- 프로그램 전반에 관한 결정을 하기 위한 총괄적인 정보수집 과정이다.
- 프로그램의 가치, 양과 질, 장·단점을 체계적으로 분석하는 연구활동이다.

## 2) 필요성

평가조사는 정보제공, 기관운영의 책임성 확보, 이론형성 기여, 프로그램 개발 지식과 정보 제공, 합리적인 자원 배분, 프로그램에 대한 환류, 프로그램의 개선, 서비스 전달체계의 개선 등의 필요성이 있다.

## 3) 종류

### (1) 목적에 따른 분류

목적에 따라서는 프로그램의 수정, 보완 및 개발을 목적으로 프로그램 운영

중에 이루어지는 형성평가와 프로그램의 성과와 영향성 결정을 목적으로 프로그램 종료 후 평가하는 총괄평가가 있다. 형성평가와 총괄평가를 합쳐서 수행하는 경우는 통합평가이다.

형성평가는 프로그램 운영도중에 수행하는 평가로 프로그램 수행과정에서 문제점을 발견하여 프로그램을 수정·보완하고자 하는 목적을 가진 평가조사이다. 프로그램 모니터링과 서비스의 질관리를 위한 노력이 형성평가를 통해 이루어진다.

총괄평가는 진행된 프로그램의 성과와 영향을 파악하여 프로그램이 유지, 확대, 축소 등 행정적 결정의 근거로 활용하기 위한 것으로 프로그램이 종료된 시점이나 완전히 종결된 이후 실시하는 평가이다. 총괄평가는 프로그램의 효과성 평가와 효율성 평가로 구분하여 이루어진다.

〈표 9-4〉 형평성가와 총괄평가의 차이

| 구분 | 형성평가 | 총괄평가 |
|---|---|---|
| 목적 | 프로그램의 수정, 보완 및 개발 | 프로그램 성과와 영향성 결정 |
| 이해관계 당사자 | 기관책임자, 프로그램 관리자, 사회복지사 | 기관책임자, 정부, 재원공급자, 클라이언트 집단 |
| 평가자 | 주로 내부평가자 활용, 외부평가자의 자문 | 주로 외부평가자 활용, 내부평가자의 원조와 지원 |
| 자료수집의 목적 | 주로 진단을 위해서 | 주로 의사결정을 위해서 |
| 자료수집의 방법 | 공식적 때로는 비공식적 | 공식적, 타당성과 신뢰성 중시 |
| 표본의 수 | 비교적 적음 | 대체로 많음 |
| 자료수집 빈도 | 자주 | 드물게 |
| 조사결과의 활용 | 프로그램 개발을 위한 피드백 제공 | 프로그램의 계속, 중단, 확대에 관한 종합적 판단 |

출처: 강종수(2022).

### (2) 평가주체에 따른 분류

평가주체에 따라서는 프로그램 담당자가 스스로 하는 자체평가, 프로그램을 담당하지 않는 기관 내부자가 평가하는 내부평가가 있다. 또한 프로그램을 담당하는 기관의 외부자에 의해서 이루어지는 외부평가가 있다.

### (3) 평가규범에 따른 분류

평가규범에 따라서는 효과성 평가, 효율성 평가, 형평성(공평성) 평가로 구분된다.

첫째, 효과성 평가는 프로그램의 목표가 실제로 달성된 정도를 평가하는 것이다.

둘째, 효율성 평가는 투입과 산출의 비율로 평가한다. 즉, 프로그램의 비용과 그 효과를 비교하는 평가이다.

셋째, 형평성 평가는 프로그램의 효과와 비용이 사회집단 간에 또는 지역 간에 공평하게 배분되었는지를 평가한다.

### (4) 자료형태와 조사방법에 따른 분류

양적 평가와 질적 평가로 구분된다. 첫째, 양적 평가는 주로 계량화 되어 연역적 방법으로 분석하고, 결과 내지 성과에 초점을 둔다. 양적평가는 보통은 구조화된 설문지를 이용하여 숫자, 비율 등 강성자료를 수집한다.

둘째, 질적 평가는 자연스러운 상황에서 수량화되지 않은 자료를 수집해 귀납적으로 자료를 분석하며, 주로 과정에 초점을 둔다. 인터뷰와 관찰을 통해 수집되는 수량화될 수 없는 연성자료에 기초하여 분석이 이루어진다.

양적평가와 질적평가의 차이는 다음과 같다.

〈표 9-5〉 양적평가와 질적평가 비교

| 구분 | 양적평가 | 질적평가 |
|---|---|---|
| 강조점 | 결과 또는 성과강조 | 과정을 강조 |
| 추론방법 | 연역법 | 귀납법 |
| 자료특성 | 강성자료(hard data) | 연성자료(soft data) |
| 자료수집법 | 설문조사, 질문지법 | 비구조화된 면접, 관찰 |
| 조사대상자에 대한 방향 | 집단 객관성 강조 | 개인 주관성 강조 |

### (5) 평가대상에 따른 분류

평가대상에 따라서는 프로그램 평가와 기관 평가가 있다. 프로그램 평가는 프로그램의 효과성, 효율성, 클라이언트 만족 정도 등에 관심을 가지며, 기관 평가는 기관의 프로그램을 평가하고 서비스 전달 진행상황을 확인한다.

### (6) 평가시점에 따른 분류

프로그램 시작 전에 적극적으로 수행되는 사전평가와 종료 후에 행하는 소극적 평가인 사후평가가 있다.

## 4) 평가조사의 절차

평가조사는 평가목적 및 대상결정 → 프로그램 책임자 및 담당자의 이해와 협조 요청 → 프로그램의 목표 확인 → 조사대상의 변수 선정 → 이용 가능한 자료 및 측정도구 결정 → 새로운 측정도구 개발 → 적절한 조사설계 형태의 선정 → 조사의 수행 → 결과분석 및 해석 → 결과보고 및 환류의 절차에 따라서 진행된다.

## 5) 평가기준 및 요소

### (1) 평가기준

- 합법성은 법률과 운영규칙 등에 적합하게 운영되고 있는지를 평가한다.
- 노력성은 프로그램을 위해 얼마나 노력하고 있는지를 활동시간, 활동내용 등을 통해 확인한다.
- 효과성은 프로그램의 목적달성 정도를 평가한다.
- 효율성은 투입과 산출의 비율을 측정한다.
- 적절성은 현실적으로 적합하고 실현가능한지를 평가한다.
- 접근가능성은 시간적, 공간적, 지리적, 비용적으로 쉽게 접근할 수 있는지를 평가한다.
- 만족성은 사람들이 프로그램에 대해 만족하고 있는지와 문제해결 정도를 평가한다.
- 지속성은 중단이나 누락 없이 서비스를 지속적으로 제공받을 수 있는 정도를 평가한다.
- 적합성은 클라이언트의 욕구에 적합한지를 평가한다.
- 포괄성은 다양한 욕구를 충족시키기에 적합한지를 평가한다.
- 통합성은 서비스가 유기적이고 통합적으로 제공되는지를 평가한다.
- 형평성은 사람들을 형평하게 대우하고 있는지를 평가한다.

한편, 프로그램 효율성 평가는 목표달성을 위해 얼마만큼의 자원을 투입했는지를 평가하는 것으로 비용편익분석과 비용효과분석이 있다. 비용편익분석은 모든 비용과 성과를 화폐로 나타내는 방법으로 사회복지 프로그램의 편익을 화폐로 환산하기 어렵다는 점이 한계이다. 비용효과분석은 비용 측면은 금전적 가치로 분석하고 편익은 화폐단위로 환산하지 않는다.

### (2) 진행과정에 따른 평가요소

평가요소는 투입, 전환(과정 또는 활동), 산출, 성과로 구분된다. 투입은 프로그램 목표달성을 위해 소요되는 자원이고, 전환(과정 또는 활동)은 서비스 전달과정이다. 즉, 목적달성을 위해 투입되는 자원을 활용하여 프로그램을 진행하는 과정이다.

산출은 프로그램활동을 통해 얻어진 직접적인 산물이며, 성과는 이용자가 프로그램 참여를 통해 성취된 삶의 측면에서의 변화이다.

| 투입 | → | 전환/과정 | → | 산출 | → | 성과 |
|---|---|---|---|---|---|---|
| • 프로그램에 투여하거나 프로그램에 의해 소비된 자원<br>- 이용자<br>- 직원, 봉사자<br>- 자금, 예산<br>- 시설<br>- 장비소모품<br>• 프로그램에 작용하는 기제<br>- 법, 규정, 규칙 등 | → | • 임무를 수행하기 위해 프로그램에서 투입으로 활동하는 것<br>- 상담<br>- 직업훈련<br>- 치료 및 교육<br>- 보호<br>- 청소년 대인관계 지도<br>- 사회적응훈련<br>- 재가서비스<br>- 정보제공 및 의뢰 등 | → | • 프로그램 활동의 직접적 산물(량)<br>- 상담수<br>- 서비스에 참여한 참여자수<br>- 참여인원<br>- 서비스 시간<br>- 분배된 교육적 자료의 수<br>- 지도한 집단 수 등 | → | • 프로그램 활동 중, 이후의 참여자들이 얻은 이익<br>- 새로운 지식<br>- 향상된기술<br>- 태도 및 가치변화<br>- 행동의 수정<br>- 향상된 조건<br>- 변화된 지위 |

## 요점정리

- 욕구조사란 클라이언트가 당면한 문제나 필요한 욕구를 확인하기 위해 이루어지는 조사이다.
- 욕구는 바람직한 상태와 현재상태의 차이이다. 자료수집방법은 공개토론회(포럼), 주요 정보제공자 조사, 사회지표 조사, 서베이조사, 델파이조사, 서비스제공자(프로그램 운영자) 조사, 2차 자료 분석(행정자료분석), 초점집단조사(포커스그룹 면접, 심층면접), 관찰법, 직접경험법, 명목집단기법이 있다.
- 평가조사란 어떤 개입이나 프로그램의 개선 또는 계속 수행 여부를 결정짓기 위해 개별적인 개입기술이나 프로그램이 그 목표하는 바를 어느 정도 달성하였는지를 측정하는 조사이다.
- 평가조사는 목적에 따라서는 프로그램의 수정, 보완 및 개발을 목적으로 프로그램 운영 중에 이루어지는 형성평가와 프로그램의 성과와 영향성 결정을 목적으로 프로그램 종료 후 평가하는 총괄평가가 있다.
- 평가기준은 합법성, 효과성, 효율성, 적절성, 접근가능성, 만족성, 지속성, 적합성, 포괄성, 통합성, 형평성이 있다.
- 비용편익분석은 모든 비용과 성과를 화폐로 나타내는 방법이며, 비용효과분석은 비용 측면은 금전적 가치로 분석하고 편익은 화폐단위로 환산하지 않는다.
- 진행과정에 따른 평가요소는 투입, 전환(과정 또는 활동), 산출, 성과로 구분된다.

## 사회복지사 1급 기출문제

1. 초점집단(focus group) 조사에 관한 설명으로 옳지 않은 것은?

① 집단을 활용한 자료수집방법이다.
② 익명의 전문가들을 패널로 활용한다.
③ 욕구조사에서 활용된다.
④ 직접적인 자료수집 방법이다.
⑤ 연구자의 개입에 의해 편향이 발생할 수 있다.

**정답 ②** | 초점집단면접조사는 조사하려는 연구문제에 대하여 관심이 있거나 욕구를 잘 나타낼 수 있는 소수의 사람들을 모아 의견을 듣는 방법이다.

2. 평가연구에 관한 설명으로 옳지 않은 것은?

① 보고서의 형식은 의뢰기관의 요청에 따를 수 있다.
② 목표달성에 대한 해석이 다양한 이해관계에 영향을 받을 수 있다.
③ 질적연구방법을 적용할 수 있다.
④ 프로그램의 실행과정도 평가할 수 있다.
⑤ 과학적 객관성을 저해하더라도 의뢰기관의 요구를 수용하여 평가결과를 조정할 수 있다.

**정답 ⑤** | 평가연구는 사회복지실천, 즉 개입기술과 프로그램이 본래의 목적에 맞게 수행되었는가에 대한 효과성을 측정하는 조사로 의뢰기관이 요구에 따라서 결과를 조정해서는 안 된다.

3. 델파이조사에 관한 설명으로 옳지 않은 것은?

① 전문가 패널을 대상으로 견해를 파악한다.
② 되풀이 되는 조사 과정을 통해 합의를 도출한다.
③ 반대 의견에 대한 패널 참가자들의 감정적 충돌을 줄일 수 있다.
④ 패널 참가자의 익명성 보장에 어려움이 있다.
⑤ 조사 자료의 정리에 연구자의 편향이 발생할 수 있다.

**정답 ④** | 델파이 기법은 복수의 전문가들을 대상으로 반복적인 설문, 질문을 통해 합의된 의견을 도출하는 방법론으로 무기명으로 진행되어 익명성 보장이 잘되는 방법이다.

CHAPTER 10

# 질적연구방법론

1. 질적연구의 의의와 특징
2. 질적연구의 유형과 내용
3. 질적자료의 표집과 분석과정
4. 질적연구자의 자세와 연구의 엄격성
5. 질적연구의 문제점과 양적연구와의 통합

Chapter

# 10 질적연구방법론

**학습목표**

- 질적연구의 특징을 이해한다.
- 질적연구의 유형과 주요 특징을 이해한다.
- 질적연구의 방법을 이해한다.

## 1. 질적연구의 의의와 특징

### 1) 의의

질적연구방법은 연구문제를 이해하려는 목적으로 비교적 적은 수의 표본을 대상으로 구조화되지 않은 자료를 바탕으로 진행되는 탐색적 연구방법이다. 질적연구는 복잡한 사회현상을 심층적으로 규명하고 해석하기 위한 연구방법으로 연구문제에 대한 이해를 목적으로 진행한다. 질적조사는 연구자가 자연적이고 실제적인 생활의 장에서 연구하는 방법으로 현장연구 또는 자연적 연구라고 한다.

구체적으로 질적연구는 잘 알려지지 않은 주제에 대한 탐구적 접근을 하고자 하는 경우, 민감하고 정서적으로 깊이 있는 주제를 연구하는 경우, 실제로 어떤 삶을 살고 있는 사람들의 시각으로부터 '살아 있는 경험'에 대한 이해를 얻음과 동시에 그들의 삶으로부터 어떤 의미를 도출하고자 하는 경우, 프로그램과 개입이라는 블랙박스의 내면을 이해하고자 하는 경우, 양적연구를 하는 연구자로서 자료수집이나 연구를 통해 발견한 내용을 설명하는 데 있어 난관에 부딪힌 경우, 연구와 적극적 행동을 하나로 묶고자 하는 경우 등에 사용한다.

### 2) 특징

질적연구는 주로 귀납적인 방법을 활용하지만 연역적인 방법도 활용한다. 질적연구는 자연스럽고 실제적인 생활의 장에서 연구하는 방법으로 현장연구 또는 자연적 연구이다. 질적연구자는 사람들이 행동하는 의미를 통해서 사회 현상을 해석하려 하며 다음과 같은 특징을 갖는다.

첫째, 작은 수의 표본이 가능하고, 자연스러운 상태의 생활환경이 조사의 장이 된다.

둘째, 주로 이야기 방식에 따른 기술적인 묘사가 많다.

셋째, 질적연구에서는 주관적 세상을 인정한다. 조사자와 조사대상자의 주관적인 인지, 느낌, 해석 등을 모두 정당한 자료로 간주한다.

넷째, 질적연구는 관찰 혹은 참여관찰, 심층면접, 개인기록의 분석, 초점 집단에 입각하여 자료를 수집하고 다양한 자료를 직접 인용한다.

다섯째, 질적연구는 결과보다는 과정에 더 관심이 많고, 심층규명으로 풍부하고 자세한 사실을 발견하여 문제에 대한 새로운 통찰력을 가질 수 있다.

여섯째, 질적연구는 연구절차, 조사설계, 자료수집에 융통성이 많다.

일곱째, 질적연구는 귀납적 방법을 주로 활용한다. 즉, 경험들을 수집하면서 그것을 근거로 잠정적인 이론에 도달한다.

여덟째, 일반화에는 한계가 있다.

질적연구방법은 기초가 되는 원인에 대한 이해가 주목적이며, 양적연구는 발견된 사실을 인과관계와 같이 일반적 상황으로 확장하는 일반화가 목적이다.

### 3) 질적연구와 양적연구

양적조사는 관찰자의 존재나 인식과는 무관하게 언제나 객관적인 세계가 존재한다고 보고, 관찰자와 관찰대상인 사회현상은 서로 분리되어 있어서 어떤 식으로든 현상에 영향을 주지 않고 객관적 입장에서 관찰할 수 있다고 본다.

질적연구는 연구의 초점이 질에 있으며 인간행동의 가변성과 역동성을 중시하면서 귀납법적 연구방법에 관심을 갖는다. 연구 표본은 대체로 작고 비확률 표집방법을 활용하여 표집한다. 또한 질적연구에서는 주관적 세계를 강조하고, 관찰자로부터 독립된 객관적인 현상이란 존재하지 않으며 연구자의 주관이 개입되지 않는 완전한 객관적인 관찰은 존재하지 않는다고 본다.

양적연구와의 차이는 다음과 같다. 양적조사는 객관적 세계를 질적조사는 주관적 세계를 강조하고, 양적조사는 법칙과 결과에 관심을 갖는 반면, 질적조사는 과정에 관심을 둔다. 양적조사는 표준적 절차를 강조하는 반면 질적조사는 유연한 절차를 강조하고, 양적조사는 연역적 방법을, 질적조사는 귀납적 방법을 선호한다. 양적조사는 일반화 가능성이 높지만 질적조사는 낮고, 양적조사는 상황을 통제하기 위해서 노력하지만 질적조사는 자연스러운 상황이나 맥락을 오히려 중요하게 생각한다.

〈표 10-1〉 질적연구와 양적연구 비교

| 구분 | 양적연구 | 질적연구 |
|---|---|---|
| 관점<br>(존재론) | 연구자와 분리된 단일의 객관적 현실, 기계론적 관점, 외부자적 관점(분리되고 객관적인 연구자) | 경험적으로 인식되는 다양한 현실, 인간의 의도중시, 내부자적 관점(참여자와 상호작용하는 연구자) |
| 주안점 | 인간행동의 규칙성, 안정성 | 인간행동의 가변성, 역동성 중시 |
| 초점 | 양 | 질(본성, 본질) |
| 목적 | 이론검증, 객관적 실제규명 | 이론개발, 실상의 구성 |
| 연구방법 | 연역법(미리 설정된 가설 검증) | 귀납법(현장에서 수집된 자료의 해석을 통한 이론화) |
| 조사설계 | 범주를 정하고 조사시작, 사전 결정, 미시적, 명세적, 구조화 | 융통성, 점진적, 거시적, 즉흥적, 생성적, 연구과정을 통한 범주확인 |
| 표본 및<br>표집 | 대표성을 갖는 많은 수의 표본, 표본의 대표성 추구, 확률표십 | 적은 수의 표본, 변이의 풍부성 추구, 비확률표집 |
| 절차 | 실험적, 상관적, 가설과 이론이 선행 | 분석적, 문화기술적, 가설과 기초 이론의 발견 |
| 도구,<br>자료원 | 측정, 설문지, 척도, 검사, 구조화된 면접과 관찰 | 현장기록, 문서, 테이프, 사진, 문화기술적 면접과 관찰 |
| 자료분석 | 양적, 수량화, 가설검증 | 기술적, 언어화, 패턴 탐색 |
| 조사결과<br>일반화 | 가능 | 연구가 고유하기 때문에 일반화 어려움 |

출처: 강종수(2022)를 바탕으로 보완하여 작성.

# 2. 질적연구의 유형과 내용

## 1) 근거이론(이론중심)

연구자들이 '참여자들의 관점에 근거하여' 어떤 과정, 혹은 행위에 대한 일반적이고 추상적 이론 개발을 주요 목적으로 하는 분석기법으로 현실기반이론 또는 기초이론이라고 한다. 근거이론에 따른 연구는 연구에 참여하는 사람들의 기술을 개념화하여 점차 추상화된 범주를 도출해 나간 끝에 이론을 만들게 된다.

근거이론은 수집된 자료를 근거로 하여 이론의 체계, 과정, 실행 혹은 실질적인 주제에 관한 상호작용 등을 설명하는 이론을 개발하는 연구방법이다. 근거이론의 목적은 사람이나 사건, 현상에 대한 이론을 발전시키는 것으로 개방코딩, 축코딩, 선택코딩의 3단계로 진행된다.

첫째, 개방코딩은 면접자료를 검토하고 비교해 밝히고자 하는 어떤 현상에 대한 개념을 형성하고 범주를 만드는 과정이다. 개념도출, 범주 분류, 텍스트 형태의 자료를 해체하여 문장 형태의 의미 단위로 개념화한다. 자료 → 개념 → 하위범주 → 범주(패러다임) 식으로 묶이게 된다. 전사본을 반복적으로 읽으며 의미 있다고 여겨지는 내용에 개념을 부여한다.

둘째, 축코딩은 개방코딩으로 만들어진 범주들을 패러다임이라는 틀에 맞게 연결하는 과정이다. 중심범주를 축으로 하위범주를 연결시킨다. 하나의 범주에 그 하위 범주들을 연관 지어 새로운 방식으로 자료를 재조합한다. 축이라 불리는 이유는 코딩이 한 범주의 축을 중심으로 일어나며 속성/차원 수준에서 범주들을 연결시키기 때문이다.

셋째, 선택코딩은 개방코딩과 축코딩에서 생성된 범주들을 통합해 '이야기 줄거리'로 서술하는 과정이다. 이를 통해 하나의 이론이 생성된다. 즉, 핵심 범주를 밝히고, 이 핵심범주를 중심으로 다른 모든 범주를 통합시키고 정교화하는 방식으로 현상을 정리하여 이론을 생성한다.

근거이론의 장단점을 살펴보면, 장점은 분석 틀이 체계적이고 자세함, 분석을 일찍 시작할 수 있음, 주장에 관한 충분한 자료를 제시함, 자료수집과 분석 과정이 지속적이고 상호작용함, 반복적인 과정을 묘사하는데 유용함 등이다. 반면에 처음 하는 경우 코딩에 압도될 수 있음, 개방코딩 시간이 너무 오래 소요됨, 큰 개념이나 범주로의 상향이 어려움, 거대이론 생성에는 한계가 있음 등의 단점이 있다.

근거이론에서는 이론적으로 의미를 부여할 수 있는 표본을 구성하는 이론적 표집방법을 주로 활용한다. 이론적 표집은 지속적인 비교를 통해서 이론 개발에 적합하다고 판단되는 표본을 추가적으로 선택한다.

## 2) 문화기술지

문화기술지는 문화 중심적 방법으로 어떤 민족의 생활상을 생생하게 묘사하는 것에 관심을 두고 있는 것으로 민속지학적 연구조사이다. 연구자가 현지에 직접 들어가 장기간 체류하면서 현지 언어로 의사소통하고 현지인들의 일상생활에 다양한 방식으로 참여·관찰하는 체험을 통하여 이루어지는 연구방법이다.

또한 문화기술지는 조사대상 집단의 행동, 삶의 방식, 신념, 가치 등을 현지인의 관점에서 이해하고 기술하기 위한 연구방법이다. 연구에 있어서 어려움은 현지인의 문화를 그들의 시각에서 편견 없이 이해하는 동시에 일반적으로 해석하는 일이다. 연구기간 중에도 끊임없이 문화가 변화하고 있다는 사실과 연구자의 존재로 인해 초래되는 영향을 확인하기 어렵다는 것이다.

예컨대, 고독사가 발생한 지역공동체 주민들의 경험과 그들의 죽음에 대한 사유여정을 연구하기 위하여 마을주민과 함께 생활하면서 마을주민의 관점에서 연구하는 것에 해당된다.

〈표 10-2〉 **문화기술지의 장점과 단점**

| 장점 | 단점 |
|---|---|
| • 문화 현상에 대해 생동감 있는 정보제공<br>• 심층적인 정보 제공<br>• 일상적이며 당연한 것으로 여기던 것이 연구문제로 제공됨<br>• 특정 문화에 대해 연구함으로써 탐구주제에 대한 이해와 해석의 폭을 확장 | • 오랜 연구시간 소요<br>• 연구범위가 좁다.<br>• 나의 문화기술지로 일반화된 모형개발 불가능 상황에 민감<br>• 집단이나 공동체의 영향력을 지나치게 강조 |

### 3) 내러티브 연구

내러티브 연구는 개인경험을 중시한다. 내러티브(narrative)란 이야기로서, 짧은 일화(story)가 아니라 긴 시간에 걸쳐 일어나는 삶에 대한 사건들을 정리한 형태이다.

내러티브 연구란 이야기를 통해 인간의 경험을 탐구하는 연구방법이다. 우선 한두 사람에 초점을 맞추어 그들의 이야기를 수집함으로써 자료를 모으고, 개별적인 경험들을 보고하고, 이러한 경험들의 의미를 연대기적으로 나열하거나 생애주기 단계를 구성한다.

예컨대, 학교사회복지사의 전문성 발달과 그 의미를 해석하기 위하여 한 명의 학교사회복지사의 고유하고 개인적인 전문성 발달이 관련 사회문화적 맥락 및 조건과 어떻게 조응하는지를 해석적으로 논의하는 것이 내러티브 연구이다.

### 4) 현상학적 연구

현상학적 연구는 공통경험을 중시한다. 현상의 본질에 대한 탐구로서, 하나의 개념이나 현상에 대해 여러 개인들, 즉 모든 연구 참여자들이 경험하면서 공통적으로 갖게 된 의미를 기술하는 데 초점을 둔 연구방법이다. 이런 측면에서 내러티브 연구가 단일한 개인의 삶을 보고한 것과는 다르다.

예컨대, 사회현상의 원리를 이해함에 있어서 실제 그 사회현상을 경험한 사람들의 경험이 드러내는 본질을 이해함으로써 사회현상의 원리를 이해하려고 한다.

현상학이라는 철학 사조에 바탕을 두고 있다. 이는 인간이 인지하는 현상을 있는 그대로 드러내는 것을 통해 사물의 본질을 탐구하는 것이다. 현상학적 연구는 연구참여자의 주관적 경험에 관심을 갖는 것이 아니라, 인간적 경험의 본

질이 무엇인가 하는 물음에 답을 추구한다.

예컨대, 자살자 가족들이 가족의 자살 후 겪었던 생애경험에 대한 연구로서 이론적으로 자살자 가족들의 경험의 본질구조를 살펴보는 연구는 현상학적 연구이다.

### 5) 사례연구

사례연구는 하나의 사건, 현상 혹은 사회적인 단위에 대한 집중적이고 전체적인 설명과 분석을 하는 연구방법이다. 사례란 연구자의 관심을 끄는 특정한 인물, 집단, 프로그램, 사회적인 현상, 조직이나 기관 등이 모두 해당된다.

예컨대, 노인 거주시설에서의 건강관리 프로그램이 노인들의 삶의 질을 향상시키는 방법에 대한 사례연구, 아동 보호 시설에서의 상담 프로그램이 아동들의 정서적 안정감을 향상시키는 방법에 대한 사례연구 등이다.

### 6) 실행연구(참여행동연구)

실행연구는 연구대상자들에게 연구의 목적과 절차에 대한 통제권이 주어지는 사회조사의 하나로서 참여행동연구라고도 한다. 실행연구는 집단구성원을 연구과정에 참여시켜서 사회집단의 변화를 유도하는 방법이다.

객관성이나 이론의 정립보다는 실천의 개선에 관심을 가지며, 반성적 실천의 자기순환 과정을 강조하는 점에서 실천 분야의 모든 사람들에게 적합한 연구방법이다.

소외계층 참여자들은 그들의 문제를 정의하고 필요한 해결책을 찾으며, 그들의 목적을 실현시키는 데 도움이 될 만한 연구가 어떻게 설계되어야 하는지를 이끌어 간다.

### 7) 포커스그룹인터뷰(Focus Group Interview)

특정한 주제에 대한 인식이나 생각을 얻기 위한 토론방식의 전형적인 질적 연구방법이다. 선택된 주제와 관련이 있는 사람들을 초청해서 서로의 관심사에 대한 정보를 얻는 것으로 반드시 합의를 찾지는 않는다.

포커스그룹인터뷰는 숙달된 진행자가 6~12명 규모의 참여자와 함께 밀도 있게 진행하는 논의방식으로 발생하고 있는 주제에 대한 의견을 교환하는 것이다. 즉, 인터뷰를 위해 구성된 집단과 깊이 있는 상호작용적인 인터뷰를 수반하는 평가기법으로, 해당 조직에 관련되어 있는 사람들이나 논의되는 주제에 관심이 있는 사람들, 또는 그 조직의 제품이나 서비스를 사용하는 사람들이 포커스 그룹으로 구성된다. 퍼실리테이터의 지도하에 참여자들은 자신의 생각과 아이디어, 그리고 대안들을 평가 공유한다.

진행조정자는 유연성과 초점을 가지고 사전 면접가이드를 준비하여 회의를 진행하고, 집단 참여자들은 동질성과 이질성의 필요성을 적절히 고려하여 선발한다. 회의는 1.5~2시간가량이 적절하다.

포커스그룹인터뷰의 장점은 특정주제에 대한 맥락적 정보를 획득할 수 있는 방법으로 수집된 자료의 내용 타당도가 높고, 비용효율적이다. 또한, 자료수집 기간이 매우 짧고, 시행하기가 비교적 쉽다는 것이다. 반면에 단점은 조사자가 과정상의 주도권을 갖기 어렵고, 개인의 독자적 견해인지 확인하기 어렵다는 것이다. 익명성이 보장되지 않고, 일반화와 집단구성이 어렵다는 것도 단점이다.

# 3. 질적자료의 표집과 분석과정

## 1) 표집방법

질적연구의 표집은 주로 비확률 표집을 사용하며 양적연구와는 달리 조사도중에 표본을 교체할 수 있다. 질적조사는 양적연구의 표본보다 표본의 크기가 작고 어떤 분명한 기준에 따라 의도적으로 표본을 선정한다.

## 2) 분석과정

### (1) 전사과정

자료를 기록하고 저장하는 작업이다. 주로 인터뷰 녹음자료 등을 분석과 해석을 위해 전산화된 한글문서로 옮겨 적는 과정이다.

### (2) 코딩과정

코딩은 정보에 의미를 부여하기 전에 자료를 텍스트 조각으로 조직하는 과정이다. 전사된 자료를 읽으면서 텍스트의 특정 부분이 어떤 특정한 주제나 이슈를 언급하고 있는지 느낄 때 연구문제나 연구자 자신의 이론적 관점에 근거하여 그 텍스트의 특정한 부분을 가장 잘 설명해 주는 주제로서 이름을 부여하는 과정이다.

코딩방법의 2종류는 기술적 코드와 패턴코드가 있다. 기술적 코드는 수집된 자료들을 군집화하여 특정한 속성을 부여하는 방식으로 주로 데이터를 요약하는 방식이다. 패턴코드는 떠오르는 주제나 윤곽 또는 설명을 확인하는 보다 더 설명적이고 추론적인 방식이다.

#### (3) 범주화 과정

전사된 자료를 계속 읽으면서 자료 속에 내재된 주제를 찾아내고, 수집된 자료를 주제별로 구분하여 체계화하는 과정이다.

## 4. 질적연구자의 자세와 연구의 엄격성

### 1) 질적연구자의 자세

질적연구자가 가져야 하는 자세는 다음과 같은 것들이 있다.

① 주관성이다. 질적연구는 기본적으로 연구자와 참여자 모두의 주관적 인지와 편견을 인정하는 연구방법이다.
② 사회적 관계 속으로 들어가기이다. 사회적 관계 속으로 들어가기를 통한 새로운 관계 맺음에 익숙해야 하고, 그 과정에서 성숙함과 자기절제가 필요하다.
③ 헌신이다. 지속적으로 반복되는 연구활동에 소진이 발생되므로 연구자는 지속적으로 몰입이 필요하다.
④ 관점 유지하기이다. 객관성 유지를 위해 연구관점을 지속 유지하는 것이 필요하다.
⑤ 경계 내 돌기(boundary spinning)이다. 연구집단 안에서와 밖에서 의사소통하는 기술이다. 연구와 관련된 정책결정들, 자금지원단체 등과 관련해 이들의 행동, 목적, 신념 등에 친숙해지는 능력이 요구된다.

### 2) 신뢰성 저해 요인

질적연구의 신뢰성을 저해하는 요인은 ① 연구대상의 반응성, ② 연구자의 편견, ③ 연구대상의 편견 등이 있다.

### 3) 연구의 엄격성 기준과 전략

#### (1) 기준

질적연구의 엄격성을 높이기 위한 기준은 ① 사실적 가치, ② 적용성, ③ 일관성, ④ 중립성 등이 있다.

#### (2) 연구의 엄격성을 높이기 위한 전략

질적연구의 엄격성을 높이기 위해서는 ① 장기간에 걸친 관계형성, ② 다원화, ③ 동료집단의 조언 및 지지, ④ 연구대상을 통한 재확인, ⑤ 예외적 사례 분석, ⑥ 감사자료 남기기 등이 있다.

## 5. 질적연구의 문제점과 양적연구와의 통합

### 1) 질적연구의 문제점

질적연구의 문제는 ① 해석의 문제, ② 이론과 연구의 문제, ③ 일반화의 한계가 있다.

### 2) 양적연구와의 통합

양적연구 혹은 질적연구 중 어느 한 방법에 의해 입증되기보다는 동시에 두 연구방법에 의해 입증되었다면 더 신뢰할 수 있을 것이다. 혼합연구방법에서는 양적연구와 질적연구가 각각의 결과를 서로 보완해 준다. 경우에 따라서 질적연구와 양적연구 결과가 상반될 수도 있다. 양적연구와 질적연구의 통합방법은 다음과 같이 설계될 수 있다.

첫째, 순차적 연구이다. 이는 질적연구 후 양적연구를 수행하거나 양적연구 수행 후 질적연구를 수행하는 방법이다.

둘째, 병렬적·동시적 연구이다. 질적연구와 양적연구를 동시에 수행하는 것이다.

셋째, 등위설계이다. 질적연구와 양적연구를 대등하게 수행한다.

넷째, 주-부 패러다임 혼합연구이다. 주 연구를 수행하되, 하위요소로 대안적으로 수행하는 것이다.

다섯째, 다층접근방법을 사용한 설계이다. 전체 자료에 대해 여러 수준별로 상이한 유형의 방법을 사용한다. 예컨대, 사회복지종사자 수준에서는 양적분석, 사회복지기관 단위에서는 질적분석, 지역단위에서는 다시 양적분석을 수행한다.

## 요점정리

- 질적연구방법은 연구문제를 이해하려는 목적으로 비교적 적은 수의 표본을 대상으로 구조화되지 않은 자료를 바탕으로 진행되는 탐색적 연구방법이다.
- 질적연구는 주관적 세상을 인정, 다양한 자료를 직접 인용, 결과보다는 과정에 더 관심, 절차의 유연성, 귀납적 방법을 주로 활용, 일반화에는 한계의 특징이 있다.
- 질적연구는 연구의 초점이 질에 있으며 인간행동의 가변성과 역동성을 중시하면서 귀납법적 연구방법에 관심을 갖는다. 연구 표본은 대체로 작고 비확률표집방법을 활용하여 표집한다.
- 질적연구의 유형으로는 근거이론, 문화기술지, 내러티브 연구, 현상학적 연구, 사례연구, 실행연구, 포커스그룹인터뷰 등이 있다.
- 질적자료의 분석과정은 전사과정, 코딩과정, 범주화 과정이다.
- 질적연구자의 자세는 주관성, 사회적 관계 속으로 들어가기, 헌신, 관점 유지하기, 경계 내 돌기(boundary spinning)이다.
- 질적연구에서 ① 연구대상의 반응성, ② 연구자의 편견, ③ 연구대상의 편견 등이 신뢰성을 저해하는 요인이 된다.
- 질적연구의 엄격성을 높이기 위한 기준은 ① 사실적 가치, ② 적용성, ③ 일관성, ④ 중립성 등이 있다.

## 사회복지사 1급 기출문제

1. 혼합연구방법(mixed methodology)에 관한 설명으로 옳지 않은 것은?

① 철학적, 개념적, 이론적 틀을 기반으로 한다.

② 설계유형은 병합, 설명, 구축, 실험이 있다.

③ 양적 설계에 질적 자료를 단순히 추가하는 것은 아니다.

④ 각각의 연구방법을 통해 얻은 결과가 서로 확증되는지 알아보기 위해 사용한다.

⑤ 질적연구방법으로 발견한 연구주제를 양적연구방법을 이용하여 탐구하기도 한다.

**정답 ②** | 혼합연구방법의 설계유형으로는 삼각화 설계, 내재적 설계, 설명적 설계, 탐색적 설계가 있다. 혼합연구방법은 질적연구와 양적연구를 결합하거나 연합하여 탐구하는 접근방법이다.

2. 질적연구방법과 적절한 연구 주제가 바르게 연결된 것을 모두 고른 것은?

| |
|---|
| ㄱ. 현상학 - 늙어간다는 것이 어떤 의미인지를 이해할 수 있다. |
| ㄴ. 참여행동연구 - 이혼 가족이 경험한 가족해체 사례를 심층적으로 이해할 수 있다. |
| ㄷ. 근거이론 - 지속적 비교 기법을 통해 노인의 재취업경험을 이론화할 수 있다. |
| ㄹ. 생애사 - 위안부 피해자 할머니 삶의 중요한 사건을 이해할 수 있다. |

① ㄱ, ㄴ ② ㄴ, ㄷ ③ ㄷ, ㄹ ④ ㄱ, ㄷ, ㄹ ⑤ ㄱ, ㄴ, ㄷ, ㄹ

**정답 ④** | 현상학은 사물이나 현상의 본질이 아닌, 사물이나 현상에 대한 경험의 본질을 탐구한다. 근거이론은 조사과정을 통해서 체계적으로 수정되고 분석된 자료를 상호 비교검토하여 이론을 추출한다. 생애사는 특정 개인의 생애에 대해 탐구한다.

3. 양적조사와 질적조사의 비교로 옳지 않은 것은?

① 질적조사에 비하여 양적조사의 표본크기가 상대적으로 크다.

② 질적조사에 비하여 양적조사에서는 귀납법을 주로 사용한다.

③ 양적조사에 비하여 질적조사는 사회 현상의 주관적 의미에 관심을 갖는다.

④ 양적조사는 가설검증을 지향하고 질적조사는 탐색, 발견을 지향한다.

⑤ 양적조사에 비하여 질적조사는 조사결과의 일반화가 어렵다.

**정답 ②** | 양적조사는 연역적 추론을 설명적 성격이 강하며, 가설검증과 보편적인 법칙 발견에 목적을 둔다.

4. 다음에서 설명하는 근거이론의 분석방법은?

| 수집된 자료에서 나타난 범주들 간의 관계를 파악하기 위해 범주들을 특정한 구조적 틀에 맞추어 연결하는 과정이다. 중심현상을 설명하는 전략들, 전략을 형성하는 맥락과 중재조건, 그리고 전략을 수행한 결과를 설정하여 찾아내는 과정이다. |
|---|

① 조건 매트릭스　　② 개방코딩
③ 축코딩　　④ 괄호치기
⑤ 선택코딩

**정답 ③** | 축코딩은 범주를 하위범주와 연결시키는 과정이다. 축코딩 단계에서는 패러다임을 구성하고, 구조를 만들어 과정을 발견한다.

5. 질적조사의 엄격성(rigor)을 높이는 방법으로 옳은 것을 모두 고른 것은?

| ㄱ. 장기간 관찰 | ㄴ. 표준화된 척도의 사용 |
|---|---|
| ㄷ. 부정적사례(negative cases) 분석 | ㄹ. 다각화(triangulation) |

① ㄱ, ㄴ　② ㄱ, ㄷ　③ ㄴ, ㄹ　④ ㄱ, ㄷ, ㄹ　⑤ ㄱ, ㄴ, ㄷ, ㄹ

**정답 ④** | 질적조사의 엄격성을 높이기 위해서는 연구대상자를 장기간 충분히 관찰하고, 다른 연구자들의 점검을 통해 자료수집과 해석에 있어서 편견이나 문제점이 있는지를 점검하며, 연구자의 해석에 적합하지 않은 예외사례를 점검한다. 한편, 표준화된 척도를 사용하는 것은 양적조사이다.

6. 다음 중 질적연구와 가장 거리가 먼 것은?

① 문화기술지(ethnography)연구　　② 심층사례연구
③ 사회지표조사　　④ 근거이론연구
⑤ 내러티브(narrative)연구

**정답 ③** | 사회지표조사는 질적연구가 아니며, 양적연구에 해당된다.

7. 근거이론의 분석방법에서 축코딩(axial coding)에 관한 설명으로 옳은 것은?

① 추상화시킨 구절에 번호를 부여한다.

② 개념으로 도출된 내용을 가지고 하위범주를 만든다.

③ 발견된 범주의 속성과 차원을 고려하여 유형화를 시도한다.

④ 이론개발을 위해 핵심범주를 중심으로 다른 범주와의 통합과 정교화를 만드는 과정을 진행한다.

⑤ 발견된 범주를 가지고 중심현상을 중심으로 인과적 조건을 만든다.

**정답 ⑤** | 축코딩은 개방코딩을 통해서 도출된 각 범주와 하위범주들 간의 관계를 연결하고, 범주의 속성과 차원의 수준으로 계속 발전시켜서 범주의 관련성을 패러다임 모형으로 파악하는 과정이다.

8. 다음의 연구에서 활용한 질적연구방법에 관한 설명으로 옳은 것은?

> A 사회복지사는 가정 밖 청소년들의 범죄피해와 정신건강의 문제를 당사자의 관점에서 이해하고 주체적으로 해결하기 위해 연구를 시작하였다. 연구에 참여한 가정 밖 청소년들은 A 사회복지사와 함께 범죄피해와 정신건강과 관련된 사회 구조적인 문제를 해결하기 위한 다양한 방안들을 스스로 만들고 수행하였다.

① 개방코딩 - 축코딩 - 선택코딩의 방법을 활용한다.

② 범죄피해와 정신건강을 설명하는 이론 개발에 초점을 둔다.

③ 단일사례에 대한 깊이 있는 분석에 초점을 둔다.

④ 관찰대상의 개인적 설화(narrative)를 만드는 것에 초점을 둔다.

⑤ 사회변화와 임파워먼트에 초점을 둔다.

**정답 ⑤** | 주어진 사례는 참여행동연구로 연구자의 기능은 연구대상자가 자신의 이익을 위해 효과적으로 일할 수 있는 기회를 제공하는 것이다.

CHAPTER 11

# 조사계획 및 보고서 작성

1. 조사계획서
2. 조사보고서

Chapter

# 11 조사계획 및 보고서 작성

학습목표

- 조사계획의 의의와 절차를 이해한다.
- 조사보고서를 작성하는 데 필요한 사항들을 이해한다.

## 1. 조사계획서

### 1) 의의

사회복지조사계획서는 연구의 방향성과 목표를 명확히 설정하고, 연구과정에서 발생할 수 있는 문제를 사전에 예측하고 대비하는 것이다. 조사계획서를 통해서 연구의 일관성과 신뢰성을 가질 수 있으며 연구결과의 타당성을 높일 수 있다. 또한 조사계획서를 토대로 이해관계자들에게 연구의 필요성과 가치를 설득할 수 있다.

사회복지조사에 있어서 조사계획은 조사목적과 내용, 대상, 자료수집방법, 조사도구, 조사일정, 비용 등을 제시하여 조사감독자 등 이해관계자들이 조사방향을 이해하고 필요한 사항이나 자원을 준비하는 데 필요한 정보를 제공한다. 이를 위해서 조사계획서에는 조사의 목적 설정, 조사내용의 안내, 조사대상 선정 계획, 자료수집 방법과 조사도구 계획, 조사비용, 조사 일정 등을 명확히 밝혀야 한다. 이를 통해서 조사담당자, 조사의뢰자, 조사감독자 및 기타 이해관계자들이 조사수행에 필요한 사항이나 자원을 먼저 준비하게 되고, 조사의 흐름과 방향을 이해하며, 조사 실시 여부에 대한 의사결정을 하는데 필요한 정보를 제공하기 위해서 작성하게 된다(고관우 외, 2023).

## 2) 조사계획의 절차

사회복지조사 계획은 대체로 다음과 같은 절차를 거친다.

첫째, 조사목적을 설정한다. 조사목표는 탐색적 목표, 기술적 목표, 설명적 목적 등으로 설정된다.

둘째, 조사목표를 수립한다. 조사 목표는 조사의 방향성을 결정하는 것으로 조사를 통해 얻고자 하는 정보나 결과이다. 조사 목표는 구체적이어야 하고, 측정 가능해야 한다.

셋째, 조사내용을 소개한다. 조사내용은 목적을 간단히 요약하고 세부사항들을 항목별로 자세히 제공한다.

넷째, 조사대상 선정계획을 마련한다. 조사대상을 모집단 전체를 대상으로 할 것인지, 표본으로 할 것인지 등을 결정한다.

다섯째, 자료수집방법과 조사도구를 계획한다. 즉, 우편조사, 면접조사, 전화조사, 온라인 조사 등 다양한 자료수집 방법 중에서 어떤 방법을 선택할 것인지 결정한다.

여섯째, 조사담당자를 내정한다.

일곱째, 분석방법을 결정한다. 실험방법, 비실험방법을 선택할 것인지의 분석방법을 결정해야 한다.

여덟째, 조사보고서를 작성한다. 사회복지조사 결과를 서면으로 기록하여 관련 담당자에게 전달하거나 학회 등에 발표함으로써 조사의 의미를 갖는다.

## 2. 조사보고서

### 1) 의의 및 일반원칙

#### (1) 의의

사회복지조사에 있어서 조사보고서는 조사목적을 달성하기 위해서 조사결과 발견한 내용과 이로부터 추론한 내용들을 조사문제, 조사대상, 조사방법, 조사절차 등으로 체계적으로 정리하여 책임자 등에게 제시하는 문제이다.

조사결과는 서면으로 작성하여 보고하거나 발표하는 것으로 조사연구의 마지막 단계이다. 연구자 자신이 연구한 사회복지조사 문제와 그 문제를 해결하기 위하여 사용한 방법과 연구결과, 그로부터 얻어진 결론을 다른 사람에게 알려주는 것이다.

#### (2) 일반원칙

조사보고는 포괄성, 정확성, 명확성, 효율성 등의 원칙을 가지고 수행된다. 우선 포괄성은 보고서를 이용하는 사람들이 원하는 모든 정보를 포괄하는 것이다. 둘째, 정확성은 자료수집과 수집된 자료, 자료처리와 분석과정과 내용 등에 있어서 오류가 없는 것이다. 셋째, 명확성은 보고서 작성의 표현방식에 있어서 올바른 논리적 이해가 가능하도록 단어와 문장을 표현해야 한다. 넷째, 효율성은 조사를 통해서 얻게 된 많은 정보를 가능한 간결하게 전하는 것이다.

## 2) 형식과 내용

### (1) 구성과 내용

결과보고서는 다음과 같은 형식을 갖는다.

우선, 서론에는 문제의 제기, 연구의 필요성 및 목적을 제시한다.

둘째, 이론적 배경에는 조사에 사용하는 다양한 개념에 대한 정의와 기존 문헌에 대한 검토, 가설 설정이 이루어진다.

셋째, 연구방법에서는 조사를 위한 연구설계, 표본 및 표집방법, 자료수집방법, 통계적 자료분석방법, 연구기간 등을 구체적으로 제시한다.

넷째, 연구결과에서는 자료분석의 결과와 분석결과의 해석을 제시한다. 연구결과는 논리적이고 적절한 문체를 사용하여 연구결과를 제시한다.

끝으로 결론 및 논의에서는 전체적으로 조사목적, 조사과정, 조사방법, 조사내용 등을 간략히 정리하고 조사결과를 토대로 결론을 요약하여 제시한다. 결론을 통해서 이론적 함의, 정책적 및 실천적 함의, 연구의 제한점 및 후속 연구를 위한 제언 등을 제시한다.

이후에 참고문헌과 설문지 등 부록을 제시한다.

### (2) 인용과 참고문헌

인용방법은 직접인용과 간접인용이 있다. 직접인용은 다른 사람의 말이나 글을 그대로 따오는 인용법으로 문장이 몇 개이든지, 비문이 있어도 그대로 옮기고, 3행 이하이면 큰따옴표를 사용하고, 그 이상이면 블록을 만들어서 인용한다. 간접인용은 다른 사람의 말이나 글을 현재 화자나 필자의 관점에서 서술하는 인용법이다. 인용격 조사 '-고' 등을 사용하는데 대체로 학술적 저작물에 이 방식을 사용한다.

참고문헌은 조사과정에 사용한 모든 참고자료의 출처를 밝힌다.

#### (3) 고려사항

사회복지조사의 결과보고 작성에 있어서는 ① 보고대상, ② 형식과 길이, ③ 보고목적 등을 고려해야 한다.

### 3) 연구부정행위

#### (1) 의의

연구 개발 과정에서 발생하는 부정한 행위를 말한다. 연구 개발 과제의 제안, 연구 개발의 수행, 연구 개발 결과의 보고 및 발표 따위를 할 때에 연구자 자신의 연구 개발 자료 또는 연구 개발 결과를 위조하거나, 부당한 논문 저자 표시를 하거나, 다른 사람의 연구 개발 자료 또는 연구 개발 결과 등을 표절하는 행위 따위를 말한다. 이는 심각한 범죄행위에 해당된다.

#### (2) 연구부정행위의 유형

가장 대표적인 부정행위인 '표절'은 다른 사람이 작성한 논문의 일부 또는 전부를 도용하여 마치 자신이 창작한 것처럼 발표하는 것이다. 교육부 연구윤리 확보를 위한 지침 제12조(연구부정행위 범위)는 다음과 같이 연구부정행위를 제시하고 있다.

- "위조"는 존재하지 않는 연구원자료 또는 연구자료, 연구결과 등을 허위로 만들거나 기록 또는 보고하는 행위
- "변조"는 연구 재료, 장비, 과정 등을 인위적으로 조작하거나 연구원자료

또는 연구자료를 임의로 변형·삭제함으로써 연구 내용 또는 결과를 왜곡하는 행위

- "표절"은 다음 각 목과 같이 일반적 지식이 아닌 타인의 독창적인 아이디어 또는 창작물을 적절한 출처 표시 없이 활용함으로써, 제3자에게 자신의 창작물인 것처럼 인식하게 하는 행위
  - 타인의 연구내용 전부 또는 일부를 출처를 표시하지 않고 그대로 활용하는 경우
  - 타인의 저작물의 단어·문장구조를 일부 변형하여 사용하면서 출처 표시를 하지 않는 경우
  - 타인의 독창적인 생각 등을 활용하면서 출처를 표시하지 않은 경우
  - 타인의 저작물을 번역하여 활용하면서 출처를 표시하지 않은 경우
- "부당한 저자 표시"는 다음 각 목과 같이 연구내용 또는 결과에 대하여 공헌 또는 기여를 한 사람에게 정당한 이유 없이 저자 자격을 부여하지 않거나, 공헌 또는 기여를 하지 않은 사람에게 감사의 표시 또는 예우 등을 이유로 저자 자격을 부여하는 행위
  - 연구내용 또는 결과에 대한 공헌 또는 기여가 없음에도 저자 자격을 부여하는 경우
  - 연구내용 또는 결과에 대한 공헌 또는 기여가 있음에도 저자 자격을 부여하지 않는 경우
  - 지도학생의 학위논문을 학술지 등에 지도교수의 단독 명의로 게재·발표하는 경우
- "부당한 중복게재"는 연구자가 자신의 이전 연구결과와 동일 또는 실질적으로 유사한 저작물을 출처표시 없이 게재한 후, 연구비를 수령하거나 별도의 연구업적으로 인정받는 경우 등 부당한 이익을 얻는 행위

- "연구부정행위에 대한 조사 방해 행위"는 본인 또는 타인의 부정행위에 대한 조사를 고의로 방해하거나 제보자에게 위해를 가하는 행위
- 그 밖에 각 학문분야에서 통상적으로 용인되는 범위를 심각하게 벗어나는 행위

### (3) 연구부정행위에 대한 처리

연구부정행위에 대한 처리를 위하여 연구부정행위에 대한 자체 검정시스템을 구축해 운영한다. 자체 검증시스템이란 연구기관에서 연구부정행위를 인지하거나 제보를 접수 받았을 때 자율적으로 연구윤리 위반 여부를 판단하는 시스템으로 담당부서의 설치, 제반 검증 절차 등을 담은 자체 규정과 조사 결과 및 기관 내 연구윤리제도 등을 심의하는 연구윤리위원회 구성 등을 말한다.

각 기관은 연구부정행위 검증을 위해 다음과 같은 사항을 반드시 명시하고 있다. 즉 부정행위의 범위, 부정행위 신고 접수 및 조사 등을 담당하는 기구, 부서 또는 책임자, 본 조사 수행기구 구성 원칙, 조사 절차 및 기간, 부정행위에 대한 제재의 종류 및 기구, 제보자 및 피조사자 보호방안 등이다.

### (4) 윤리적 고려사항과 승인

사회복지조사과정에서 연구참여자의 권리와 안전을 보호하기 위한 윤리적 노력은 필수적이다. 이를 통해서 연구참여자의 자발적 동의, 개인정보 보호, 연구 중 발생할 수 있는 위험을 최소화 하여야 한다. 연구를 시작하기 전에 해당 윤리위원회(IRB)의 승인을 받도록 한다.

### 4) 프리젠테이션

프리젠테이션은 자신의 의견이나, 경험, 주장과 같은 정보나 의도를 상대방에게 발표, 소개, 표현하는 일체의 의사전달행위이다. 구성은 ① 동기부여 단계, ② 개요 단계, ③ 프레젠테이션 본론, ④ 결론 등으로 구성된다.

프리젠테이션을 효과적으로 하기 위한 방법으로는 ① 전략, ② 준비, ③ 자신감, ④ 의사소통, ⑤ 보디랭귀지, ⑥ 비주얼, ⑦ 리허설 등이 있다.

## 요점정리

- 조사계획은 연구의 방향과 목표를 명확히 하고 연구의 일관성, 신뢰성, 타당성을 높일 수 있도록 돕는 수단이다.
- 조사결과의 조사보고는 포괄성, 정확성, 명확성, 효율성 등의 원칙을 가지고 수행된다.
- 연구부정행위는 위조, 변조, 표절, 부당한 저자 표시, 부당한 중복게재, 연구부정 행위에 대한 조사 방해 행위 등이 있다.

## 사회복지사 1급 기출문제

1. 사회조사과정에서 준수해야 할 연구윤리로 옳지 않은 것은?

① 참여자의 익명성과 비밀을 보장한다.

② 참여자가 원할 경우 언제든지 참여를 중단할 수 있음을 사전에 고지한다.

③ 일반적으로 연구의 공익적 가치가 연구윤리보다 우선해야 한다.

④ 참여자가 연구에 참여하여 얻을 수 있는 혜택은 사전에 고지한다.

⑤ 참여자의 연구 참여는 자발적이어야 한다.

**정답 ③** | 공익적 가치도 중요하지만 사회복지조사에서 연구참여자의 개인정보보호, 조사를 통한 위험 등을 최소화하기 위한 노력이 우선되어야 한다.

2. 완전참여자(complete participant)에 관한 설명으로 옳은 것은?

① 연구대상이 관찰된다는 사실을 알기에 자연적인 상태에서의 관찰이 불가능하다.

② 관찰대상과 상호작용 없이 연구대상을 관찰할 수 있다.

③ 관찰대상의 승인을 받고 관찰대상과 어울리면서도 객관성을 유지할 수 있다.

④ 관찰대상의 승인을 받지 않고 관찰한다는 점에서 연구윤리문제가 제기될 수 있다.

⑤ 관찰 상황을 인위적으로 통제한 상황에서 관찰을 진행할 수 있다.

**정답 ④** | 관찰대상의 경우에도 조사 이전에 승인 또는 동의가 이루어지지 않으면 연구윤리 문제가 발생할 수 있다.

# 참고문헌

강종수 (2021). 사회복지조사론. 양서원.

고관우 외(2023) 사회복지조사론. 수양재.

김경동 외 (2009). 사회조사연구방법. 박영사.

사회복지교육센터 (2022). 사회복지조사론(기본이론서). 나눔의 집.

생각의마을 (2018). 사례로 이해하는 사회복지조사론: 사회복지사 1급 수험서. 공동체.

생각의마을 (2020). 에쎕 사회복지조사론. 공동체.

초의수 (2019). 사회복지조사론. 정민사.

최성철 외 (2019). 사회복지조사론. 공동체.

# 저자약력


**이용재**

중앙대 사회복지학 학사, 석사, 박사

현) 호서대학교 사회복지학부 교수

현) 한국지역사회복지학회 이사, 한국장기요양학회 이사, 한국 호서대학교 강사, 대한임상노인학회 편집위원 및 학술위원 등

현) 보건복지부 의료급여심의위원회 위원, 국민건강보험공단 자문위원, 근로복지공단자문위원, 한국보훈복지의료공단 자문위원 등

전) 건강보험심사평가원 책임연구원
국회보건복지위원회 정책비서

**김경미**

호서대학교 사회복지학과 대학원 졸업

현) 금강대학교 강사, 신성대학교 강사, 가천대학교 평생교육원 운영교수

현) 나사렛대학교 학점은행제 강사

전) 호서대학교 강사, 군산간호대학 초빙교수

사회복지조사론

**초판발행** 2025년 3월 5일 **1판 1쇄 인쇄** 2025년 3월 10일 **1판 1쇄 발행**

**지은이** 이용재 김경미
**펴낸이** 최용구 | **펴낸곳** 도서출판 **신정**
**주소** (04316) 서울시 용산구 원효로 89길 19 (원효로1가)
**전화** 02)3211-4782, 0266(영업부), 3211-4783(편집부), 3211-4784(팩스)
**이메일** sjbook2002@naver.com | **홈페이지** www.sjbook.co.kr
**등록** 2001년 5월 11일 제13-702호
**기획마케팅** 최용구 장만동 최충구 송대용 | **책임편집** 석기은 황가연

ISBN 978-89-5912-934-8 93330
정가 20,000원